教育部人文社会科学规划基金项目"南北型FTA非贸易问题演化趋势及中国的对策"（编号："11YJAGJW014）资助

辽宁省教育厅人文社会科学重点研究基地"区域经济一体化与上海合作组织研究中心"资助

辽宁省创新团队"全球金融治理与区域经济合作"（编号："WT2014008）资助

南北型自由贸易协定非贸易问题演化趋势和中国的对策

孙玉红◎著

中国社会科学出版社

图书在版编目（CIP）数据

南北型自由贸易协定非贸易问题演化趋势和中国的对策／孙玉红著 .
—北京：中国社会科学出版社，2015. 8
ISBN 978 - 7 - 5161 - 6874 - 5

Ⅰ.①南… Ⅱ.①孙… Ⅲ.①国际贸易—自由贸易—贸易协定—研究
Ⅳ.①F744

中国版本图书馆 CIP 数据核字（2015）第 209877 号

出 版 人 赵剑英
责任编辑 陈雅慧
责任校对 周 昊
责任印制 戴 宽

出 版 中国社会科学出版社
社 址 北京鼓楼西大街甲 158 号
邮 编 100720
网 址 http://www.csspw.cn
发 行 部 010 - 84083685
门 市 部 010 - 84029450
经 销 新华书店及其他书店

印 刷 北京君升印刷有限公司
装 订 廊坊市广阳区广增装订厂
版 次 2015 年 8 月第 1 版
印 次 2015 年 8 月第 1 次印刷

开 本 710×1000 1/16
印 张 13.5
插 页 2
字 数 236 千字
定 价 50.00 元

前　　言

　　自从 1994 年北美自由贸易区实施以来，以自由贸易区为主要形式的国际一体化协定在全球范围内呈爆炸性增长趋势。根据 WTO 统计，截至 2014 年 12 月 1 日，通报 WTO/GATT 且尚在生效的区域贸易协定数量 267 个，其中有 245 个协定是 1990 年以后达成的，协定的主要形式是自由贸易区。在 WTO 范围内的最惠国关税水平已经达到历史新低的时代，自由贸易协定在全球范围内迅速繁衍的事实不能不令人感到震惊。对这些协定仔细观察不难发现，越来越多的自由贸易协定是发达国家和新兴市场国家之间达成的南北型协定（简称为南北型 FTA），而这些南北型 FTA 将经济规模和发展水平差异很大的国家（经济体）融合在一起。因此，南北型 FTA 的快速发展已经成为全球国际一体化浪潮中的显著特点并与全球贸易体制的发展形成互动。

　　特别值得注意的是，一些在 WTO 多边谈判中踯躅不前的议题被纳入南北型 FTA 协定框架中得到发展中成员的接受，比较典型的是"新加坡议题"。新加坡议题是 1996 年在新加坡举行的部长级会议上提出的，包括投资政策、竞争政策、政府采购的透明度和贸易便利化等四个议题。由于各国意见存在分歧，特别是由于发展中国家的强烈反对，2004 年 8 月，除贸易便利化外，WTO 宣布将其他三个议题从多哈回合谈判表中去除。但是，这些议题很快就出现在一些 FTA 的谈判桌上，并最终被纳入协定的条款安排之中。此外，非贸易问题所覆盖的范围和承诺的深度也随着时间的推移而不断在推进，似乎已经形成了在新建 FTA 中普遍包括非贸易条款的趋势。这种趋势的发展能否如美国等发达国家所愿，会逐渐自动扩大到 WTO 的多边贸易协定之中呢？上述情况表明，WTO 多边谈判中解决不了的问题可以通过双边或诸边谈判来解决，这其中的原因是什么？反之，在双边或诸边协定中解决了的非贸易问题是否也会回归到 WTO，顺理成章演化成多边规则的条款呢？这种多边和区域之间关于非贸易问题的互动是否有一定的规律可循，是一个非常值得关注的理论问题。归纳上述现象带来三个疑问：第一，为什么发展中国家在 WTO 的多边贸易谈判中不能接受的非贸易问题，在南北型双边或区域 FTA 谈判中能够达成妥协呢？第二，这种南北型 FTA 数目快速增长的传导机制是什么？第三，随着协定的数目的增加和上述协定内容的扩大，能否最终形成大的地区性规则或者是 WTO 的多边规则？因此，本书拟对南北型 FTA 非贸易问题演化趋势的规律进行探索具有重要的理论价值。

此外，在 WTO 领域里，中国作为最大的发展中国家，由于非贸易议题不能反映中国的国家利益，甚至会对国内相关政策造成压力，因此与热衷于非贸易议题的发达国家立场形成鲜明对比的是，中国和一些发展中国家共同反对将其列入新一轮谈判的议题。尽管如此，在南北型区域经济一体化发展的大趋势下，在中国积极推行和实施自由贸易区战略的过程中，面对发达国家的伙伴时，非贸易问题是中国 FTA 谈判所不容回避的现实问题。目前，中国仅仅与发达国家的小国新西兰、瑞士、冰岛达成 FTA，与发达国家的中型国家澳大利亚、韩国的 FTA 谈判达成协定尚未批准，在未来会面对与欧美发达国家的 FTA 谈判。特别是自 2009 年美国加入并主导 TPP 谈判以来，美国总统奥巴马宣称要将 TPP 打造成"21 世纪自由贸易协定范本"，"建立一个高标准、体现创新思想、涵盖多领域和宽范围的亚太一体化协定"。显然，美国的目标是制定高标准的贸易规则，试图抢占新一轮国际经贸规则制定的主动权。中国没有参与 TPP 谈判，但是 TPP 规则将对中国、亚太地区及全球贸易规则产生影响。由于 TPP 本身就是一个南北型的自由贸易协定，中国作为发展中国家，一个正在崛起的世界第二经济大国；在国际贸易规则制定中如何应对美国主导的 TPP 新规则，如何在亚太自由贸易区和多边贸易规则制定中发挥其应有的作用，是值得认真研究的课题。因此，本书对南北型 FTA 的非贸易问题演化趋势进行分析并提出中国的应对策略不仅关系中国未来的经济、社会发展，也为中国未来与发达大国进行 FTA 谈判或加入 TPP 谈判以及谈判亚太自由贸易区时，能更好地应对这类议题，充分权衡其中的利弊，采取合理的应对措施提供一定的依据。因而，本研究成果具有重要的现实价值。

为了更好地研究和分析"FTA 中非贸易问题的演化趋势和中国的对策"，结合自由贸易协定在全球发展的新趋势和美国主导的 TPP 重新打造全球贸易规则的新情况，本书在研究内容设计方面分为两部分：即总论部分和分论部分。总论部分以全球范围南北型 FTA 中的非贸易问题为研究视角，对南北型 FTA 的谈判情况、非贸易条款纳入 FTA 的实践情况及不断扩张和发展的趋势进行实证分析，解释其产生原因和进一步的影响，在这种大背景下提出中国的立场。根据上述分析中揭示出的非贸易条款问题，可以发现，对中国目前 FTA 谈判中急需关注的议题包括投资问题、知识产权问题、环境保护问题、劳工标准问题，竞争政策，对于这些问题专门进行研究具有重要意义，因此本书的分论部分则分别对上述问题进行专门研究和分析以期有抛砖引玉之效。

综上，本书的两部分内容的核心是通过对中国 FTA 模式与 TPP 规则的比较，对中国目前与 TPP 规则之间的落差形成比较系统的认知，对于目前中国模式与 TPP 规则中最突出的非贸易问题的利益冲突进行专门研究，通过对 TPP 谈判中南北争议的焦点问题的研究和其他发展中国家的应对措施的考量，确定中国在一些敏感议题方面的立场和谈判底线，明确国内改革和试验的方向，提出中国参与国际规则制定的具体对策，为中美双边投资协定谈判提供参考，为中国参与 TPP 谈判创造条件。因此本研究具有前沿性和创新性。

本研究采用典型事例分析法（如智利、巴西、印度 FTA 谈判的策略和底线，美国、欧盟、日本在南北型 FTA 非贸易问题的立场分析）、比较分析法（大国—大国型 FTA 与大国—小国型 FTA 的比较分析，中国 FTA 与 TPP 规则的比较分析）、规范分析法（关于自贸区建立的动机理论）、政治经济理论模型与实证分析相结合的方法。如运用格罗斯曼和赫尔普曼的自由贸易协定的政治学模型，解释发展中国家的国内政治的动态博弈导致对 FTA 政策的需求的变化，从而决定是否能够接受南北型 FTA 的非贸易条款。

虽然本书的研究是作者的兴趣所在，但由于研究内容具有动态性发展的特点，同时涉及的知识面比较宽泛，因此内容方面的不足在所难免，期待读者的批评指正。

孙玉红

2015 年 7 月 10 日于东北财经大学

目　录

第一部分　总论

一　引言

（一）问题的提出

自从 1994 年北美自由贸易区实施以来，以自由贸易区为主要形式的国际一体化协定在全球范围内呈爆炸性增长趋势。根据 WTO 统计，截止到 2014 年 12 月 1 日，通报 WTO/GATT 且尚在生效的区域贸易协定数量 267 个，其中有 245 个协定是 1990 年以后达成的，协定的主要形式是自由贸易区。在 WTO 范围内的最惠国关税水平已经达到历史新低的时代，自由贸易协定在全球范围内迅速繁衍的事实不能不令人感到震惊。对这些协定仔细观察不难发现，越来越多的自由贸易协定是发达国家和新兴市场国家之间达成的南北型协定（简称为南北型 FTA），而这些南北型 FTA 将经济规模和发展水平差异很大的国家（经济体）融合在一起。因此，南北型 FTA 的快速发展已经成为全球国际一体化浪潮中的显著特点并与全球贸易体制的发展形成互动。

特别值得注意的是，一些在 WTO 多边谈判中踟蹰不前的议题被纳入南北型 FTA 协定框架中得到发展中成员的接受，比较典型的是"新加坡议题"。新加坡议题是 1996 年在新加坡举行的部长级会议上提出的，包括投资政策、竞争政策、政府采购的透明度和贸易便利化等四个议题。由于各国意见存在分歧，特别是由于发展中国家的强烈反对，2004 年 8 月，除贸易便利化外，WTO 宣布将其他三个议题从多哈回合谈判表中去除。但是，这些议题很快就出现在一些 FTA 的谈判桌上，并最终被纳入协定的条款安排之中。此外，非贸易问题所覆盖的范围和承诺的深度也随着时间的推移而不断在推进，似乎已经形成了在新建 FTA 中普遍包括非贸易条款的趋势。这种趋势的发展能否如美国等发达国家所愿，会逐渐自动扩大到 WTO 的多边贸易协定之中呢？上述情况表明，WTO 多边谈判中解决不了的问题可以通过双边或诸边谈判来解决，这其中的原因是什么？反之，在双边或诸边协定中解决了非贸易问题是否也会回归到 WTO，顺理成章演化成多边规则的条款呢？这种多边和区域之间关于非贸易问题的互动是否有一定的规律可循，是一个非常值得关注的理论问题。归纳上述现象带来的三个疑问：第一，为什么发展中国家在 WTO 的多边贸易谈判中不能接受的非贸易问题，在南北型双边或区域层次的 FTA 谈判中能够达成妥协呢？第二，这种南北型自由贸易协定数目快速增长的传导机制是什么？第三，随着协定的数目的增加和上述协定内容的扩大，能否最终形成大的地区性规则或者是 WTO 的多边规则？因此，本课题拟对南北型 FTA 非贸易问题的演化趋势的规律进行探索具有重要的理论价值。

此外，在 WTO 领域里，中国作为最大的发展中国家，由于非贸易议题不能反映中国的国家利益，甚至会对国内相关政策造成压力，因此与热衷于非贸易议题的发达国家立场形成鲜明对比的是，中国和一些发展中国家共同反对将其列入新一轮谈判的议题。尽管如此，在南北型区域经济一体化发展的大趋势下，在中国在积极推行和实施自由贸易区战略的过程中，中国面对发达国家的伙伴时，非贸易问题是中国 FTA 谈判所不容回避的现实问题。目前，中国仅仅与发达国家的小国新西兰达成的自由贸易协定已经实施，与发达国家的中型国家澳大利亚的 FTA 谈判刚刚达成，在未来还会面对与各种类型的发达国家进行 FTA 谈判，特别是美国主导的 TPP（跨太平洋伙伴关系协定，目前已经包括 12 个国家，属于跨区域的南北型自由贸易协定）谈判对亚太经济一体化产生重大影响，中国也正在考虑参与 TPP 谈判。因此，本书对南北型 FTA 的非贸易问题演化趋势进行分析并提出中国的应对策略不仅关系中国未来的经济、社会发展，也为中国未来同发达大国进行 FTA 谈判或参与 WTO 谈判时，能更好地应对这类议题，充分权衡其中的利弊，采取合理的应对措施提供一定的依据。因而，本书的研究成果具有重要的现实价值。

（二）目前国内外研究的现状和趋势

目前，从现有资料来看，国内外对南北型 FTA 的非贸易问题演化趋势进行专门研究还不多见，相关的研究可以分为以下四类：

第一类是关于南北型一体化的利益问题研究。对于发达国家和发展中国家来说，通过建立南北型的 FTA 均会获得多重利益，也会遭受相应的损失。从传统理论来考虑，根据 Viner（1950）的关税同盟理论，成员国建立关税同盟后的福利大小取决于贸易创造效应和贸易转移效应对比之后的净福利。由于关税同盟理论是以欧洲工业国之间的市场一体化为原型而进行的研究，不完全适用解释南北型自由贸易区的情况。除了传统的经济收益外，非传统收益理论和新区域主义理论对南北型 FTA 的收益进行了进一步的论述。其中，非传统收益理论强调发展中国家参与 FTA 的非贸易收益，在这方面 Fernandez 和 Porters（1988）的分析具有代表性。他们认为按传统理论分析发展中国家可能会遭受损失。但可以获得包括保持政策的连续性、提高政府信誉、发信号、提供保险、提高讨价还价能力、建立协调一致机制等方面的非传统收益。总之国内外文献从不同方面分别论证了，参与南北型一体化对于发展中国家来说所获得的收益是多方面的，包括贸易、投资的利益、规模经济效益等经济方面的利益，也包括锁定贸易自由化政策、提高讨价还价能力、避免大国报复等政治方面利益。新区域主义的轮轴—辐条理论对各国参与南北型 FTA 有了新的解释。Wonnacott 和 Ronald（1996）分析了在区域经济合作中处于"轮轴"地位的国家至少可以在贸易和投资两方面获得特殊的优惠。这给一直在世界经贸体系中处于弱势地位的小国一个机会，一旦成为"轮轴"国，它可以进入更多更大的市场，获得更大的收益。上述学者的研究主要基于发达国家的立场，大多强调南北型 FTA 的双赢，特别是强调发展中国家多重利益的获得，而对发展中国家参与南北型 FTA 可能遭受的损失和发达国家通过南北型 FTA 可能获得的非传统利益方面的研究则涉及很少。国内学者李向阳（2003）的研究对上述问题予以了重视，他认为 20 世纪 90 年代以来，区域经济合作出现了一种新的现象，即在大国与小国签订的贸易协定中，小国对大国做出了更大的让步。这种小国对大国做出单方面让步或额外支付的现象被认为是新区域主义的最重要的特征。此外，大国在推进区域经济合作方面越来越重视政治收益。第一，政治考虑常常是区域经济一体化的前提条件。第二，区域一体化协定中开始出现越来越多的政治条款。如民主制度等。上述研究也说明了在大国—小国型 FTA 中，由于双方的非对称性，大国和小国所获得的利益和付出的代价是具有多种维度的。盛斌（2010）等一系列相关研究比较注重分析大国之间在区域经济一体化方面的政治经济博弈，尽管其研究的范围不限定在小范围内的贸易协定，但其研究方法对南北型 FTA 的研究有所启发和借鉴。从国内外相关文献来看，对于区域经济一体化多重利益的研究已经开始起步，但还缺乏系统地分析各种类型 FTA 中南北成员的利益取向和损益权衡的规律。

第二类是关于自由贸易协定中的某一个非贸易问题的研究或者是某一个南北型贸易协定的实证研究。国外文献比较关注自由贸易区中的劳工标准问题、知识产权保护和投资保护等方面的问题，但将自由贸易区非贸易问题作为一个整体来研究其产生和发展演变趋势的文献还不多见。国内关于这方面的研究趋势已经初露端倪。东艳等（2009）以中国—新西兰 FTA 为例，分别从理论和实证的角度探讨了中国 FTA 推进 FTA 战略进程中的深度一体化发展趋势。总的来说，这方面的文献大多研究的角度确定为单个协定或部分问题，一般来说没有涉及非贸易问题在南北型 FTA 的发展与 WTO 相关问题的互动影响。

第三类是研究区域经济一体化与多边自由化的关系问题。Bhagwati（1993）提出区域贸易自由化对世界多边贸易自由化影响的问题，并使用了"垫脚石"和"绊脚石"专门用语，自此关于这方面的争论成为一个经久不衰的话题。支持"垫脚石"观点的如 Baldwin（1996；1997）、Ethier（1998）等；支持"绊脚石"的观点的如 Krishna（1998）、Panagariya（1999）、Findly（2002）、Snape（1996）、孟夏（2005）等。既可能是"垫脚石"也可能是"绊脚石"的观点，如 Krugman（1993）、Bhagwati（1993）、Yi（1996）、成新轩等（2009）。无论持有何种立场，自由贸易安排和多边贸易自由化在实践中相互作用和影响是必须面对的客观现实。尽管现存的研究资料很多，但它们在方法论、理论基础和结论上都不具有一致性。本课题强调非贸易问题在南北型 FTA 的动态演化发展规律，以及这种动态化发展与世界多边贸易体制的非贸易政策的互动。因而使得本研究具有了自身的特殊性。

第四类研究是 TPP 谈判对国际贸易规则重构的影响。"跨太平洋伙伴关系协定"（TPP）原本是由新加坡、新西兰、智利和文莱四国于 2005 年 7 月缔结的 FTA（自由贸易协定）。美国总统奥巴马 2009 年 11 月访问东京时，高调宣布参与 TPP 协议谈判，自此鲜为人知的 TPP 就名声大振。在美国的积极促进下，迄今，已经进行到第 19 轮贸易谈判，有 12 个国家参与到谈判中。TPP 是一个南北型的多国参与的自由贸易协定。按照奥巴马的设想，美国借助高质量的 TPP，塑造跨太平洋自由贸易区"新样板"。TPP 既然被标榜为"21 世纪的高质量的 FTA",其内容之多,条款之严,门槛之高自然也是其他 FTA 望尘莫及的[1]。"参与谈判是奥巴马总统执政后美国贸易政策的一次重要调整,它标志着美国新的亚太区域合作政策的战略转变。"[2] 美国参与 TPP "被认为是一箭双雕:既夺取了新规则的领导权,又可以转移东亚整合的方向"[3]。沈铭辉[4]结合 TPP 相关条款分析各方的潜在成本和政治经济利益,得出美国推动 TPP 的首要目的在于非传统经济利益,或者说是影响国际经济规则的能力的结论。全毅[5]认为:美国推动 TPP 是要打造一个高标准、高质量的自由贸易区,实际上是要按照美国的标准和方式来建立起跨太平洋自由贸易区的新模式,比如知识产权保护、环境保护、农业政策和服务业开放都要按照美国的标准来做。美国先进制造业早已实现生产体系全球化的战略布局,现在想通过 TPP 整合全球服务业,运用其跨境后的规则整合能力最强的优势,为其服务业全球化创造条件。这个 TPP 很大程度上从太平洋地区、太平洋集团治理的角度,有可能为未来全球治理提供一种新的范式。这就是包括希拉里讲的下一个时代是美国主导的太平洋时代。所以,TPP 虽然只是世界众多 FTA 协议中的一个,但美国主导决定了它不仅是走向区域贸易化,而且是从开放性的 APEC 走向排他性的 TPP、从全球治理走向美国治理的关键一步。孟夏[6]认为,从经济视角而言,美国在 TPP 中谋求的利益是宽领域、深层次、高标准和前瞻性的。TPP 被美国视为主导亚太区域经济一体化的途径,更多承载的是其长期的战略目标:即在竞争日益加剧的世界经济格局中,如何巩固并保持美国的竞争优势,始终如一地维护其"领袖"地位。

从 TPP 与新一轮全球贸易规则制定的整体层面来看,根据 TPP 谈判

---

① 陆建人:《TPP 的特点与美国加入的动因》,载唐国强主编《跨太平洋伙伴关系协定与亚太区域经济一体化研究》,世界知识出版社 2013 年版,第 181 页。

② 盛斌:《美国视角下的亚太区域一体化新战略与中国的对策选择》,载《南开学报》(哲社版)2010 年第 4 期,第 70—80 页。

③ 张蕴岭:《寻找推进东亚合作的路径》,载《外交评论》2012 年第 1 期,第 7—11 页。

④ 沈铭辉:《跨太平洋伙伴关系协议(TPP)成本收益的分析:中国的视角》,载《当代亚太》2012 年第 1 期,第 5—34 页。

⑤ 全毅:《TPP 对东亚区域经济合作的影响:中美对话语权的争夺》,载《亚太经济》2010 年第 5 期,第 12—18 页。

⑥ 孟夏、宋丽丽:《美国 TPP 战略解析:经济视角的分析》,载《亚太经济》2012 年第 6 期,第 3—8 页。

透露出来的信息和主要内容，未来的全球贸易规则将沿着三个方向发展（樊勇明、沈陈，2013）；面对美国主导下的全球经贸规则的调整过程，我国参与需要格外关注规则制定的阶段性特点，根据国际贸易投资规则发展的一般规律，做出前期预判和准备（张琳、东艳，2014），特别是在全球价值链分工时代，生产—贸易—服务—投资日益融为一体化综合体，以TPP为代表的国际贸易与投资新规对世界第一贸易大国来说既是机遇也是挑战，中国应以开放、包容、与时俱进的态度客观认识新规则的影响与作用（盛斌，2014）。上述对TPP规则总体层面的研究主要是对TPP规则的引导的方向比较重视，强调中国以积极态度对待TPP规则，研究中未涉及TPP规则的构建过程和贸易谈判中的利益交换。从局部层面来看，为应对TPP规则对中国的挑战，对于涉及中国核心利益和体制改革的关切问题，国内学术界相关的专题性研究也大量产生。其中包括关于TPP中的知识产权问题研究（亢梅玲、陈安筑，2013，贾引狮，2013）、TPP国有企业问题的研究（顾敏康、孟琪，2014）、TPP劳工标准的研究（郑丽珍，2013；2014）、TPP横向议题的研究（蔡鹏鸿，2013）、TPP非传统领域条款对中国的影响（李大伟，2014）、TPP投资规则的研究（沈铭辉，2014）、TPP的国内监管一致性问题（陈志阳、安佰生，2014）、TPP原产地规则的研究（金中夏、李良松，2014）。上述对TPP规则的局部研究为研究南北型FTA非贸易问题的发展趋势奠定了基础。

总之，现在研究达成的共识是，主导和影响全球规则是美国加入TPP最主要的目标之一。回顾美国所主导的贸易谈判史，如：乌拉圭回合谈判成功地将服务贸易和知识产权纳入到关税与贸易总协定中；北美自由贸易区谈判成功将臭名昭著的第11章纳入到协定中，赋予了外国投资者起诉东道国的权利；韩美自由贸易协定签署后，美国又两次要求再谈判将汽车条款、苛刻的环保和劳工标准强行纳入到协定中。上述谈判成果均反映了美国将本国的价值观通过FTA的方式推向伙伴国，然后不断扩大在地区和全球的过程。鉴于TPP目前在全球贸易规则方面的影响力，可以说TPP中的非贸易条款代表着自由贸易协定的发展新趋势，所以本书将中国应对非贸易条款问题与美国的FTA发展实践和TPP的非贸易条款谈判情况作参照对比，进行专题性分析研究。

（三）研究内容

为了更好地研究和分析"FTA 中非贸易问题的演化趋势和中国的对策"，结合自由贸易协定在全球发展的新趋势和美国主导的 TPP 重新打造全球贸易规则的新情况，本书在研究内容设计方面分为两部分：即总论部分和分论部分。总论部分以全球范围南北型 FTA 中的非贸易问题为研究视角，对南北型 FTA 的谈判情况、非贸易条款纳入 FTA 的实践情况及不断扩张和发展的趋势进行实证分析，解释其产生原因和进一步的影响，在这种大背景下提出中国的立场。根据上述分析中揭示出的非贸易条款问题，可以发现，对中国目前 FTA 谈判中急需关注的议题包括投资问题、知识产权问题、环境保护问题、劳工标准问题，竞争政策，对于这些问题专门进行研究具有重要意义，因此本书的分论部分则分别对下述问题进行专门研究和分析以期有抛砖引玉之效。

二　南北型 FTA 在全球范围内的发展和非贸易条款的演化趋势

（一）南北型 FTA 在全球范围内的产生和快速发展

1. FTA 的数量在全球范围内呈爆炸式增长

20 世纪 90 年代以来，随着 WTO/GATT 的多边贸易谈判越来越难，区域经济一体化出现飞速发展的趋势。根据 WTO 网站公布的数据（见表 1—1），向 WTO/GATT 通报且尚在生效的区域性经济一体化组织在不同年代间的数量分布情况：其中 1950—1989 年 40 年间，总计有 22 个协定通报且尚在生效；而 1990—1999 年的 10 年间，有 59 个协定通报且尚在生效，显示出区域经济一体化协定数目急剧增加的趋势。特别是自 2000 年以来，截止到 2014 年 12 月 12 日，在这近 15 年间，通报且尚在生效的协定数目达到 186 个，超过过去 50 年间的 2 倍之多。上述情况表明，全球区域贸易协定的数量呈现出爆炸式增长的趋势，各个国家或地区已经非常注重采取区域贸易协定的方式来促进贸易投资自由化和强化国与国之间的联系。

表1—1   截至2014年12月1日，通报WTO/GATT且
尚在生效的区域贸易协定数量

年份	区域贸易协定的数量增长
1950—1959	1
1960—1969	2
1970—1979	11
1980—1989	8
1990—1999	59
2000—2014年12月	186
总数	267

资料来源：根据WTO中的区域贸易协定（RTAs）统计数据库整理 http：//rtais. wto. org/
UI/PublicAllRTAList. aspx（2014年12月12日访问）。

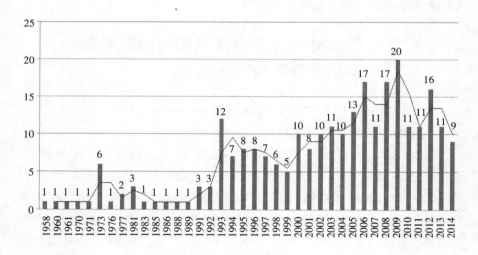

图1—1 二战后区域贸易协定的历年增长数量

2. 南北型FTA在主要国家中的发展

20世纪90年代以来，区域经济一体化发展的显著特点之一是发达国
家和发展中国家之间的协定增多，这一时期的区域（双边）协定积极带
头者不仅有发达国家（美国、日本、欧盟），也有发展中国家（如墨西
哥、智利）；不但有大经济体（美国、欧盟、日本），也有小经济体（智
利、墨西哥、东盟）。在这一时期，一些发展中国家的大国如中国、印度

等也积极参与到区域经济一体化的浪潮之中。为全面展现南北型一体化的发展情况，以下部分分别研究以美国、欧盟、日本为代表的发达国家大国分别同发展中国家签署的自由贸易协定情况；以墨西哥、智利为代表的新兴经济体积极与发达国家签署自由贸易协定的情况；以金砖国家为代表的大型发展中国家参与南北型 FTA 的情况。

（1）发达大国（经济体）与发展中国家的南北型 FTA 成为主流

虽然目前美国、日本、欧盟之间正在通过 TPP（跨太平洋伙伴关系协定）和 TTIP（跨大西洋贸易与投资协定）进行相互之间的自由贸易和投资协定谈判，但是到目前为止，美日、美欧之间的谈判仍在进行，最终协定能否达成、何时能够达成尚不确定。因此，从目前美国、欧盟、日本已经缔结的 FTA 来看，除了与中小发达国家之间的协定以外，这些发达大国主要是与发展中国家签署南北型协定。

①美国南北型 FTA 的发展

20 世纪 80 年代末以来，在推动多边自由化谈判受阻的情况下，美国加快了缔结 FTA 的步伐（见表 1—2）。目前，美国签署并生效的 FTA 共14 个，涉及 21 个国家，分别为以色列、加拿大、墨西哥、澳大利亚、巴林、智利、哥斯达黎加、多米尼加共和国、萨尔瓦多、危地马拉、洪都拉斯、以色列、约旦、韩国、巴拿马、摩洛哥、尼加拉瓜、阿曼、秘鲁、哥伦比亚和新加坡。此外，美国正在谈判两个跨洲的自由贸易协定，即跨太平洋伙伴关系协定（TPP）和跨大西洋贸易与投资协定（TTIP）。

从美国已经缔结的 14 个自由贸易协定来看，除了与澳大利亚、新加坡和韩国之间的协定可以归结为北北型协定外，其他 11 个协定均属于南北型自由贸易协定。

②欧盟和欧洲自由贸易联盟的南北型 FTA 发展

欧盟的经济一体化发展一直走在世界前列。一方面，欧盟自身一体化程度不断加深，成员数量不断扩大，到 2013 年 7 月 1 日，随着克罗地亚正式加入欧盟，欧盟从 27 个成员国扩大为 28 个成员国。另一方面，欧盟积极对外签署自由贸易协定。根据 WTO 统计，截至 2014 年底，欧盟总计实施 37 个自由贸易协定（见表 1—3）。此外，欧盟正在与美国、日本等发达大国谈判自由贸易协定，欧盟也在与印度、东盟等国家和经济体谈判自由贸易协定。从目前已经签署的自由贸易协定来看，除欧盟本身及其与韩国、挪威、瑞士、列支敦士登、冰岛等少数发达国家之间签署北北型

FTA 以外，其余 32 个贸易协定均是与发展中国家签署的南北型自由贸易协定。

表1—2   美国缔结 FTA 的具体进展

序号	FTA	生效时间	协定类型
1	美国—以色列 FTA	1985 – 08 – 19	N—N
2	NAFTA	1994 – 01 – 01	N—S 三边
3	美国—约旦 FTA	2001 – 12 – 17	N—S
4	美国—智利 FTA	2004 – 01 – 01	N—S
5	美国—新加坡 FTA	2004 – 01 – 01	N—N
6	美国—澳大利亚 FTA	2005 – 01 – 01	N—N
7	CAFTA—DR	2006 – 01 – 01①	N—S 多边
8	美国—摩洛哥 FTA	2006 – 01 – 01	N—S
9	美国—巴林 FTA	2006 – 01 – 11	N—S
10	美国—阿曼 FTA	2009 – 01 – 01	N—S
11	美国—秘鲁 FTA	2009 – 02 – 01	N—S
12	美国—韩国 FTA	2012 – 03 – 15	N—N
13	美国—哥伦比亚 FTA	2012 – 05 – 15	N—S
14	美国—巴拿马 FTA	2012 – 10 – 31	N—S
15	TPP	谈判中	N—N 多边
16	TTIP	谈判中	N—S 多边

数据来源：根据美国贸易谈判代表办公室网站数据整理。

注：CAFTA – DR 中，美国与六个国家的协定生效时间不同，因为表中时间为协定签署时间。

---

① 2006 年 1 月 1 日美国宣布实施 CAFTA – DR（中纤网：http：//www. ccfei. com/ccfei/ ArticleDetail. aspx? articleid = 88189），随后在 2006 年内萨尔瓦多、危地马拉、洪都拉斯和尼加拉瓜分别宣布实施 CAFTA – DR，多米尼加共和国于 2007 年 3 月 1 日实施，哥斯达黎加于 2009 年 1 月 1 日实施，至此，CAFTA – DR 的 7 个成员国全部实施了本协议（http：//www. ustr. gov/ trade – agreements/free – trade – agreements/cafta – dr – dominican – republic – central – america – fta）。

表1—3　　　　　　欧盟（EU）FTA和区域贸易协定一览

序号	国家/地区	FTA 实施日期	协定类型
1	EU—阿尔巴尼亚	01 – 12 – 2006（G）/ 01 – 04 – 2009（S）	N—S
2	EU—阿尔及利亚	01 – 09 – 05	N—S
3	EU—安道尔	01 – 07 – 91	N—S
4	EU—波斯尼亚和黑塞哥维那	01 – 07 – 08	N—S
5	EU—喀麦隆	04 – 08 – 14	N—S
6	EU—加勒比论坛	01 – 11 – 08	N—S
7	EU—中美洲	01 – 08 – 13	N—S
8	EU—智利	01 – 02 – 2003（G）/ 01 – 03 – 2005（S）	N—S
9	EU—哥伦比亚和秘鲁	01 – 03 – 13	N—S
10	EU—科特迪瓦	01 – 01 – 09	N—S
11	EU—东部和南部非洲国家经济伙伴协定	14 – 05 – 12	N—S
12	EU—埃及	01 – 06 – 04	N—S
13	EU—法罗群岛	01 – 01 – 97	N—S
14	EU—前南斯拉夫马其顿共和国	01 – 06 – 2001（G）/ 01 – 04 – 2004（S）	N—S
15	EU—乔治亚州	01 – 09 – 14	N—S
16	EU—冰岛	01 – 04 – 73	N—N
17	EU—以色列	01 – 06 – 00	N—S
18	EU—约旦	01 – 05 – 02	N—S
19	EU—韩国	01 – 07 – 11	N—N
20	EU—黎巴嫩	01 – 03 – 03	N—S
21	EU—墨西哥	01 – 07 – 2000（G）/ 01 – 10 – 2000（S）	N—S
22	EU—黑山共和国	01 – 01 – 2008（G）/ 01 – 05 – 2010（S）	N—S
23	EU—摩洛哥	01 – 03 – 00	N—S

序号	国家/地区	FTA 实施日期	协定类型
24	EU—挪威	01－07－73	N—N
25	EU—海外国家和地区（OCT）	01－01－71	N—S
26	EU—巴勒斯坦	01－07－97	N—S
27	EU—巴布亚新几内亚／斐济	20－12－09	N—S
28	EU—摩尔多瓦	01－09－14	N—S
29	EU—圣马力诺	01－04－02	N—S
30	EU—塞尔维亚	01－02－2010（G）／01－09－2013（S）	N—S
31	EU—南非	01－01－00	N—S
32	EU—瑞士—列支敦士登	01－01－73	N—N
33	EU—叙利亚	01－07－77	N—S
34	EU—突尼斯	01－03－98	N—S
35	EU—土耳其	01－01－96	N—S
36	EU—乌克兰		N—S
37	EU（28）欧盟东扩	01－07－13	关税同盟

③日本的南北型 FTA 发展

截止到 2010 年 1 月 1 日，日本已经分别和新加坡、墨西哥、马来西亚、智利、泰国、印度尼西亚、文莱、菲律宾、越南等多国签署并实施了双边 FTA/EPA，在此基础上，日本还与 ASEAN（东南亚联盟）于 2008年 12 月 1 日签订了一对多的双边 FTA/EPA。（见表1—4）。与此同时，日本与 GCC（海关合作委员会）印度、澳大利亚、秘鲁、韩国的 FTA/EPA也已经进入官方谈判程序之中。从日本已经实施的 13 个 FTA/EPA 来看，除了与新加坡和瑞士的北北型 FTA 以外，其余 FTA/EPA 均属于南北型 FTA。

表1—4　　　　　　　　　　　日本参与的 FTA/EPA 汇总

序号	国家/地区	FTA/EPA 实施日期	协定类型
1	日本—新加坡	30－11－2002	N—N
2	日本—墨西哥	01－04－2005	N—S
3	日本—马来西亚	13－07－2006	N—S
4	日本—智利	03－09－2007	N—S
5	日本—泰国	01－11－2007	N—S
6	日本—印度尼西亚	01－11－2008	N—S
7	日本—文莱	31－07－2008	N—S
8	日本—ASEAN	01－12－2008	N—S
9	日本—菲律宾	11－12－2008	N—S
10	日本—越南	01－10－2009	N—S
11	日本—瑞士	01－09－2009	N—N
12	日本—印度	01－08－2011	N—S
13	日本—秘鲁	01－03－2012	N—S

资料来源：WTO 数据库。

（2）积极签署南北型 FTA 的发展中国家

①墨西哥的南北型 FTA 发展

墨西哥是最早与美国、欧盟、EFTA、日本等主要发达经济体达成南北型 FTA 的发展中国家。除了注重与发达国家签署自由贸易协定，墨西哥也与本地区的发展中国家签署双边和区域南南型 FTA（见表1—5）。

表1—5　　　　　　　　　　　墨西哥参与的 FTA 汇总

序号	墨西哥参与的协定	实施日期	协定类型
1	贸易谈判议定书 PTN	11－02－73	孟加拉国、巴西、智利、埃及、韩国、墨西哥、巴基斯坦、巴拉圭、秘鲁、菲律宾、塞尔维亚、突尼斯、土耳其、乌拉圭

续表

序号	墨西哥参与的协定	实施日期	协定类型
2	拉美一体化协定（LAIA）	18 – 03 – 81	阿根廷、玻利维亚、巴西、智利、哥伦比亚、古巴、厄瓜多尔、墨西哥、巴拉圭、秘鲁、乌拉圭、委内瑞拉、玻利维亚
3	发展中国家全球贸易体制（GSTP）	19 – 04 – 89	包括亚非拉 44 个发展中国家①
4	北美自由贸易协定（NAFTA）	01 – 04 – 94	N—S
5	哥伦比亚—墨西哥	01 – 01 – 95	S—S
6	智利 — 墨西哥	01 – 08 – 99	S—S
7	EC —墨西哥	01 – 07 – 00	N—S
8	以色列—墨西哥	01 – 07 – 00	N—S
9	EFTA—墨西哥	01 – 07 – 01	N—S
10	乌拉圭—墨西哥	15 – 17 – 04	S—S
11	日本—墨西哥	01 – 04 – 05	N—S
12	秘鲁—墨西哥	01 – 02 – 12	S—S
13	墨西哥—中美洲国家	01 – 09 – 12	哥斯达黎加、洪都拉斯、危地马拉、萨尔瓦多、尼加拉瓜、墨西哥

②智利的南北型 FTA 发展

智利是目前签署自由贸易协定数量最多的发展中国家。智利不仅与美国、欧盟、EFTA、日本等主要发达经济体达成南北型 FTA 的发展中国家，同时也与本地区的发展中国家和区域外的大型发展中国家签署双边和区域南南型 FTA（见表1—6）。

---

① 具体参见 WTO 网站，http：//rtais. wto. org/UI/PublicShowMemberRTAIDCard. aspx? rtaid＝146。

表1—6　　　　　　　　　　　智利参与的 FTA 汇总

序号	智利参与的协定	实施日期	协定类型
1	香港（中国）—智利	09 - 10 - 14	N—S
2	智利—尼加拉瓜	19 - 10 - 12	S—S
3	马来西亚—智利	15 - 02 - 12	S—S
4	土耳其—智利	01 - 03 - 11	S—S
5	危地马拉—智利	23 - 03 - 10	S—S
6	哥伦比亚—智利	08 - 05 - 09	S—S
7	澳大利亚—智利	06 - 03 - 09	N—S
8	秘鲁—智利	01 - 03 - 09	S—S
9	洪都拉斯—智利	19 - 07 - 08	S—S
10	巴拿马—智利	07 - 03 - 08	S—S
11	日本—智利	03 - 09 - 07	N—S
12	印度—智利	17 - 08 - 07	S—S
13	跨太平洋战略经济伙伴协定（TPSEP）	28 - 05 - 06	文莱、智利、新西兰、新加坡
14	中国—智利	01 - 10 - 06	S—S
15	EFTA—智利	01 - 12 - 04	N—S
16	韩国—智利	01 - 04 - 04	N—S
17	美国—智利	01 - 01 - 04	N—S
18	EC—智利	01 - 02 - 03	N—S
19	萨尔瓦多—智利	01 - 06 - 02	S—S
20	哥斯达黎加—智利	15 - 02 - 02	S—S
21	墨西哥—智利	01 - 08 - 99	S—S
22	加拿大—智利	05 - 07 - 97	N—S
23	发展中国家全球贸易体制（GSTP）	19 - 04 - 89	包括亚非拉 44 个发展中国家①

① 具体参见 WTO 网站，http：//rtais. wto. org/UI/PublicShowMemberRTAIDCard. aspx？rtaid = 146。

续表

序号	智利参与的协定	实施日期	协定类型
24	拉美一体化协定（LAIA）	18 – 03 – 81	阿根廷、玻利维亚、巴西、智利、哥伦比亚、古巴、厄瓜多尔、墨西哥、巴拉圭、秘鲁、乌拉圭、委内瑞拉、玻利维亚
25	贸易谈判议定书（PTN）	11 – 02 – 73	孟加拉国、巴西、智利、埃及、韩国、墨西哥、巴基斯坦、巴拉圭、秘鲁、菲律宾、塞尔维亚、突尼斯、土耳其、乌拉圭

（3）金砖四国南北型 FTA 的发展

①中国南北型 FTA 发展

中国在 2014 年底宣布与韩国和澳大利亚的 FTA 达成实质性协定，但到目前主为止还没有通过国内法律程序。目前中国已经达成 12 个自由贸易协定，其中中国已经与小型的发达国家新西兰、新加坡、瑞士、冰岛达成了南北型 FTA，还没有与发达大国谈判南北型 FTA。

表1—7　　　　　　　　　中国参与的 FTA 汇总

序号	中国参与的自由贸易协定	实施日期	协定类型
1	内地与香港 CEPA①	01 – 01 – 04	中国和香港地区
2	内地与澳门 CEPA	29 – 10 – 04	中国和澳门地区
3	中国—东盟 FTA	01 – 07 – 05	S—S
4	中国—智利 FTA	01 – 10 – 06	S—S
5	中国—巴基斯坦 FTA	01 – 07 – 07	S—S
6	中国—新西兰 FTA	01 – 10 – 08	N—S
7	中国—新加坡 FTA	01 – 01 – 09	N—S

---

①　CEPA 为内地与港澳建立的更紧密经贸关系安排。

序号	中国参与的自由贸易协定	实施日期	协定类型
8	中国—秘鲁 FTA	01 – 03 – 10	S—S
9	中国—哥斯达黎加 FTA	01 – 08 – 11	S—S
10	中国—冰岛 FTA	01 – 07 – 14	N—S
11	中国—瑞士 FTA	01 – 07 – 14	N—S
12	亚太贸易协定 PTA①	2001 – 05 – 23（中国加入）	印度、韩国、孟加拉国、斯里兰卡、老挝、中国

②印度南北型 FTA 发展

目前，印度的区域和跨区域合作战略在全球布局，而合作的重点则集中在亚太区域，尤其是东亚和东南亚地区。从区域经济一体化的合作历程来看，印度参与区域经济一体化的首选区域定位在南亚和西亚，这些国家多为与印度地理上毗邻或邻近的国家，且多为经济发展比较滞后的经济体，但对于印度周边的政治稳定和安全意义重大，印度同这些国家签订区域合作协议的政治安全因素大于经济利益。此外，为了搭上东亚和东南亚经济快速增长的列车，印度加大了与该区域的经济合作力度。随后，在同东南亚经济合作不断深化的基础上，将合作领域扩展到政治、安全等领域；同时将区域经济合作的范围拓展至整个东亚区域，即日本、韩国等国。于是，印度的对外贸易合作战略虽有所偏重，但因非经济等其他因素，仍发力布局全球，形成了南北型 FTA 与南南型 FTA 并行发展的局面。

表 1—8　　　　　　　　印度参与的 FTA 汇总

序号	印度参与的协定	实施日期	协定类型
1	贸易谈判议定书 PTN	11 – 02 – 73	孟加拉国、巴西、智利、埃及、韩国、墨西哥、巴基斯坦、巴拉圭、秘鲁、菲律宾、塞尔维亚、突尼斯、土耳其、乌拉圭

① 前身为《曼谷协定》，成立于 1975 年 7 月。中国于 2001 年 5 月 23 日加入。2005 年 11 月正式更名为《亚太贸易协定》，属于贸易优惠安排，其现有成员国为中国、印度、韩国、孟加拉国、斯里兰卡和老挝。

续表

序号	印度参与的协定	实施日期	协定类型
2	印度—东盟	01 – 01 – 10	S—S
3	发展中国家全球贸易体制（GSTP）	19 – 04 – 89	包括亚非拉 44 个发展中国家①
4	亚太贸易协定（APTA）	17 – 06 – 76	印度、韩国、孟加拉国、斯里兰卡、老挝、中国
5	印度—智利	17 – 08 – 07	S—S
6	印度—阿富汗	13 – 05 – 03	S—S
7	印度—不丹	29 – 07 – 06	S—S
8	印度—日本	01 – 08 – 11	N—S
9	印度—马来西亚	01 – 07 – 11	S—S
10	印度—尼泊尔	27 – 10 – 09	S—S
11	印度—新加坡	01 – 08 – 05	N—S
12	印度—斯里兰卡	05 – 12 – 01	S—S
13	印度—韩国	01 – 01 – 10	N—S
14	印度—南方共同市场	01 – 01 – 09	S—S
15	南亚自贸区（SAFTA）	01 – 01 – 06	孟加拉国、不丹、印度、摩尔多瓦、尼泊尔、巴基斯坦、斯里兰卡

数据来源：WTO 网站，2013 年 4 月 20 日访问，（http：//rtais. wto. org/UI/PublicSearch-ByMemberResult. aspx？MemberCode = 356&lang = 1&redirect = 1）。

注：PCA：Partial Scope Agreements；FTA：Free Trade Agreements；EIA：Economic Integration Agreement.

③ 巴西重视南南型一体化协定

巴西的自由贸易协定注重南南型一体化协定，而且主要是与本地区的发展中国家达成多边型南南 FTA，而不轻易与发达国家签署自由贸易协定。

---

① 具体参见 WTO 网站，http：//rtais. wto. org/UI/PublicShowMemberRTAIDCard. aspx？rtaid = 146。

表 1—9　　　　　　　　　　　巴西参与的 FTA 汇总

序号	巴西参与的贸易协定	实施日期	协定类型
1	发展中国家全球贸易体制（GSTP）	19 - 04 - 89	包括亚非拉 44 个发展中国家①
2	拉美一体化协定（LAIA）	18 - 03 - 81	阿根廷、玻利维亚、巴西、智利、哥伦比亚、古巴、厄瓜多尔、墨西哥、巴拉圭、秘鲁、乌拉圭、委内瑞拉、玻利维亚
3	南方共同市场（MERCO-SUR）—印度	01 - 01 - 09	S—S
4	贸易谈判议定书 PTN	11 - 02 - 73	孟加拉国、巴西、智利、埃及、韩国、墨西哥、巴基斯坦、巴拉圭、秘鲁、菲律宾、塞尔维亚、突尼斯、土耳其、乌拉圭
5	南方共同市场（MERCOSUR）	29 - 11 - 91	巴西、阿根廷、巴拉圭、乌拉圭

④俄罗斯重视本地区相邻国家的 FTA 发展

俄罗斯目前与原苏联加盟共和国之间签署了 17 个南南型自由贸易协定。

表 1—10　　　　　　　　　俄罗斯参与的 FTA 汇总

序号	俄罗斯参加的 FTA	实施日期	协定类型
1	亚美尼亚—俄罗斯	25 - 03 - 93	
2	共同经济区（CEZ）	20 - 05 - 04	白俄罗斯、哈萨克斯坦、俄罗斯、乌克兰
3	欧亚经济共同体（EAEC）	08 - 10 - 97	白俄罗斯、哈萨克斯坦、吉尔吉斯斯坦、俄罗斯和塔吉克斯坦
4	欧亚经济联盟（EAEU）	01 - 01 - 15	白俄罗斯、哈萨克斯坦、俄罗斯

---

① 具体参见 WTO 网站，http：//rtais. wto. org/UI/PublicShowMemberRTAIDCard. aspx? rtaid = 146。

续表

序号	俄罗斯参加的FTA	实施日期	协定类型
5	格鲁吉亚—俄罗斯	10 – 05 – 94	S—S
6	吉尔吉斯斯坦—俄罗斯	24 – 04 – 93	S—S
7	阿塞拜疆—俄罗斯	17 – 02 – 93	S—S
8	白俄罗斯—俄罗斯	20 – 04 – 93	S—S
9	俄罗斯—白俄罗斯—哈萨克斯坦	03 – 12 – 97	S—S
10	俄罗斯—哈萨克斯坦	07 – 06 – 93	S—S
11	俄罗斯—摩尔多瓦	30 – 03 – 93	S—S
12	俄罗斯—塞尔维亚	03 – 01 – 06	S—S
13	俄罗斯—塔吉克斯坦	08 – 04 – 93	S—S
14	俄罗斯—土库曼斯坦	06 – 04 – 93	S—S
15	俄罗斯—乌兹别克斯坦	25 – 03 – 93	S—S
16	独联体自贸区（CIS）	20 – 09 – 12	亚美尼亚、白俄罗斯、哈萨克斯坦、吉尔吉斯斯坦、摩尔多瓦、俄罗斯、塔吉克斯坦、乌克兰
17	乌克兰—俄罗斯	21 – 02 – 94	S—S

　　上述情况表明，主要金砖四国在南北型 FTA 的发展方面比较缓慢，其中巴西和俄罗斯还没有与发达国家达成南北型 FTA，印度已经与发达大国日本达成南北型 FTA，而中国只与几个小国达成了南北型 FTA。因此，发展中国家与发达大国之间的 FTA 已经处在初步实践和酝酿中。

（二）南北型 FTA 中非贸易条款的深化和广化趋势

　　传统的 FTA，内容集中在贸易本身，早期基本上是货物贸易的自由化，如取消关税和非关税壁垒等，后来出现服务贸易自由化的内容。然而，南北型 FTA 不仅在内容方面宽泛得多，在原有议题的深度方面也不断超越，这在欧美签署的自由贸易协定中表现突出，霍尔恩、玛沃芮迪斯和萨皮尔（Henrik Horn，Petros C. Mavroidis and Andre Sapir 2010）① 的研究具有代表性。

1. 欧美南北型 FTA 非贸易条款的深化和广化总体情况

通过对美国现已生效的十四个自由贸易协定和欧盟的十四个具有代表性自由贸易协定②具体条款的研究，霍尔恩、玛沃芮迪斯和萨皮尔发现，欧美自由贸易协定均远远超越了 WTO 涵盖的领域和深度。作者们将欧美自由贸易协定超越 WTO/GATT 的承诺归为以下两个方面：一方面是在 WTO/GATT 已有的领域内的进一步深化，将 WTO 基础上的进一步承诺（WTO＋）称之为深化承诺（垂直承诺）；另一方面是在 WTO/GATT 没有涉及的领域进行的承诺，将 WTO 以外的新领域承诺（WTO－X）称之为广化承诺（水平承诺）。上述两种承诺描述了自由贸易协定内容超越WTO/GATT 的深度和广度。其中深化承诺如服务贸易、贸易相关的投资、贸易相关的知识产权等议题；而广化承诺如投资、竞争政策、政府采购、劳工标准、环保标准等议题，详见表 1—11。

表 1—11　　　欧美自贸协定中的深化承诺（WTO＋）和
广化承诺（WTO－X）清单

深化承诺 WTO＋	工业产品、农产品、海关、出口税、卫生和植物检疫（SPS）、技术性贸易壁垒（TBT）、国营贸易（STE）、反倾销、反补贴、国家援助、政府采购、贸易相关的投资 TRIMs、服务贸易（GATS）、贸易相关的知识产权（TRIPs）。
广化承诺 WTO－X	反腐、竞争政策、环保标准、知识产权、投资、劳动市场规制、资本流动、消费者保护、农业、数据保护、立法趋同、视听、民事保护、创新政策、文化合作、经济政策对话、教育与培训、能源、财政支持、健康、人权、非法移民、毒品、产业合作、信息社会、采矿业、反洗钱、核安全、政治对话、公共行政、区域合作、技术与合作、中小企业、社会事务、统计数据、反恐、签证与政治庇护。

① Henrik Horn, Petros C. Mavroidis and Andre Sapir, "Beyond the WTO? An anatomy of EU and US preferential trade agreements", *The World Economy*, Volume 33, Issue 11, pp. 1565－1588, November 2010.

② 欧盟十四个协定分别为：欧洲经济区（EEA）协定及欧盟与土耳其、突尼斯、以色列、摩洛哥、约旦、南非、墨西哥、埃及、克罗地亚、智利、阿尔巴尼亚、前南斯拉夫马其顿共和国、加勒比论坛国家之间的协定。

2. NAFTA 中非贸易条款的深化和广化

为了使 FTA 的非贸易问题进一步具体化，以下以《北美自由贸易协定》（NAFTA）为例，具体说明美国自由贸易协定中的非贸易问题的深度和广度。

《北美自由贸易协定》（NAFTA）开创了南北型自由贸易协定的先河，自 1994 年 1 月 1 日 NAFTA 正式生效以来，对北美各国乃至世界经济都产生重大影响，也成为全球和区域贸易规则深度一体化的发展先导。NAF-TA 的宗旨是减少贸易壁垒，促进商品和劳务在缔约国间的自由流通；改善自由贸易区内公平竞争的环境；增加各成员国境内的投资机会；在各成员国境内有效保护知识产权；创造有效程序以确保协定的履行和争端的解决；建立机制，扩展和加强协定利益。[①] 协定所覆盖的内容突破了原自由贸易协定主要集中于市场准入方面的边界措施，而是将成员国内关于服务和投资、税收、知识产权等方面的国内措施纳入到协定管辖范围中。

具体而言，NAFTA 包括八篇：分别为总则，货物贸易，技术性贸易壁垒，政府采购[②]，投资、服务及相关事宜，知识产权，行政与机构条款，其他条款。其中最有特色的章节当属第五编——投资、服务及其相关事宜，这一编包括第十一章投资、第十二章跨境服务贸易、第十三章电信、第十四章金融服务、第十五章竞争政策、垄断机构与国有企业、第十六章商务人士的临时入境。因此，NAFTA 在贸易自由化方面步伐更大，自由化领域不再限于传统的货物贸易领域，而是将服务贸易、投资、知识产权均纳入协定中。这种一揽子式的综合模式自由贸易协定的达成，意味着发展中国家除了调整关税、非关税壁垒方面的政策以外，还要在其他国内政策调整方面做出更大让步，这种协定模式也被称为"新区域主义"[③]模式。在这种新区域主义模式下，乌拉圭回合谈判所涉及的许多新领域实际上已经在美国主导的 NAFTA 中，如知识产权保护、服务贸易自由化、与贸易相关的投资措施等。而另一些领域没有在乌拉圭回合中涉及，但多

---

① 叶兴国、陈满生译，《北美自由贸易协定》，法律出版社 2011 年版，第 3 页。

② WTO 的《政府采购协定》不包括在乌拉圭回合谈判的"一揽子"协定中，尚属于成员自愿选择参加的协定。美国是该协定的签字国，因此，其本身已经受该协定的约束。

③ 20 世纪 90 年代以来，全球区域经济合作出现了一种新的趋势：在大国与小国缔结区域贸易协定（RTAs）过程中，小国会对大国做出更多的让步。这在美国与加拿大、墨西哥缔结的北美自由贸易区协定（NAFTA）中，欧盟接纳东欧国家的协定中都表现得很清楚。李向阳：《新区域主义与大国战略》，《国际经济评论》2003 年第 4 期，第 5—9 页。

数也试图纳入到多哈谈判议程之内，如环境保护、竞争政策、政府采购等。美国通过有顺序的谈判方式，即先在区域范围内谈判新规则，再将之扩大到多边层面，使其自由贸易区协定中的意志最终转化为多边贸易的规则。以下部分对 NAFTA 超越 WTO/GATT 的深度和广度进行具体分析：

（1）NAFTA 超越 WTO/GATT 的深度

根据霍尔恩、玛沃芮迪斯和萨皮尔的研究，美国现已生效的 14 个自由贸易协定均在 WTO/GATT 已有领域内做出进一步承诺。其中已有的领域包括：工业产品、农产品、海关行政管理、出口关税、动植物卫生检验检疫、技术性贸易壁垒、国有贸易、反倾销、反补贴、国家援助、政府采购、服务贸易、与贸易有关的投资、与贸易有关的知识产权 14 个方面。分析显示：NAFTA 在上述 14 个方面均表现出超越 WTO 的规定，不仅仅局限于表面上超越该领域，而且将这种进一步的承诺义务均设定为法律上可执行的义务。通过比较可以看出，NAFTA 是美国所有贸易协定中唯一一个覆盖 14 个领域且在法律上可执行的自由贸易协定。此外覆盖十四个领域的协定还包括，美国—智利 FTA、美国—澳大利亚 FTA、美国—摩洛哥 FTA、美国—秘鲁 FTA、美国—哥伦比亚 FTA、美国—巴拿马 FTA 这六个协定，但是这 6 个协定在动植物卫生检验检疫义务方面均没有法律可执行性要求。

因此，从超越 WTO/GATT 的深度来看，尽管 NAFTA 签署得比较早，但它却不失为美国自由贸易协定中最具有深度、最具有模板意义的自由贸易协定。

（2）NAFTA 超越 WTO/GATT 的广度

根据霍尔恩、玛沃芮迪斯和萨皮尔的研究，美国现已生效的 14 个自由贸易协定中均包括 WTO/GATT 未涉及领域内的承诺。这些新领域包括：环境、知识产权、投资、资本流动、竞争政策、劳工标准、反腐、消费者保护、能源。14 个美国自由贸易协定中的 11 个均包含环境、知识产权、投资、资本流动；美国自由贸易协定中的 7 个制定了竞争方面的条款。美国自由贸易协定还特别包括了另外两项条款：劳工标准条款（美国的 13 个协定已纳入本条款）和反腐条款（美国的 10 个协定已纳入本条款）。除此之外，美国自由贸易协定中包括另外两项条款：消费者保护条款（已存在于美国的两个自由贸易协定中）和能源方面的条款（已存在于美国的 1 个自由贸易协定中）。

NAFTA 在新领域拓展方面包括环境、投资、知识产权、资本流动、劳工标准、竞争政策、能源 7 个领域，其中 NAFTA 是唯一涉及能源领域的贸易协定。如果排除能源领域，从总体上来看，NAFTA 在新领域的广度方面与其他协定相比处于劣势。在新领域拓展方面处于领先地位的当属美国—韩国 FTA，它包括 NAFTA6 个新领域（能源除外），还额外包括反腐和消费者保护两个领域。

（3）亚太主要国家 FTA 协定中的非贸易条款情况

从亚太地区范围来看，表 1—12 列出了几个主要国家美国、日本、中国、韩国、澳大利亚、新加坡已经签署的 FTA 中的纳入非贸易条款的情况。从美国的情况来看，除了与以色列、澳大利亚、新加坡、韩国的 FTA 以外，都是南北型的 FTA。在非贸易条款方面，各个国家的涵盖方面有所不同。总体来看，美国 FTA 中非贸易问题的覆盖程度比较普遍。其 2000 年以后签署的协定均包括政府采购、知识产权、环境条款、劳工条款和电子商务条款。澳大利亚的 FTA 中对环境问题和劳工问题大多有所保留（除了与美国的 FTA 和 TPP 谈判）；而日本的 FTA 几乎都没有包括环境条款、劳工条款和电子商务条款；韩国与美国和秘鲁的 FTA 均包括了下表所列的非贸易问题，韩国与其他国家的 FTA 中几乎没有包括环境条款、劳工条款和电子商务条款；从中国的情况来看，大多数自由贸易协定中纳入了服务、投资条款，一些协定纳入了知识产权条款，还有几个协定涉及环境、劳工条款，但是在所列协定中尚未涉及政府采购、竞争政策、电子商务条款。上述情况表明，中国在 FTA 中的非贸易条款问题上还处于比较落后的状态，但是已经呈现出逐渐扩大利用 FTA 应对非贸易问题的趋势。

表 1—12　　　亚太主要国家 FTA 协定中的非贸易条款的覆盖情况

国　　家	签订时间	合作类型	服务贸易	投资	竞争政策	政府采购	知识产权	环境条款	劳工条款	电子商务
美国										
以色列	1985	N—N	√	√	×	√	√	×	×	×
NAFTA	1992	N—S	√	√	√	√	√	√	√	×
CAFTA – DR	2004	N—S	√	√	×	√	√	√	√	√

续表

国　家	签订时间	合作类型	服务贸易	投资	竞争政策	政府采购	知识产权	环境条款	劳工条款	电子商务
新加坡	2003	N—N	√	√	√	√	√	√	√	√
智利	2003	N—S	√	√	√	√	√	√	√	√
澳大利亚	2004	N—N	√	√	√	√	√	√	√	√
巴林	2004	N—S	√	×	×	√	√	√	√	√
秘鲁	2006	N—S	√	√	√	√	√	√	√	√
约旦	2000	N—S	√	√	×	√	√	√	√	√
阿曼	2006	N—S	√	√	×	√	√	√	√	√
摩洛哥	2004	N—S	√	√	×	√	√	√	√	√
哥伦比亚	2006	N—S	√	√	√	√	√	√	√	√
巴拿马	2007	N—S	√	√	×	√	√	√	√	√
韩国	2007	N—N	√	√	√	√	√	√	√	√
TPP（谈判）	2009	N—S	√	√	√	√	√	√	√	√
澳大利亚										
新西兰	1982	N—N	√	√	×	√	×	×	×	×
新加坡	2003	N—N	√	√	√	√	√	×	×	√
美国	2004	N—N	√	√	√	√	√	√	√	√
泰国	2004	N—S	√	√	√	√	√	×	×	×
智利	2008	N—S	√	√	√	√	√	×	×	√
东盟、新西兰	2009	N—S	√	√	√	×	√	×	×	√
TPP（谈判）	2009	N—S	√	√	√	√	√	√	√	√
日本										
新加坡	2002	N—N	√	√	√	√	×	×	×	×
墨西哥	2004	N—S	√	√	√	√	×	×	×	×
马来西亚	2005	N—S	√	√	√	×	√	×	×	×
智利	2006	N—S	√	√	√	√	√	×	×	×
泰国	2007	N—S	√	√	√	√	√	×	×	×
印尼	2007	N—S	√	√	√	√	√	×	×	×
文莱	2007	N—S	√	√	√	√	√	×	×	×

续表

国　　家	签订时间	合作类型	服务贸易	投资	竞争政策	政府采购	知识产权	环境条款	劳工条款	电子商务
菲律宾	2006	N—S	√	√	√	√	√	×	×	×
东盟	2008	N—S	√	×	×	×	×	×	×	×
越南	2008	N—S	√	×	√	×	√	×	×	√
瑞士	2009	N—N	√	√	√	√	√	×	×	√
印度	2011	N—S	√	√	√	√	√	×	×	×
秘鲁	2011	N—S	√	√	√	√	√	×	×	×
韩国										
新加坡	2005	N—N	×	√	√	√	√	×	×	√
智利	2004	N—S	×	√	√	√	√	×	×	√
EFTA	2005	N—N	√	√	√	√	√	×	×	×
东盟	2006	N—S	√	√	×	×	×	×	×	×
印度	2009	N—S	√	√	×	×	√	×	√	×
欧盟	2009	N—N	√	√	√	√	√	√	×	√
秘鲁	2011	N—S	√	√	√	√	√	√	×	√
美国	2007	N—N	√	√	√	√	√	√	×	√
中国										
亚太贸易协定	1975	S—S	×	×	×	×	×	×	×	×
东盟	2002	S—S	√	√	×	×	×	×	×	×
巴基斯坦	2006	S—S	√	√	×	×	×	×	×	×
智利	2005	S—S	√	×	×	×	×	√	√	×
新西兰	2008	N—S	√	√	×	×	√	√	√	×
新加坡	2008	N—S	√	√	×	×	×	×	×	×
秘鲁	2009	S—S	√	√	×	×	√	×	×	√
哥斯达黎加	2010	S—S	√	√	×	×	√	×	×	×

三　关于自由贸易区建立动机的理论

为合理解释带有非贸易问题的南北型 FTA 迅速发展的原因，从理论的高度对这种现象进行解释，并挖掘其产生和发展的动力机制，本章除了将传统的经济一体化效应作为部分动机外，还从自由贸易区政治和战略动机、自由贸易区谈判的政治经济模型、发展中国家接受或拒绝非贸易问题的政治经济分析三个维度来解释当今南北型 FTA 繁衍的动力机制。

（一）自由贸易区的经济动机理论

对区域经济一体化理论贡献最大的是维纳（J. Viner, 1950）。1950年，他在《关税同盟问题》中，开创性地提出了"贸易创造"（Trade Creation）和"贸易转移"（Trade Diversion）这两个用来衡量关税同盟实际效果的新概念，从而使战后关税同盟理论从定性分析发展到了定量分析。他在《关税同盟问题》一书中解释了关税同盟建立的静态效应和动态效应，也进一步说明了追求这种静态效应和动态效应的收益，成为各参与国建立区域经济一体化的主要经济动机。

1. 关税同盟的静态效应

关税同盟的静态效应主要包括贸易创造效应和贸易转移效应。

（1）关税同盟的贸易创造效应

所谓贸易创造，即在关税同盟内部实行自由贸易后，国内成本高的产品为伙伴国成本低的产品所代替，原来由本国生产的，现在从伙伴国进口，新的贸易得到"创造"。由于从伙伴国进口成本低的产品代替原来成本高的产品后，该国就可以把原来用于生产成本高的产品的资源转向生产成本低的产品，从而获得利益。

在图 1—2a 中，D 和 S 分别表示甲国 X 商品的国内需求曲线和供给曲线，横轴代表 X 商品的数量，纵轴代表价格水平。假设甲国是一个贸易小国，其进口不能影响 X 商品的世界市场价格。甲国加入关税同盟之前，从乙国（X 商品的价格为 P1）进口 X 商品，征收关税后，其进口商品价格达到 P1 + t，此时甲国进口 Q2Q3 的 X 商品。假设现在甲国与乙国结成关税同盟，两国之间开始实行自由贸易，甲国从乙国进口 X 商品时就不再征收关税，因而按照 P1 的价格从乙国进口 X 商品，总进口量扩大至 Q1Q4。

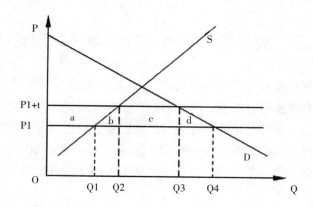

图1—2a　关税同盟的贸易创造效应

加入关税同盟后，甲国对乙国取消关税，甲国的消费者剩余增加了（a＋b＋c＋d），但生产者剩余则由于产量的下降而减少了a，政府关税收入减少c，相抵后社会福利增加了（b＋d）。其中，b是贸易创造的生产效应，即甲国生产减少而乙国生产增加，是资源有效利用的结果；d是贸易创造的消费效应，甲国X商品的价格下降引起了消费增加，是进口增加或贸易扩大的结果；（b＋d）是甲国加入关税同盟后贸易创造效应所增加的福利。

（2）关税同盟的贸易转移效应

所谓贸易转移，指由于关税同盟内部实行自由贸易，对外实行统一关税率，导致先前的贸易伙伴关系发生改变，即一国把与同盟外低成本的某个国家的相互贸易转变为与同盟内高成本成员国间的相互贸易。

从世界福利的角度看，贸易转移是减少福利的，因为它把生产从效率较高的非同盟国转移到效率较低的同盟国，使国际资源配置恶化。但对于参加关税同盟的国家而言，其福利是增加还是减少却是不确定的。

图1—2b说明了关税同盟的贸易转移效应。仍假设甲国是一个贸易小国，D和S分别代表甲国X商品的国内需求曲线和供给曲线。甲国加入关税同盟之前，对进口的X商品征收关税t，由于乙国X商品的价格为P1，高于丙国X商品的价格P0，所以甲国从丙国进口X商品，征收关税后，其进口商品价格达到P0＋t，此时甲国进口Q2Q3的X商品。

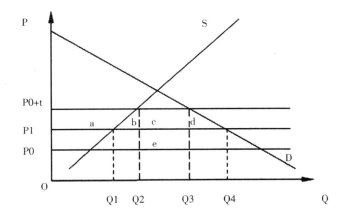

图1—2b 关税同盟的贸易转移效应

假设现在甲国与乙国结成关税同盟，两国之间开始实行自由贸易，对来自丙国的商品仍征收关税t，由于丙国X商品税后价格仍为P0+t，而乙国X商品不需要交关税，其价格为P1，所以甲国不从丙国进口X商品，而改从乙国按P1价格进口，总进口量扩大至Q1Q4。

加入关税同盟后，甲国的消费者剩余增加了（a+b+c+d），但生产者剩余则由于产量的下降而减少了a，政府关税收入减少（c+e），相抵后的净社会福利为（b+d-e）。如果（b+d）＞e，则甲国净福利增加；反之，如果（b+d）＜e，则甲国净福利减少。从图1-2b中可以看出，如果一国国内的商品供给曲线与需求曲线越平缓，即在相关的范围内弹性越大，并且P1越靠近P0，那么，b和d的面积就越大，e的面积就越小。这样，对于这个参加关税同盟的国家来说，获得净福利增加的机会就更大。

3. 关税同盟的动态效应

传统的区域经济一体化理论证明，一体化给成员国提供了根据比较优势在集团内部进行产业间专业化的广阔机会，因此带来了合理化生产。只要集团与世界其他地区间的贸易转移所造成的降低专业化分工的效应小于贸易创造带来的合理化收益，资源配置便会得到改善。这意味着全体成员国的收入和福利会得到永久性增加。这一理论的假设前提是，厂商在完全竞争的框架内生产相同的产品，并且其生产具有规模报酬不变的特性，理论还排除了生产要素在国家间的流动。

但是，随着区域经济一体化的不断发展与深化，很多新问题已经远远超越了传统理论所描述的范围。例如，生产要素在成员国之间的流动性增加，成员国之间的贸易主要是以产业内贸易为主等问题。单纯依靠传统理论是难以对这些做出解释的。一些学者从要素自由流动、规模经济、不完全竞争等不同前提出发来重新说明区域经济一体化的收益。这些收益更多以动态效应显示。

关税同盟除了可以带来静态福利效应外，还可获得动态效应。这是由于竞争的加强、经济的规模化、投资的增大以及经济资源的有效利用而产生的。

（1）竞争效应

在没有结成关税同盟时，贸易壁垒的保护使国内市场缺乏竞争，导致生产的低效率。建立关税同盟后，本国生产者必须面对来自其他成员国高效率生产者的竞争。为了避免被淘汰出局，本国生产者不得不设法提高生产效率，这将降低生产成本，从而有利于消费者的福利。

（2）规模经济效应

对于中小国家来说，因国内市场狭小，难以达到规模经济的产量。在关税同盟成立后，由于市场规模的扩大，可以克服国内市场狭小的缺陷，实现规模经济的产量。

（3）对投资的刺激效应

关税同盟建立以后，随着市场的扩大，风险与不稳定性降低，会刺激成员国厂商增加投资。此外，关税同盟建立以后，会刺激非成员国在同盟内投资生产，以避免因贸易转移而给其带来的损失。

（4）资源配置效应

就一个关税同盟内部来说，由于商品和劳动力、资本等生产要素一定程度地自由流动，可以使经济资源在关税同盟范围内得以更好地利用。

上述情况表明，一国建立自由贸易区的主要经济动机可能在于其产生的静态效应和动态效应，最大化本国的利益。

然而，关于区域一体化的福利问题，Viner（1950）提出了贸易创造效应（Trade Creation Effect）和贸易转移效应（Trade Diversion Effect）之间的对比。他认为，组成关税同盟的总福利效应要看贸易创造效应和贸易转移效应对比之后的净福利，也就是说，如果贸易转移效应超过贸易创造效应，一国参加关税同盟的净福利将是负的。Viner 的理论可以很容易地推广到其他区域经济合作形式，因而成为区域经济合作理论的支柱之一。从 Viner 的理论出发，参加区域经济组织的福利效应是不确定的。如果一国参加区域经济组织，但没有产生贸易创造效应，该国的福利是下降的。关于区域经济一体化的动态效应主要体现在规模经济、竞争加剧和刺激投资给成员国经济所带来的福利增加，但是这种福利增加在衡量和评估时难以进行量化分析。

（二）建立自由贸易区的政治和战略动机理论

传统的国际区域经济一体化理论主要着重于分析区域经济一体化对其成员国、整个一体化集团乃至世界的经济影响，主要从经济的角度说明一体化成员的经济动机。包括关税同盟理论中论述的贸易创造效应和贸易转移效应以及一体化的动态效应。然而，在当今的国际经济一体化现实中，各种不同类型的国家参与 FTA 的动机和利益取向趋于多样化，除了上述的经济动机外，在某种程度上，存在着更多政治、安全和规则制定的动机，传统经济一体化理论难以解释上述行为，鲍德温的"多米诺"理论、巴格瓦蒂的非合作博弈说和地缘政治因素学说从利益集团或者国家之间博弈等多维角度，动态性地解释了南北型 FTA 在全球范围内繁衍的原因和动力机制。

1. 地区主义"多米诺"理论

鲍德温（Richard E. Baldwin, 1993）① 提出了"地区主义的'多米诺'理论"（Domino Theory of Regionalism）用以解释 20 世纪末世界经济区域化的浪潮。他认为，互惠贸易区的扩张会产生一种"多米诺骨牌"效应，具有开放成员机制的贸易区可以扩张至整个世界。

具体而言，单一区域经济整合协议，可能引发一连串先前非成员国加入结盟的要求，若此区域经济是开放扩张的，区域经济整合则如野火般地蔓延，若此区域经济体是封闭的，被排除在外的国家也会进行优惠贸易安排。鲍德温是在美洲地区和欧盟扩张经验基础上提出这一分析方法的。

鲍德温认为，从政治经济学的角度分析，一个国家调整国际贸易政策

---

① Richard E. Baldwin, "A Domino Theory of Regionalism", NBER Working Paper, No. 4465, September 1993 and revised in November 1994, p. 13.

以适应组建或参加 FTA 的形势要求，主要受到两股势力或压力的影响：一是来自国内政治利益集团的政策诉求；一是来自贸易伙伴国同其他国家建立 FTA 形成的国外压力。一般而言，国内生产者和出口商形成的利益集团影响国家贸易政策，他们对于贸易伙伴国的贸易政策转变十分敏感。一旦贸易对象国的贸易政策有变，如建立双边 FTA，国内利益集团就会要求调整本国贸易政策，加紧推动本国同相关国家建立 FTA，或者直接参加FTA。从而激发 FTA 接连发生，并且导致分散的 FTA 向核心贸易集团靠拢，区域一体化的扩大和 FTA 的纷纷建立进一步损害了非成员出口商的利益，面临着更大范围的市场劣势地位，从而引发第二轮"多米诺"效应。这就像多米诺骨牌一样，纷纷倒塌，向某一中心靠拢①或形成 FTA 的滚雪球效应。

"多米诺骨牌效应论"比较清晰地阐明了 FTA 排序过程中的功能性因果关系，因此，鲍德温认为，它不仅可以用来理解欧洲一体化某些领域的演进过程以及相应措施，而且也预示着东亚地区由双边 FTA 合作而滚雪球般发展的未来路径，该理论适用于解释自由贸易协定在全球范围内的爆炸式增长。

2. 非合作博弈说

针对目前全球自由贸易协定的繁衍，经济学家巴格瓦蒂（Jagdish Bhagwati)② 认为：优惠贸易安排不断涌现的真正令人信服的原因是经济学家所说的纳什均衡，即在博弈中，尽管参与者可以通过合作获得更大利益，但它们却以非合作的方式各自追求自身利益。随着双边协定的增加，各国开始觉得在这些双边协定下，它们已经被排斥在市场之外了。然后，它们便开始谋划与政治上友好的国家建立自己的双边协定。所以双边协定不断增加很快就有了我们现在所观察到的现象：双边协定爆炸式增长的局面。

根据博弈理论，依据所采用的假设不同，博弈分为合作博弈和非合作

---

① Richard E. Baldwin, "A Domino Theory of Regionalism", NBER Working Paper, No. 4465, September 1993 and revised in November 1994, p. 13.

② Jagdish Bhagwati and Arvind Panagariya, "The Theory of Preferential Trade Agreements: Historical Evolution and Current Trends", *American Economic Review*, Vol. 86, No. 2, 1996, pp. 82 – 87.

博弈。按照诺贝尔经济学奖得主海萨尼（John C. Harsanyi）① 的提法，如果博弈中的意愿表示如威胁、承诺、协定是有强制力的，就是合作博弈，否则为非合作博弈。也就是说，在合作博弈中存在强制性机制使得参与方不能反悔，一旦做出了承诺或达成了协定就不能收回，必须加以执行；而在非合作博弈中，人们完全可以从自己的利益出发选择行动，即便是答应了合作，也是不可信任的，因为没有强制力保证其信守诺言。

　　WTO 与 FTA（自由贸易协定）在形式上是一种经济合作关系，但在实质上是各成员方为争取自身利益最大化的一种非合作博弈。② 因为 WTO 与 FTA 作为一种国际间的国际经济合作协定，同样是不具有强制力的，成员方可以根据其意愿自愿加入，也可以根据其意愿自愿退出，在规则上这些组织和协定都设有成员方的退出机制。如在乌拉圭回合中达成的《关于建立世界贸易组织的协定》第十五条退出条款中就有明文规定"本协定的任何成员方可以要求退出本协定"。所以，任何一个 WTO 的成员方在加入 WTO 的同时并没有也不可能丧失最后的行政权，即任何一个成员方仍然具有不受强制性约束，有自我选择权。正是在这一点上，WTO 具有了典型"非合作博弈"性质。但是，从各国最终的政策目的来说，合作是符合各国利益的选择，但由于有限理性和机会主义的存在，各国追求各自利益的最大化，可能会选择不合作。而 FTA 的轮轴—辐条（Hub - and - Spoke）体系，通过重复博弈，可以克服这一困境，达到对各方都有利的结果。

　　从国际经济学的角度来看，WTO、FTA 或 PTA（优惠贸易安排）都属于国际经济政策协调的范畴。所谓国际经济政策协调，指的是"各国充分考虑国际经济联系，有意以互利的方式调整各自经济政策"的过程③，国际经济政策协调的原因是宏观经济政策在国家之间存在着重要的经济外部性，一国采取的政策行为会影响到其他的国家，反之亦然。在存在政策外部性的情况下，如果政府之间不实行协调就可能导致低效的产出

---

　　① John C. Harsanyi, "Approaches to the Bargaining Problem Before and After the Theory of Games: A Critical Discussion of Zeuthen's, Hicks', and Nash's Theories". Econometrica, Vol. 24, No. 2（Apr. 1956）, pp. 144 - 157.

　　② 徐海宁：《区域经济合作优于多边合作》，载《财贸经济》，2004（2），第60—67页。

　　③ 戴维·寇里（David Currie）：《国际经济政策协调》，转摘自戴维·里维里恩，克里斯·米尔纳主编《国际货币经济学前沿问题》，赵锡军、应惟伟译，中国税务出版社2000年版，第144页。

与较低的福利水平；而如果政府之间考虑到相互的依赖性而采取相互可接受的政策协调安排，则会使所有国家的产出与福利都达到改善。从博弈的意义上讲，国家间政策不协调情况下的产出是低效的纳什均衡。在公平的环境下，回到纳什均衡的威胁足以维持协调的有信誉的均衡。

非合作博弈说很好地解释了当今双边和区域自由贸易协定繁衍的现实，与 WTO 的停滞不前形成明显的对照，然而非合作博弈也预示了这种国家行为并不是最优选择。在多层自由贸易协定的重复博弈中就存在着比一次性博弈更大的合作的可能性，有可能实现比一次性博弈更有效率的均衡。

3．地缘政治因素学说

在历史和现实中，地缘政治因素都会对区域合作的排序进程产生影响。以欧洲经济一体化研究为例，过去的研究"过于注重欧洲一体化过程中内在事件的联系，不注意把欧洲一体化的发展和深化放入世界经济政治的大背景下进行考察，割裂了欧洲与世界的紧密联系"[①]。即使从地缘政治视角研究欧洲问题，有的学者也往往囿于英、法、德的地理位置及自然影响力的研究，从中分析国家能力和政策选择对实现自身利益在欧洲一体化进程中的可能性，有的学者认为这种地缘政治利益的追逐使他们在合作进程中必然产生分歧，使得西欧大国在心理和行动两方面存在障碍[②]。但是，国际政治学的新现实主义认为，在冷战时期，地缘政治因素和美国持续不断的压力是西欧区域合作排序进程中的主要动力，因此，不能"割裂了欧洲与世界的紧密联系"来分析地区间的次区域经济合作，其中包括各种形式的 FTA 合作进程。从当今的 FTA 现实来看，随着跨区域的远距离的双边自由贸易协定数量的增加，特别是大国与远距离的小国之间的 FTA，其地缘政治因素也是其不容忽视的主要因素之一。

（三）自由贸易区谈判的政治经济模型

贸易谈判过程实质上是贸易协定或者贸易规则的形成过程，因此，各谈判方的讨价还价能力以及最终的妥协和让步受到国内和国际政治经济因

---

①　刘华：《欧洲一体化理论研究》，载《国际关系学院学报》2004 年第 1 期。

②　胡文涛："欧洲政治一体化进程中法英德的分歧"，载《广东外语外贸大学学报》2003 年 9 月号。

素的共同影响。贸易谈判的政治经济模型很好地刻画了谈判进程和内容与国内政治之间的互动。可以用于洞察南北型 FTA 在谈判中的分歧和主要影响因素。

1. 格鲁斯曼和赫尔普曼的自由贸易区政治经济模型

在欧洲一体化理论中，新功能主义和政府间主义是具有很大影响力和较强解释力的两种主流范式，两种理论在发展过程中相互批判相互影响，① 其主要的分歧集中于对驱动一体化进程的角色定位的不同。从政府间主义对新功能主义的批语中可以看到，政府间主义始终强调民族国家和政府在一体化进程中的主导作用，而新功能主义则着重强调超大型国家机构的作用。由于两种理论只能从一个或几个方面来解释欧洲一体化，因此有趋于向组合理论方向发展的趋势。

在区域经济一体化解释的国内政治学中最有影响的研究集中在利用国内利益集团和政策制定者之间的互动来解释 FTA 的决策和形成。其中具有代表性的研究文献当属鲍德温（1993）② 和格罗斯曼和赫而普曼（1995）③ 的研究。鲍德温（1993）假定私人部门为了最小化对手国家新形成的区域经济一体化所带来的贸易和投资转移，主动游说政府进行 FTA 谈判。面对强大的游说活动，政治家们为谋求连任而支持利益集团的主张——寻求加入现有的一体化组织或者组建新的 FTA，这种"多米诺"效应导致了当今 FTA 的繁衍。该理论主要从国内利益集团的角度来解释竞争性 FTA 产生的原因，以及一国对外部 FTA 的形成所做出的政策反应，比较强调国际因素对国内政治的影响。这种"多米诺"效应是一种外生变量对一国政府 FTA 偏好的形成施加影响。格罗斯曼和赫尔普曼（1995）通过构建一个政治经济模型强调利益集团和现任政府之间的互动，以此来分析政治市场对 FTA 形成的影响，并得出了对敏感部门的保护（排除敏感部门的自由化）是集聚国内支持 FTA 的诀窍的结论。此模型的采用单一的序贯博弈模式将国内国际两阶段的博弈贯穿在一起，其中第一阶段博弈为两国国内利益集团和现任政府之间的互动，而国家对国际协定的立场

---

① 张曙光、张胜军：《欧洲一体化理论中的自由政府间主义》，载《国际论坛》2011 年 5 月。

② Richard E. Baldwin, "A Domino Theory of Regionalism", NBER Working Paper, No. 4465, September 1993 and revised in November 1994.

③ Grossman, G. and Helpman, E., "The Politics of Free - Trade Agreements", *The American Economic Review*, 1995（85）: 667 - 90

偏好是基于利益集团需求和最大限度满足平均选民意愿的平衡。这一阶段的国内博弈未能把领导人个人偏好、政府换届、党派竞争、经济危机等因素对政府偏好的影响纳入其中。第二阶段博弈是建立在前者基础上的国家与国家之间的双边谈判。这一阶段着重强调的国际贸易谈判达成均衡结果的条件，没有论及谈判达成后的多次均衡，不适于解释自由贸易协定演变和多次均衡的情况。但其采用单一的序贯博弈模式将国内国际两阶段的博弈贯穿在一起的分析框架对研究具有借鉴作用。

2. 罗伯特·普特南关于贸易谈判的双层博弈模型

在国际关系研究中，美国学者罗伯特·普特南（1988）[①] 提出的双层博弈概念旨在描述国际谈判冲突，分析国际谈判过程中国内政治和国际政治何时和如何发生互动。普特南的模型把谈判分为两个层次：第一层次为国际谈判阶段，第二层次为国内批准阶段。并假定每一个国家都由一个单一的领导者或者首席谈判者作为代表，这个谈判代表没有任何独立的政策偏好，仅仅是寻求达成可以获得其代理人（国内的选民）支持的国际协定。通过第一层次的博弈，两国谈判代表达成一项暂时的国际协议；第二层博弈是谈判者敦促国内的选民通过正式或者非正式的方式来决定是否批准或者实施这项协议。因此每个国家的谈判者在国际和国内两个层次上进行博弈。这种二层博弈的划分是出于解释的目的而进行的简化性描述，事实上，国际博弈和国内博弈是相互交织同时发生的，因为一个领域的预期和发展会影响到另一个领域的谈判。比如谈判者在进行第一层次谈判时就可能已经咨询过国内的国民，甚至已经与他们进行过谈判。

为了说明第一层博弈所达成的协定经过第二层次的博弈获得批准的可能性，普特南使用了一个核心概念"获胜集合（win – set）"用来表示第一层次协定可以得到国内大多数支持的所有可能的集合。在其他条件相同的情况下，各缔约方的获胜集合越大，第一层次协议达成的可能性也越大。各缔约方第二层次获胜集合的相对大小会影响从国际谈判中所得的共同收益分配。而第二层次获胜集合的相对大小取决于三方面因素：选民因素、政治体制、谈判者策略。普特南的模型为贸易谈判提供了一个很好的分析工具，特别是自由贸易协定谈判。以双边自由贸易协定谈判为例，各

① Robert D. Putnam, "Diplomacy and Domestic Politics: The Logic of Two – Level Games", *International Organization*, Vol. 42, No. 3 (Summer, 1998), 427 – 460.

国谈判代表既要满足伙伴国要求的贸易自由化利益，又要满足国内利益集团所关注的敏感部门失业、商品价格下降等问题。但该模型对最后的批准解释为只能是通过或否决，没有说明当国内政治博弈的结果导致国际协定不能获得批准时，是否会产生国内政治主导国际协定的内容或者相反的情况。此外模型把参加国际谈判的政府首脑假定为没有各自偏好和独立主张的诚实合理人与现实不符。模型不能完全涵盖和解释突发性事件对国际谈判进行和相应的国内政治进程的影响。

（四）发展中国家接受或拒绝非贸易问题的政治经济分析

20 世纪 90 年代以来，区域经济合作出现了一种新的现象，即在大国与小国签订的贸易协定中，小国（这些小国主要指代发展中国家）对大国做出了更大的让步。这种情况主要体现在美国与加拿大、墨西哥签订的贸易协定中。在签订北美自由贸易协定时，美国要求加、墨两国在国内知识产权保护、能源政策等方面做出一些适应美国的调整。另外，欧盟在吸纳东欧成员之前，也要求他们在国内政策方面做出改革，并根据这些国家改革的进度分批吸收成员。这种小国对大国做出单方面让步或额外支付（Side Payment）的现象被认为是新区域主义（New Regionalism）的最重要的特征，经济学家关于新区域主义的理论和观点也主要是针对这一特征而提出来的。他们认为，在 WTO 及其前身 GATT 的主持下，发达国家的关税已非常之低，非关税壁垒已大幅度减少了，因此区域贸易协定倡导的"自由贸易"的意义也已大为降低。这样一来，瓦尔纳范式（贸易创造和贸易转移）的意义便随之下降，因而需要根据新环境提出新理论。

1. 非对称型 FTA 的成本和收益

新区域主义可以用来解释双边和多边自由贸易协定的兴起，以及大国与小国加入区域贸易协定的成本与收益。

大国与小国在参与一体化过程中所获得的收益是不一致的，大国的收益要远远大于小国的收益，但这似乎并不影响小国参与一体化的热情。面对经济全球化和区域化的趋势，为了避免被边缘化，各国积极地加入各种互惠贸易协定的谈判，似乎加入一体化组织更注重获得一种"一体化身份"，而不是要显著地扩大与原一体化成员国的贸易。

对大国来说，由于其平均关税水平已经较低，国内的市场规模较大，对外部世界的依存度较低，抵御外部冲击的能力和参与国际经济事务的谈判交易能力较强，所以源于贸易创造和贸易转移的影响不大。大国参与区域经济合作的主要动力来自于传统经济收益之外的非经济收益。通过参与自由贸易协定，大国力图扩大自身的贸易报复能力以及国际谈判交易能力，以便与其他大国进行竞争。大国争取获得区域内的主导权，扩大其在多边贸易谈判中的筹码，进而获得国际经济规则制定过程中的主导权，最终把区域内规则转化为多边贸易规则。

相反，对小国来说，较小的市场规模、对外部世界的较高依存度、较弱的抵御外部冲击的能力和参与国际经济事务的谈判交易能力决定了，他们参与区域经济合作的主要动力来自于以获得市场准入机会为代表的经济收益，通过彼此在贸易壁垒上的种种让步，参与者可以享有更大的市场份额，以实现规模经济，而统一的市场可以为企业提供一个更具竞争性的环境，从而提高经济效益。当然，这里所说的是小国与大国之间的区域经济合作。如果在小国之间开展区域经济合作，非经济收益同样会成为影响成员国（是否参加区域贸易协定或接纳新成员）决策的一项重要因素。在安德利亚曼安杰拉与施夫（Andriamananjara and Schiff, 1998）① 所做的小国合作模型中，传统的贸易一体化收益并不是最重要的决定因素。小国之间所达成的区域贸易协定是克服他们较低讨价还价能力和较高谈判成本的有效途径。

在大国与小国缔结的 FTA 中，小国会对大国做出更多的让步。这种情况一方面反映出大国（通常是发达国家）的平均关税水平已经较低，再度下降的空间有限，而小国（通常是发展中国家）的平均关税水平一般都高；另一方面也反映出在大、小国所进行的经济较量中，大国占尽优势的事实。如 NAFTA 的顺利达成主要缘于墨西哥做出重大让步；对涉及欧盟自身性质和结构方面的规章，欧盟对它的新伙伴（瑞典、芬兰、奥地利等北欧小国）采取了"要么接受，要么拒绝"的强硬态度。

小国对大国的让步不仅体现在传统的关税与非关税壁垒减让领域，而且更主要体现为国内政治经济体制、法规、政策向大国靠拢。在北美自由贸易区协定中，加拿大和墨西哥在知识产权保护政策、能源定价政策、环境保护政策、竞争政策都适应美国的要求做了较大的调整。针对正在谈判

---

① Andriamananjara, S. M. Schiff, "Regional Groupings among Microstates", World Bank, 1998, p. 37.

中的美洲自由贸易区协定，美国不仅要求南美洲国家对其经济体制和政策做出调整，而且还必须符合美国政治民主制度的要求。同样，东欧诸国为了加入欧盟也需要对其原有的政治经济体制做大幅调整。由于不同国家在体制调整方面的步伐存在差异，他们只能分批被欧盟所接纳。

由于大小国家参与区域经济合作的优势劣势以及目的存在差异，它们的成本与收益体现在不同的领域。小国与大国签署自由贸易区协定是为了防止被"边缘化"，减少排他性区域合作的负面影响，获得以更大的市场为基础的经济收益。而大国参与自由贸易协定的动因，除了传统的贸易利益之外，还要力争扩大自身的贸易报复能力或国际谈判交易能力，以便与其他大国进行竞争。为此，区域贸易协定的形式会影响大国对单方支付的要求。在自由贸易区协定下，成员国之间没有统一的关税与贸易政策，大国难以利用此种方式提高其贸易报复能力。此时，大国要求小国做出更多的让步。一些大国力求获得区域内的主导权，扩大其在多边贸易谈判中的筹码，进而获得国际经济规则制定过程中的主导权，最终把区域内规则转化为多边贸易规则。

2. 非传统收益理论

弗南德兹和波特斯（Fernandez, R. and Porters, J., 1998）[①] 提出了用非传统收益来解释许多国家以不利的条件加入 FTA 的事实。最典型的例子是：奥地利、芬兰和瑞典，它们加入欧盟，和它们的贸易伙伴（欧盟的原成员）贸易自由化后从中受益很小，因为在欧洲经济区条约中，它们已经和欧盟成员有效地开展了自由贸易。而且，加入欧盟意味着它们必须对欧盟的预算付出显著的净支付。

小国对大国的让步不仅体现在传统的关税与非关税壁垒减让领域，而且更主要体现为国内政治经济体制、政策、法规与大国趋同。因此，在大国与小国的 FTA 中，小国所获得的收益从某种意义上说是以放弃了一定范围的主权为代价。

根据弗南德兹和波特斯的研究，可以从新区域主义的非传统收益方面来解释小国的这一行为。对于小国来说其非传统收益包括：

（1）保证政策连贯性，通过加入 FTA 对后任政府的政策形成约束，

---

① Fernandez, R. J. Porters, "Returns to regionalism: an analysis of non – traditional gains from regional trade agreements", *The World Bank Economic Review*, 1998, p. 12.

达到保证政策的连贯性。（2）发信号，通过加入优惠贸易安排这个事实本身，向外界发出信号，可以明确本国政府的对外政策主张和政府间关系，使得外国的投资者看到该国的政策新动向。（3）提供保险，这里指因为贸易伙伴实行贸易保护而取得的保险收益，这有助于解释为什么在一些协定中，特别是在大国与小国的协定中，较小的国家愿意以较差的条件加入协定。对于小国来说，大国在向小国开放市场的同时也放弃了对小国实施报复的权利。为了补偿大国的损失，小国必须向大国提供单方支付，即小国实际上是利用单方支付购买了进入大国市场的"保险"，从而防止贸易伙伴实行贸易保护。这在美国与加拿大、墨西哥所缔结的北美自由贸易协定和欧盟接纳东欧国家的协定中都有所表现。佩罗尼和沃利（Perroni and Whalley，1994)①假设小国寻求加入贸易集团是为了避免在全球范围的贸易战中遭受更大的损失。为了获得这种保险效果，这些小国通常会向大国提供诸如知识产权等非贸易的利益。同样，加入贸易集团可以防止贸易伙伴国采用一些非关税壁垒的形式来限制贸易。在贸易集团的小范围内达成诸如健康标准这样的协议要比在多边贸易体制下达成协议容易得多。对于小国来说获得这样的保险的同时也是要付出成本的。与大国形成贸易集团会降低小国在将来谈判中的讨价还价能力并且更加容易受到大国国内经济波动的冲击。是否与大国形成贸易集团，至少要看这些成本与收益的权衡对比。（4）可以加强对第三方的讨价还价能力，人们通常认为一个国家加入贸易集团的目的之一是增加与第三方进行谈判时讨价还价的能力。事实上，形成贸易集团以后的国家在谈判中讨价还价的能力确实比各个国家单独谈判的能力要高。同时，贸易集团也降低了这些国家为了在谈判中达成一致行动的成本。由于关税同盟的国家有共同的对外关税水平，它比各自决定对外关税的自由贸易区更加有利于加强谈判中的讨价还价能力。MERCUSOR 的大部分贸易是发生在区域外的，形成贸易集团会使得这些国家在与第三国进行谈判时处于更有利的地位。（5）发挥协调一致机制，非传统分析最后的一个解释是自由贸易协议通常意义上可以为参加国提供协调的机制。在某些时候，贸易自由化在短期内并不能带来明显的收益却带来了相应的成本——进口部门受到自由贸易的冲击。在这种情况

---

① Carlo Perroni and John Whalley, "The New Regionalism: Trade Liberalization or Insurance?" NBER Working Paper No. 4626, Issued in January 1994, NBER Program（s）: ITI.

下，对于一国国内而言很难协调自由贸易的支持者与反对者，而加入贸易集团会使赞成自由贸易的集团提供有力的政治支持。区域贸易集团应该是一种协商机制而不是像多边贸易体制那样的贸易协议。对于贸易自由化而言，一个障碍就是在多边贸易体制中对于谁是贸易自由化的获益者存在很大的不确定性。这种不确定性在小范围的区域内显然要比全球范围内更容易解决。同时，在区域的小范围内也更加容易找出在自由化中遭受损失的集团。同样，对于许多厌恶风险的厂商和消费者而言，区域贸易集团比多边贸易体制具有更加小的不确定性，降低不确定性正是它们所偏好的。（6）在区域贸易集团这种小范围内更加容易实现互惠性。一国在某个部门中让步的同时也可以看到贸易伙伴国让步给自己带来的收益。贸易集团带来的另一种协调机制可以使得政府在不同的政策领域进行平衡。例如，美国在与墨西哥成立北美自由贸易区时就害怕墨西哥会给美国的劳工标准以及环境带来下降的压力，这反过来又会导致国内对墨西哥进行贸易保护的压力上升。如果墨西哥同意逐渐提高本国的环境与劳工标准的话，美国就会承诺继续对墨西哥实行开放性的贸易政策，这显然对双方都有好处。NAFTA 为双方提供了这样一种机制，而这种机制在多边贸易体制下很难实现。很难想象在国家数目众多、各国标准差距很大的情况实现这样的政策交换。我们从多边贸易体制的发展中可以看到环境问题和劳工标准的谈判进行得十分困难。

3. 改革创造和投资转移说[1]

埃塞尔（Ethier, 2001）[2] 构造了一个分析框架，试图说明一国参与区域一体化与改革和投资的联系。从而对新一轮 FTA 现象进行解释。

（1）假设

每一大洲包含有 n 个内部国家和 m 个外部国家，设 n < m；不同大洲任意两个国家之间的距离为 D，同一大洲任意两个国家之间的距离为 d，且 D > d 。

内部国家生产的最终产品是有区别的，这构成了国际贸易的基础，除此之外，其他方面完全相似。内部国家产品的生产分成多个阶段，劳动密

① 杨权：《新地区主义范式及其对东亚经济一体化的解释》，载《世界经济研究》2005 年第 4 期，第 11—16 页。

② Ethier, W. J., "The New Regionalism in the Americas: A Theoretical Framework", *North American Journal of Economics and Finance*, 2001, pp. 159 – 172.

集型程度较高的生产阶段会被转移到外部国家。外部国家起初都是封闭经济，但试图进行经济改革，例如进行国际贸易和吸收 FDI。外部国家吸收越多的 FDI，经济改革就会越成功；同一大陆的改革中国家的比较优势相同，FDI 的母国并不关心投资地点，但会倾向于集中投资；改革中国家存在差别，其一是市场规模上的差别，假定它们分成大（B）和小（S）两类；其二是改革意愿的差别，假定它们分成渴望（E）和勉强（R）两类。

根据以上假设，每一大洲都有包含有四种类型的外部国家：（B，E）、（B，R）、（S，E）、（S，R）。

（2）分析

由于跨越大洲设立子公司，必须承担 D——d 的超额成本，内部国家总是在自己所在的大洲内设立跨国子公司。作为一个 FDI 东道国，外部国家间是没有区别的，因此，如果能够使自己与竞争对手相区别，即通过加速改革，处于改革中国家将更有可能获得 FDI。

加入 FTA 会使一个国家获得这样的竞争优势，即加入一个 FTA 等于做出了持续改革的外部承诺，这一承诺对于未来的政府也有约束力，这使得参与者的承诺更为可信。这样，与未参加 FTA 的其他国家相比，这个参与者就对外国直接投资更具吸引力，从而出现了"投资转移"。因此，在这个过程中，就出现了所谓的"改革创造"效应与"改革损失"效应；对于未加入 FTA 的改革中国家来说，由于发生了"投资转移"只能获得较少的 FDI，使其放慢甚至放弃了改革进程，此即"改革损失"效应。埃塞尔认为正是 FTA 具有这样的特性，即便存在补贴、税收减免等其他吸引外国直接投资的政策手段，且已经被实施了，加入 FTA 仍然会被选择。

这个分析框架描述了一个典型的新地区主义合作模式：具有改革倾向的一些小国以适度的单方非对称性的贸易减让为代价，与一个相邻的大国相联系，大国推进深度一体化进程，仅给予小国极少的贸易利益。这个合作模式即为一个内部国家和一个（B，E）型外部国家之间的合作，该类型合作较易形成，且参与合作的双方收益最高。

在这个分析框架中的一个重要特征：一个国家在考虑是否加入 FTA 的收益函数里，改革创造效应和竞争 FDI 成为重要变量，同时，由于进行了一最具深意的假设——对于外部国家来说所有内部国家的产品都是完全替代的，这一对现实世界高度简化的假设排除了由于贸易转移而导致福利损失的可能性，表明在以新地区主义为显著特征的世界经济环境里，传统利益已经不重要了。

这一学说比较好地解释了 TPP 中的美国之外的国家，特别是发展中国家加入 TPP 的一个重要原因是更大程度吸引美国和其他伙伴国的投资。

4. 轮轴—辐条体系说

新区域主义理论解释了在全球区域合作中，小国与大国签订区域贸易协定应做出的让步，大国也积极推动和签订区域贸易协定的各种原因之外，还给出了另外一种解释，即"轮轴—辐条"（Hub – and – Spoke）理论。

艾锡桑瓦和库尼考[1]指出，当一国与多个国家分别缔结区域贸易协定时，该国就像一个"轮轴"，而与此缔结协定的各国就像"辐条"，因为它们之间没有相互的区域贸易协定。旺纳科特和罗纳德（Wonnacott and Ronald，1996）[2] 分析了在区域经济合作中处于"轮轴"地位的国家至少可以在贸易和投资两方面获得特殊的优惠。在贸易方面，"轮轴"国的产品可以通过区域贸易协定进入所有"辐条"国市场，而各"辐条"国的产品因受原产地规则（自由贸易区协定的一种规则）的限制则无法相互进入。在投资方面，"轮轴"国的特殊地位会吸引外部资本（甚至包括"辐条"国的资本）进入。现实中，在小国与大国谈判的过程中，由于大国之间的竞争，小国有时会成为两个或更多大国缔结区域贸易协定的争夺对象。作为大国争夺对象的小国，此时可以获得特殊的利益。实际上，小国就有可能成为"轮轴"国。

小国在与大国的合作中处于弱势，小国只有给予大国更多的让步，区域贸易协定才有可能实现。但它却忽略了区域经济合作中另一个重要事实：由于大国之间的竞争，小国有时会成为两个或更多大国缔结区域贸易协定的竞争对象。作为大国竞争的对象，此时小国除了可以获得"轮轴—辐条"（Hub – and – Spoke）效应带来的特殊收益，它在自由贸易协定谈判中的筹码也随之增加，能在区域合作中赢得更大的影响力，在一体化

---

① Kuniko Ashizawa, "Japan's approach toward Asian regional security: from 'hub – and – spoke' bilateralism to 'multi – tiered'", *The Pacific Review*, Vol. 16, Issue 3, 2003, pp. 361 – 382.

② Wonnacott, Ronald, J., "Trade and Investment in a Hub – and – Spoke System Versus a Free Trade Area", *World Economy 19*, 1996, pp. 237 – 253.

进程中争取到更有利的外部环境。汉森[①]指出，一国一旦成为"轮轴"国，就可形成所谓的"自我加强过程"（self - reinforcing process），并会进一步巩固这种地位。李向阳[②]在分析新区域主义与国家战略时指出，目前至少有三个小国已经或正在成为区域经济合作中的"轮轴"国，它们分别是墨西哥、智利和新加坡。

旺纳科特和罗纳德[③]分析了在区域经济合作中处于"轮轴"地位的国家至少可以在贸易和投资两方面获得特殊的优惠。

实际上，小国就有可能成为"轮轴"国。汉森指出，一国一旦成为"轮轴"国，就可形成所谓的"自我加强过程"（self - reinforcing process），并会进一步巩固这种地位。李向阳[④]在分析新区域主义与国家战略时指出，目前至少有三个小国已经或正在成为区域经济合作中的"轮轴"国，它们分别是墨西哥、智利和新加坡。

蔡鹏鸿研究发现，近年来东亚国家所订立的双边 FTA，很多发生在地理上处于互不相邻的远方经济体之间，这一新的发展显然突破了克鲁格曼的地理上邻近的经济体可能是建立 FTA 的"天生条件"的理论，他认为这种 FTA 所能实现的经济利益是有限的，缔约国可能追求的主要是捆绑在一起的国家政治利益[⑤]。

成新轩[⑥]认为：由于轮轴—辐条结构的出现，区域内的产业将会出现明显的集聚和分散专业化效应。

孙娟娟[⑦]对经济一体化过程中的"轴心—辐条"结构进行系统的分析，并就其对经济一体化的影响进行探讨。

---

① GH Hanson, "North American economic integration and industry location", *Oxford Review of Economic Policy*, 1998, pp. 30 - 34.

② 李向阳：《新区域主义和大国战略》，载《国际经济评论》2003 年第 4 期，第 11—16 页。

③ Wonnacott, Ronald, J., "Trade and Investment in a Hub - and - Spoke System Versus a Free Trade Area", *World Economy* 19, 1996, pp. 237 - 252.

④ 李向阳：《新区域主义和大国战略》，载《国际经济评论》2003 年第 4 期，第 11—16 页。

⑤ 蔡鹏鸿：《东亚双边自由贸易区的国际政治经济学分析》，载《当代亚太》2005 年第 3 期，第 3—8 页。

⑥ 成新轩：《试析重叠性自由贸易协定现象及影响》，载《现代国际关系》2004 年第 6 期，第 42—47 页。

⑦ 孙娟娟：《经济一体化进程中的"轴心—辐条"结构研究》，载《黑龙江对外经贸》2006 年第 8 期，第 21—23 页。

　　总之，本章对地区主义的"多米诺"理论、非合作博弈说和新区域主义理论进行了论述，上述相关理论不仅仅从经济上考虑 FTA 形成的动因，而且从政治经济学的视角对 FTA 的收益加以解释，强调从博弈互动的角度和其他非传统收益的角度来解释 FTA 形成的动因。上述理论一方面可以总体上解释自由贸易协定数量激增的原因，另一方面也强调了不同类型国家参与经济一体化的政策动机的差异。这些理论对于解释 TPP 启动后引发各相关国家的政策互动和每个国家的战略动机提供了相应的理论依据。

四　实证分析：南北型 FTA 谈判中关于非贸易问题的妥协和对峙

（一）南北型 FTA 谈判中关于非贸易问题妥协的比较分析

　　目前，发展中国家与发达国家签署南北型协定数量最多、贸易额最大的国家当属智利、墨西哥和秘鲁。这三个国家均与世界三大发达经济体美国、欧盟、日本签署了自由贸易协定，其中智利的表现更为突出。以下将对智利的自由贸易协定进行分析，并对智利与发达国家之间的南北型 FTA 纳入非贸易条款的情况进行分析。

　　1. 智利 FTA 的发展

　　根据 WTO 的统计，截至 2014 年底，智利已经对外签署了 25 个区域经济一体化协定（见表 1—13），其中有 21 个双边协定，4 个诸边协定。在 21 个协定中，有 8 个是与发达国家（地区）签署的南北型贸易协定，其余是与发展中国家签署的南南型自由贸易协定。从南北型 FTA 实践来看，除了与美国、欧盟、日本三大经济体签署自由贸易协定外，智利与美洲、欧洲、亚洲、大洋洲其他主要的发达国家（地区）如加拿大、EFTA、韩国、新加坡、中国香港、澳大利亚均签署了自由贸易协定。分析表明，自 20 世纪 90 年代末，智利与加拿大签署第一个南北型双边自由贸易协定开始，此后签署的协定基本上是双边协定（除跨太平洋战略经济伙伴协定（TPSEP）以外）。智利除了注重与发达国家签署南北型自由贸易协定，也注重同发展中国家签署南南型双边协定。智利已经同中国、印度和南美及中美洲共同体国家签署了自由贸易协定，形成了南北型、南南型 FTA 并行发展的自由贸易协定核心轮轴国。

表 1—13　　　　　　　　　　智利的 FTA 发展

序号	智利参与的协定	生效时间	协定类型
1	香港（中国）—智利	09 - 10 - 14	N—S
2	智利—尼加拉瓜	19 - 10 - 12	S—S
3	马来西亚—智利	15 - 02 - 12	S—S
4	土耳其—智利	01 - 03 - 11	S—S
5	危地马拉— 智利	23 - 03 - 10	S—S
6	哥伦比亚—智利	08 - 05 - 09	S—S
7	澳大利亚—智利	06 - 03 - 09	N—S
8	秘鲁—智利	01 - 03 - 09	S—S
9	洪都拉斯—智利	19 - 07 - 08	S—S
10	巴拿马—智利	07 - 03 - 08	S—S
11	日本—智利	03 - 09 - 07	N—S
12	印度—智利	17 - 08 - 07	S—S
13	跨太平洋战略经济伙伴协定（TPSEP）	28 - 05 - 06	文莱、智利、新西兰、新加坡
14	中国—智利	01 - 10 - 06	S—S
15	EFTA— 智利	01 - 12 - 04	N—S
16	韩国— 智利	01 - 04 - 04	N—S
17	美国—智利	01 - 01 - 04	N—S
18	EC—智利	01 - 02 - 03	N—S
19	萨尔瓦多—智利	01 - 06 - 02	S—S
20	哥斯达黎加—智利	15 - 02 - 02	S—S
21	墨西哥—智利	01 - 08 - 99	S—S
22	加拿大—智利	05 - 07 - 97	N—S
23	发展中国家全球贸易体制（GSTP）	19 - 04 - 89	包括亚非拉 44 个发展中国家①
24	拉美一体化协定（LAIA）	18 - 03 - 81	阿根廷、玻利维亚、巴西、智利、哥伦比亚、古巴、厄瓜多尔、墨西哥、巴拉圭、秘鲁、乌拉圭、委内瑞拉、玻利维亚

---

① 具体参见 WTO 网站，http：//rtais. wto. org/UI/PublicShowMemberRTAIDCard. aspx？rtaid = 146。

续表

序号	智利参与的协定	生效时间	协定类型
25	贸易谈判议定书 PTN	11 - 02 - 73	孟加拉国、巴西、智利、埃及、韩国、墨西哥、巴基斯坦、巴拉圭、秘鲁、菲律宾、塞尔维亚、突尼斯、土耳其、乌拉圭

2. 智利的南北型 FTA 非贸易条款

（1）美国—智利自由贸易区非贸易条款

根据智利—美国 FTA 事实清单，可以将条款分为货物贸易条款和服务贸易条款。

在货物方面可以分为贸易自由化承诺和其他方面承诺，其中贸易自由化方面主要涉及进出口税和费用、非关税措施、农业和纺织、服装行业的特定规则有例外产品方面的规定（见表1—14）；在其他方面的承诺包括以 WTO 为基础的深化承诺和广化承诺。具体如下，货物贸易其他条款包括：原产地规则、TBT 措施（强调该问题，成立相关机构）、SPS 措施（WTO 规则）、安全保障措施、反倾销和反补贴（WTO 规则）、海关手续、知识产权、政府采购、竞争政策、指定垄断和国有企业、投资、一般例外、争端解决、透明度、机构建设条款。

表1—14 货物贸易自由化方面主要内容

进口税和费用	第三章 B 部分—消除关税
出口税和费用	第 3.13 条—出口税
非关税措施	第三章 D 部分—进口和出口限制
特定部门规则	第三章 F 部分—农业 第三章 G 部分—纺织和服装
例外产品	没有

在服务方面，根据智利—美国 FTA 事实清单，可以分为贸易自由化承诺和其他方面承诺。其中贸易自由化范围主要涉及覆盖部门、供给模式、概念界定、正面清单还是负面清单、特定部门规则和例外部门（见

表1—15）。

表1—15　　　　　　智利—美国 FTA 服务承诺事实清单

范围	概况
覆盖部门	实质性部门覆盖
供给模式	跨境服务章包括模式1、2、4，投资章节包括模式3
概念界定	本国"自然人"和企业的定义
正面清单或负面清单	负面清单
特定部门规则	金融、电信、商人临时准入单列
例外部门	航空服务和相关的支持部门（不包括修理和维护）

其他条款包括：MFN 和 NT 条款自然人流动、去除歧视措施、第三方供给待遇、拒绝好处（Denial of benefits）、安全保障措施、国内监管、补贴和国内支持、知识产权、政府采购、竞争、投资、一般保留、争端解决、与其他协定关系、机构条款。

（2）EU—智利 FTA 非贸易条款

根据根据 EU—智利 FTA 事实清单，货物贸易方面主要条款包括：原产地规则、TBT 措施（强调该问题，成立相关机构）、SPS 措施（WTO 规则）、安全保障措施、反倾销和反补贴（WTO 规则）、海关手续、知识产权、政府采购、竞争政策、投资、例外和安全例外、争端解决、透明度、机构条款。

而服务贸易方面主要包括支付平衡措施、拒绝好处、竞争政策、争端解决、国内监管、例外和安全例外、政府采购和知识产权、投资、相互认证和补贴。

与美国条款相比，欧盟与智利的协定没有包括环保条款和劳工条款，其他非贸易条款基本相同。

（3）日本—智利 FTA 非贸易条款

根据根据日本—智利 FTA 事实清单，货物贸易方面主要条款包括：原产地规则、TBT 措施（强调该问题，成立相关机构）、SPS 措施（WTO 规则）、安全保障措施、国际收支紧急保障措施、反倾销和反补贴（WTO 规则）、海关手续和补贴、知识产权、政府采购、竞争政策、投资、例外和安全例外、争端解决、机构条款、环境、劳工。

而服务贸易方面主要包括支付平衡措施、拒绝好处（Denial of benefits）、知识产权、政府采购、竞争政策、争端解决、国内监管、例外和安全例外、投资、相互认证、机构条款、环境、劳工。

上述情况表明：智利与发达大国谈判的自由贸易协定，在协定的设计方面基本上是遵循发达大国的协定模式，在非贸易条款的纳入方面呈现出趋同态势。对于智利来说，通过非贸易方面相关问题的妥协和让步而获得优先进入大国市场的待遇，产生贸易和投资创造效应，促进经济增长。这意味着，智利可以根据协定的非贸易条款，修改本国相应的政策，保证国内政策改革与调整，使其最终与协定要求相符。在这种情况下，智利与发展中国家谈判 FTA 也希望能按照这种设计，因为国内方面的配套政策已经具备了。这意味着，智利在与其他发展中国家谈判 FTA 时，会将发达国家的 FTA 设计外溢到其他南南型自由贸易协定中。

（二）南北型 FTA 谈判中关于非贸易问题对峙的比较分析

虽然作为发展中国家的智利，能够顺应大国制定国际贸易规则的需求而同意在双边 FTA 中纳入更多的非贸易条款。然而，一些发展中大国，如印度、巴西等在与发达国家进行自由贸易区谈判中，坚守自己的底线，对于一些政策要求并不妥协，从而导致南北型自由贸易协定谈判陷入僵局。最具代表性的有北美自贸区谈判和欧盟（EU）—印度 FTA 谈判。

1. 美国—巴西在 FTAA 谈判中关于非贸易问题的对峙

1994 年 12 月 9 日首次召开的美洲国家首脑会议时，美国提出了建立 FTAA 的倡议，得到大多数拉美国家的赞同。会议通过了建立美洲自由贸易区的《原则宣言》《行动计划》。这个拟建的自由贸易区将是世界上最大的"南北型"FTA，包括除古巴之外的 34 个美洲国家。

在美国提出建立美洲自由贸易构想时，拉美出现了 3 种不同立场的国家：强烈反对的国家为委内瑞拉，积极参与的国家包括墨西哥、智利和中美洲国家，以及在谈判中不肯轻易妥协的以巴西为代表的南共市国家（包括巴西、阿根廷、乌拉圭和巴拉圭）。

委内瑞拉总统查韦斯强烈反对建立 FTAA，认为 FTAA 是新自由主义的集中表现，将损害拉美国家的利益。如果不对目前的 FTAA 方案进行重大修改就贸然加入，对包括委内瑞拉在内的拉美穷国来说无异于签署了

"死亡协定"。他批评美国及其他发达国家每年对农产品给予几十亿美元的补贴，却不允许非洲和拉美国家对其中小农业生产者给予任何补贴，这种做法违反了市场规则。建立 FTAA 只会对美国和发达国家有利，将会牺牲拉美国家的利益。

虽然大多数拉美国家都参与了 FTAA 谈判，但在谈判初期拉美与美国在具体谈判议程上就存在很大分歧。谈判的发展举步维艰。其主要分歧在于谈判领域的分歧。美国试图以北美自由贸易协定为基础，通过自由贸易区形式向南美国家渗透美国价值观，建立以美国主导的自由贸易区，这种形式自由贸易区属于深度一体化模式，其覆盖领域不仅仅是简单的货物贸易自由化，而是包括服务贸易、投资、知识产权、政府采购、劳工和环保议题的一揽子谈判。美国强调，美洲自由贸易区的谈判应遵循 1994 年商定的 9 个议题进行，包括农产品和工业品市场准入、服务贸易、知识产权、投资、争端解决、贸易救济（反倾销和反补贴）、竞争政策和政府采购等。但是，美国在主张讨论市场的开放与准入，降低关税的同时，反对把农业问题单独列入议程，主张农业补贴问题只能在世界贸易组织框架下谈判解决，并且要求拉美国家开放信息产业，降低工业和技术产品的关税。以巴西为首的南美发展中国家坚持以南美洲区域经济一体化组织为基础的南南合作、相互团结，以集体的力量与美国谈判，讨价还价，建立以南南合作为主导型的美洲自由贸易区。巴西认为，美洲自由贸易区应最大限度地实现市场准入，消除关税壁垒，特别是取消农产品等关税。一切有关知识产权、投资、服务业、政府采购等的谈判应在世界贸易组织，而不是美洲自由贸易区的机制内进行。其基本主张包括：去除关税和非关税壁垒；严格规范农业补贴和食品价格支持项目；在贸易救济方面，包括反倾销和反补贴及安全保障措施实施方面要求更大的透明度；与正在谈判的其他承诺利益平衡。为保护国家利益，巴西一贯主张在 FTAA 谈判中遵循以下原则：实用主义、利益平衡、所有的产品列入谈判、与 WTO 规则相容，与现有的次区域协定共存。

2003 年 11 月 21 日，从公布的 FTAA 谈判第 3 次草案正式文本来看，其内容包括综合、全面的协定框架，增加了区别对待不同规模和发展水平经济体的条款如环境条款、劳工条款、关税和非关税措施、原产地制度的海关程序、贸易标准和技术壁垒等。这说明美国和以巴西为首的南共市场国家在各自的立场方面都表现出一定程度的灵活性。然而，好景不长。

2004 年 2 月 6 日，在墨西哥普埃布拉举行的 34 国美洲贸易副部长会谈导致 FTAA 谈判破裂。谈判各方在有关直接投资、知识产权保护、农业补贴、环境保护以及反倾销等方面没有达成任何书面协议，谈判逐步形成了以美国为首的 14 国集团和以巴西为核心的南方共同市场四国集团针锋相对、各不相让的局面。会议结束时可供签署的文件中有近半数条款未能获通过。在会上美国代表彼得·奥尔盖耶指责南方共同市场的主张"有失平衡"，在补贴问题上"缺乏灵活性"，尤其在农业补贴上"野心勃勃"。巴西代表团团长阿德马尔·巴哈迪安则认为，谈判直至最后一刻，"分歧难以弥合""僵局已不可避免"。阿根廷副外长、代表团团长马丁·雷德拉多说，"南方共同市场不签对农业没有好处的任何协议"。在墨西哥普埃布拉举行 FTAA 谈判破裂。

第一，关于农业补贴方面的争议

谈判中最严重的分歧在于如何处理农业补贴的问题。

长期以来，美国对农业部门实施巨额补贴，鼓励本国农产品占领国际市场已经成为众所周知的事实，这一行为在 FTAA 谈判启动后并没有有所收敛。2002 年美国出台的新农业法进一步扩大了对农产品的补贴范围。这一举措使主要依靠农产品出口的拉美国家遭受重创。2002 年统计数据表明，美国小麦出口在世界市场所占比重达 50%，大豆出口比重占 34%。而根据新颁布的农产品补贴法案，美国将于 2002—2008 年的 6 年内把农业补贴增加至 67%。如果 FTAA 达成，对南方共同市场国家来说，将与得到庞大政府财政补贴的美国农产品在南美市场竞争，这将对南方共同市场的农业造成严重冲击。这也将加强美国对拉美的经济统治地位，从而加剧拉美国家的贫困化以及美拉之间的不平等。另外，在出口补贴问题上，美国也认为西半球应该消除出口补贴，但对农业出口补贴的定义及如何处理来自西半球以外国家补贴过的进口尚未达成一致意见。

2002 年中期，美国坚持把关于国内农业补贴的谈判纳入 WTO 的多哈回合谈判，而不是美洲自由贸易区谈判当中去，其目的在于同欧盟和日本在农业问题上同步行动而不愿在区域谈判中提前做出让步。而巴西则对美国的建议持强烈的反对态度，巴西代表南方共同市场要求美洲自由贸易区谈判必须包括解决国内农业补贴计划的问题。因为，美国一方面要求南方国家推动自由贸易，自己却一直对本国农业实行大量补贴，从而扭曲了农产品市场，对拉美国家造成了不公平竞争，威胁了发展中国家的生存空间，并表示如果无法就农产品补贴问题达成协议，谈判美洲自由贸易区失去意义。

第二，关于反倾销方面的争议

从巴西与美国的贸易争端来看，一方面，美国过度使用反倾销措施遭到包括巴西在内的受害国家在 WTO 的起诉。2000 年 12 月，欧盟、巴西、印度等 11 个 WTO 成员就《德伯修正案》向 WTO 争端解决机构起诉美国，2002 年 9 月，WTO 专家组裁定美国的《德伯修正案》违反 WTO 规则。美国随后上诉，2003 年 1 月，WTO 上诉机构做出裁决，要求美国于 2003 年 12 月 27 日前废除该法案。美国虽然承认仲裁结果，但在相关议员及伯德的干预下，迟迟没有采取措施废除该法案。2004 年 11 月 26 日，WTO 批准欧盟、巴西等成员对美国实施贸易制裁，2005 年美国参议院通过废除《伯德修正案》。另一方面，巴西产品因遭受美国反倾销和反补贴而导致严重损失，巴西政府多次对美国滥用反倾销措施导致的产业损害诉诸 WTO 争端解决机制。比较典型的巴西钢材、虾类产品、桔汁多次遭受美国反倾销，产生严重争议，并多次通过起诉到 WTO 来解决相关争议①。鉴于上述情况，巴西在 FTAA 谈判的最初议题确立之时，将贸易救济措施列为 FTAA 谈判的主要议题之一。但是在 2002 年中期，美国政府在贸易救济措施领域改变了其谈判策略。美国政府辩称，尽管 FTAA 谈判启动时将贸易救济措施、农产品出口支持和出口补贴这些议题纳入到未来 FTAA 谈判中，但这些议题应在多边框架下谈判。对于巴西来讲，原来已经包括在 FTAA 谈判框架中的议题，现在被移到 WTO 框架下谈判，因此巴西政府认为美国不遵守原来美洲自由贸易区的任务，而这些争议的问题关系到整体性谈判，因此美国此举导致 FTAA 谈判产生新的失衡，这种失衡需要予以纠正。随着美国要求谈判更多的影响巴西政策制定空间的非贸易问题，包括服务和投资、政府采购、知识产权，甚至将原来议题中未包括的环境、劳工等问题纳入 FTAA，双方之间的矛盾进一步激化了②。

第三，关于知识产权方面的争议

美国和巴西之间的另一主要分歧在于巴西不同意美国将知识产权执行

---

① J. F. Hornbeck, *Brazilian Trade Policy and the United States*, CRS Report for Congress, February 3, 2006.

② Ambassador Rubens Antonio Barbosa, "The Free Trade Area of the Americas and Brazil", *Fordham International Law Journal*, Volume 27, Issue 4, 2003.

义务与贸易谈判挂钩。虽然巴西已经制定多个知识产权的成文法，但是美国贸易谈判代表多次批评和表明在知识产权法律执行方面的严重问题①。比如专利申请处理积压5—6年药品数据机密性保护是不受法律保护以及缺乏版权执法等对美国企业造成严重的盗版损失（尤其是视频和音频磁带）。尽管巴西也试图通过新的工作组和其他措施来纠正这些问题，但事实上巴西缺乏短时期内完全解决这一问题的资源。因此巴西不愿意签署一份包含可执行的知识产权法规。2004年5月，巴西方的联合主席明确指出，对未能执行知识产权义务进行报复性惩罚的贸易制裁，这种做法根本上违背了FTAA降低贸易壁垒的目标。外交部部长阿莫林表达了巴西的立场，根本问题不是在于执行本身，而在于需要技术援助和融资等措施来提高巴西遵守执行义务的能力。2004年9月，美国贸易代表强调FTAA的建立必须保证保护知识产权的执行情况得到加强。美国希望将强化的知识产权保护作为FTAA成员国共同承担的义务，并提出对违约国家实施贸易制裁或罚金的制裁。2004年11月，美国副国务卿罗伯特·佐克利称，尽管美国承认FTAA还达不到双边自由贸易协定中所取得的高标准的知识产权保护，但是各国在美洲自由贸易区中拒绝承担执行知识产权保护义务的做法是美国所无法接受的。

第四，关于服务和投资方面的争议

在服务和投资领域，巴西政府所采取的措施主要包括：在巴西的服务贸易和投资方面，巴西政府规定很多产业限制，比如在视听、电信、金融（保险）和快递服务业均存在很多限制；对美国自由贸易协定中的投资者诉东道国条款和标准语言，巴西已经表示出明显的担忧；巴西通过国家社会经济发展银行采取支持性信贷补贴政策；此外，巴西未与美国签署双边投资协定（BIT）。巴西认为国际投资规则某些规定明显与巴西未来的发展方向相反。巴西对国际多边投资协定（MAI）的反感体现在巴西对投资协定的态度。巴西国会多次表示无意于批准国际投资协定，因为协定可能违反了巴西的宪法原则和根本利益。因此，巴西在FTAA谈判中表现出与美国针对相对的立场，当美国主张农业补贴问题与反倾销措施只能在WTO框架下谈判，巴西运用美国使用的同样逻辑，主张将服务新规则的谈判，投资谈判以及知识产权和政府采购等领域的

---

① USTR, *2005 National Trade Estimate Report on Foreign Trade Barriers*, pp. 33 - 37.

谈判也留在 WTO 中讨论。巴西大使认为①：这不仅仅是个战术上的策略，事实上阻止这些议题形成西半球统一规则对巴西具有现实利益，因为非传统贸易议题实质上限制了巴西政府公共政策制定的空间，导致国家最高利益的损失。

第五，关于环境保护方面的争议

在环境问题上，美国的立场是在最终的 FTAA 协定中单独设立环境条款章节。美国认为，只有执行较高的环境标准才有利于开展较高层次的贸易往来；强调地区间的环境合作和资源环境资讯共享，认为贸易能够促进环境合作，能够解决全球性环境问题。美国和加拿大绝对不可能支持一个缺乏环境部分的 FTAA 协定。相反，拉美大多数国家的立场是反对将环境问题纳入 FTAA 的谈判，同时也不能将环境问题作为贸易限制条件和贸易制裁的借口，坚决反对将贸易制裁作为争端解决机制中的一种形式。拉美国家认为，这些条款将会对国内管理权构成威胁，而且这些标准对于发展中国家来说是很难达到的，并不适用于发展中国家。由于发达国家实施保护主义，拉美国家害怕环境条款会引起"绿色保护主义"，从而损害拉美的竞争力。在这种情形下，美国首先寻求将环境先纳入投资和农业领域的谈判中，很快在 2003 年底公布的第 3 次协定草案中，第 6 章的内容是 9 项环境条款，分别就环境保护水平、环境法规的执行、环境合作、环境磋商、增强环境法规执行的措施等问题做出了明确规定。虽然这还只是一个不严格的条款，但已经充分说明一点，即尽管遭到众多拉美国家的反对，FTAA 谈判一旦达成，在最终的协定框架内肯定会包括环境条款。从客观上讲，要真正形成一个具有统一标准的环境条款也是很困难的。因为 FTAA 成员国在经济规模、发展阶段、人均收入水平、环境条件以及环境法规方面都存在着很大差异。

上述情况表明，在 FTAA 谈判中，巴西一直采取谨慎开放的立场，包括限于市场准入的谈判；保持区域贸易的主导地位；以及量力而行，仅在自身准备好参与竞争的领域开放。此外，巴西的战略还包括通过南方共同市场成员的联合谈判（用 4 对 1 的方式）争取更大的讨价还价能力，允许更长的过渡期，降低多边自由化进程，通过保护国内经济（产业）的

---

① Ambassador Rubens Antonio Barbosa, "The Free Trade Area of the Americas and Brazil", *Fordham International Law Journal*, Volume 27, Issue 4 , 2003.

能力加强本国在世界的影响力。上述贸易战略作为基本原则已经深深地融入巴西的外贸政策、产业政策和宏观经济政策制定过程中，在 FTAA 谈判中表现得更为明显。

2. EU—印度自由贸易区谈判中关于非贸易问题的对峙

欧盟与印度于 2007 年启动自由贸易协议谈判，此次自由贸易谈判不仅涉及传统的货物贸易，更加涉及非传统贸易和政治问题，如服务业自由化、投资问题、知识产权、政府采购、竞争政策、劳工标准问题、谈判的透明度等问题。欧盟和印度起初对此次贸易谈判都充满很大的信心。截止至 2013 年双方已经进行了 16 轮谈判，在几个关键领域存在的争议问题分别是：人权和劳工标准问题、专业人员流动的争议、印度仿制药的生产和与欧盟知识产权保护的利益冲突问题、透明度等问题，使双边贸易谈判难以达成一致，形成对峙局面。

第一，在人权和劳工标准方面，双方的立场完全对立，导致谈判陷入僵局。

欧盟委员会表示，自贸区应以相互尊重和具有建设性的方式使印度参与人权问题，如发布关于欧盟—印度人权对话的有关建议的定期人权报告，双方官员定期开展人权问题讨论会。EESC 已呼吁欧盟委员会，要确保自由贸易协定符合人权条款，将人权条款纳入到自由贸易协定中是一个必不可少的举措。欧洲议会对人权问题与 EESC 态度相同，认为人权条款是自由贸易协定的基本要素，包括明确提及的宗教少数派，印度对人权捍卫者的迫害和克什米尔目前的人权状况。缔结协定需要通过欧洲议会（EP）的同意，而欧洲议会已明确要求欧盟委员会在协议中包含一系列与国际劳工组织公约八大核心相一致的最低标准，TFEU① 在共同贸易政策中也重申了这项规定。

欧洲议会认为欧盟不要将贸易视为目的，而是将其作为一种工具。欧洲议会坚定地支持欧盟在国际协定中纳入具有法律约束力的人权条款。由于现有的可持续发展影响评估不涉及人权条款，欧洲议会要求欧盟委员会对人权问题进行影响评估。此外，欧洲议会呼吁欧盟委员会纳入一系列自由贸易协定伙伴都必须遵守的最低标准，其中人权问题必须符合广义的关税优惠方案中欧盟法规附件中列出的公约清单。

---

① TFEU：Treaty on the Function of the European Union.

　　欧盟在许多自由贸易协定中都纳入人权条款，尽管有关人权条款的表述在各种自由贸易协定中差别很大。2012 年哥伦比亚和秘鲁的自由贸易协定中规定，尊重基本人权以及民主原则和法治是本协议的重要组成部分，但是所提供的唯一制裁是"按照国际法，采取适当措施"；欧盟—韩国自由贸易协议只涉及其在序言部分的人权规定。因此，纳入人权条约的义务和国内政治压力并不一定会导致实际的自由贸易协定中涉及广泛的人权条款，是否纳入人权条款也取决于双方之间战略关系的广泛程度。

　　印度在整个谈判中的立场是人权以及劳工标准问题不能包括在 FTA 中。尽管印度是国际劳动组织的创始成员之一，但印度尚未认可四项基本国际劳工组织公约①。尤其是有关童工的问题，由于印度还没有认可 1973 年最低年龄公约或 1999 年童工劳动公约的最低条款，所以有关童工的问题目前仍是不确定的。印度学者对于此问题存在不同看法：部分学者认为，欧盟在寻求与新兴经济体合作的时候，需要转变态度，而不是一味要求其他国家与自己的价值观相符。然而，也有学者声称，印度应该将人权条款视为其改善国际形象的一种手段，认为印度应实施本国已经签署的国际公约，而不是指责欧盟。

　　第二，知识产权保护方面的主要对立。

　　对于知识产权保护问题发达国家和发展中国家历来存在矛盾。欧盟谈判的草案表明欧盟—印度 FTA 的知识产权保护条款涉及范围更加广泛，如果达成将对两国制药业带来影响。1994 年"与贸易有关的知识产权协定（TRIPS）"中提出了对知识产权的执法标准的最低标准，欧盟一直认为该最低标准程度明显不足，而印度在履行 TRIPS 规范过程中却面临着很多问题。由于两国的知识产权保护水平差距很大，欧盟与印度在知识产权问题上的谈判必然会引起广泛的关注。

　　印度充分利用了 TRIPS 协议所允许的转型期，直到 2005 年才开始实行 WTO 规定的知识产权保护的最低标准，而且印度利用 TRIPS 协议灵活性的特点，已经将重要的保护性条款纳入本国国内专利法，确保其在执行 TRIPS 协议后能够继续生产仿制药。

---

　　①　国际劳工组织基本公约包括四项基本劳动权利，体现在八项国际劳工公约中，包括四方面的内容：结社自由和集体谈判权；废除一切形式的强迫和强制劳动；有效地废除童工劳动；同工同酬和废除职业歧视。

目前印度国内关于知识产权问题的抗议大多与印度的制药部门相关。印度被称为"发展中国家的药房",许多援助组织都在使用印度企业开发和生产的仿制药,例如用来治疗艾滋病的近80%的非专利药物都是印度生产的,使用仿制药能够使治疗费用从每年10,000美元下降到每年100美元。但印度仿制药的研制与生产常常不顾专利的限制,利用其他国的专利发明,所以欧洲制药公司已经给欧盟施加压力,要求欧盟对知识产权保护制定更严格的规则,承诺获得超越WTO所规定的义务。其中,可能包括所谓的数据专有权①保护措施,制药公司可以专门地为它们的测试结果保留长达十年期限的权利,延迟仿制药的生产,其中对药物略有改动都可以生成一个新的专利,从而又延长了知识产权保护。根据已经公开的谈判文件,欧盟在此次谈判中关于专利保护的内容将超越TRIPS协议条款的范围。欧盟之前倾向于在TRIPS和其他知识产权公约中寻求一致,而不在自由贸易协定谈判中要求进一步的自由化。但目前来看,这种惯例可能已经改变了,如在欧盟—哥伦比亚、秘鲁和欧盟—韩国自由贸易协定中都对延长专利保护期限进行了谈判,并达成了协议。

从印度知识产权及仿制药的回应态度来看,印度将会坚持在知识产权,尤其是仿制药问题上的强硬态度。印度经济水平较低,卫生条件不高,本身需要仿制药的人口就比其他国家多。当印度与欧盟就仿制药问题进行谈判时,印度国内民众已经在国内场所聚集示威,坚决抵制提高仿制药的专利标准,印度鉴于其国内政治压力,也会继续保持强硬的谈判立场。

第三,印度与欧盟在服务贸易方面的争议。

根据以往的谈判经验,无论是在WTO还是其他自由贸易协定中,欧盟似乎都不愿意按模式4的方式发展广泛的自由化。印度多次要求欧盟取消服务贸易模式4配额②保护条款中的20%限额③,对此欧盟未予同意。在印度提出模式4自由化问题时,欧盟经常要求将模式3的商业存在与模

---

① 数据专有权:国家为了保护在先申请者提供药品试验数据时所耗费的金钱与时间,授予先申请者在一定期间内禁止他人使用其药品试验数据用于申请新药上市的排他权。

② 这里的模式4配额是指印度法律、银行等服务贸易领域高级从业人员获取欧盟工作签证的机制。

③ 20%限额:指模式4配额机制允诺每年对印度发放总量约4万个工作签证,但其中的保护条款规定如果通过该机制进入某一欧盟国家的印度劳工数量超过总量的20%,则暂停对印度发放进入该国家的工作签证。

式 4 的自然人口流动挂钩，印度认为广大发展中国家受经济发展程度和资金的限制，在国外建立商业存在的能力不足，如果将商业存在与自然人流动挂钩在一起，将人员流动限制在公司内部，特别是高技术水平人才的流动，无疑是为了发达国家及其跨国公司的利益，对发展中国家是不公平的。

欧盟虽然在多哈发展议程中承诺允许专业服务提供商作为短期居民的市场准入，但这些准入条件受欧盟的工作条件，最低工资和集体工资协议的限制，而且欧盟可能以公众安全或受虐待的危险为理由拒绝入境。欧盟—印度自由贸易协定是否会及会如何偏离这些规定还有待观望。

欧洲经济和社会委员会（EESC）不赞同模式 4 的过于自由化，建议欧盟委员会向贸易工会咨询是否采用放宽签证要求的措施来处理有关劳动保护和模式 4 自由化问题。它还呼吁在签订协议之前对模式 4 的不同方面进行影响评估，来评估对不同部门和成员国工作质量和数量的影响。

同时，印度对模式 1 服务提供自由化感兴趣，因为这会影响到所有的呼叫中心和线下软件工程，但欧盟对此并不感兴趣；印度在多哈回合中关于模式 1 的提议也受到了限制。

根据以上欧印 FTA 谈判几大焦点议题方面的对峙，对发展中国家与发达经济体进行贸易谈判有所启示：开放要采取循序渐进的原则，不能过度开放一些重要部门。其次，在自由化的过程中，用一部分经济主权和让渡换取经济利益要全面权衡利弊，要坚守底线原则，避免在自由化过程中被发达国家牵制住，丧失应有的政策主权。

（三）不同类型南北 FTA 成员利益权衡的比较分析

1. 双边 FTA 伙伴选择的动机分析

使用经济外交的手段来服务于更大的政治利益是国际政治经济学中被广泛研究的传统实践。FTA 是政府间谈判达成的协定，因此，这些协定的达成不仅是政策制定者对商业游说集团需求的反映，也由一国的非经济议事日程中的优先事务所主导。即各国的 FTA 政策，特别是南北型 FTA 政策动机与该国的经济、安全和外交密切联系起来进行分析是十分关键的。为了更好地分析南北型 FTA 伙伴的利益权衡和多样化动机，以下首先利用双边 FTA 伙伴选择背后的主要动机的假设矩阵，在此基础上，结合不同类型的南北双边 FTA 的发展现实，进行具体的分析。

表1—16　　　　　　　　双边 FTA 伙伴选择主要动机的假设矩阵

动机	原理
经济的动机	
扩大市场准入或实现市场多元化	（1）通过 FTA 协定寻求新的或者已经扩张的市场准入，并保证市场准入的稳定性，满足国内特殊利益集团的市场利益。 （2）通过与轮轴国达成跨区域 FTA 协定，借助和充分利用该国 FTA 网络。
摆脱贸易转移	企图通过 FTA 协定防止已有协定所带来的贸易和投资转移，从而对本国企业带来歧视，是对 FTA 先行国家的优势所产生的一种防御反应。
安全动机	
强化已有的安全联盟	通过 FTA 进一步巩固与区外主要安全盟友的联系。
保证资源供给安全	通过与资源丰富的国家签订 FTA，保证一国的资源供给稳定或者通过与航运中枢国家签订 FTA 保证资源的输送安全。
平衡动机	
锁定自由化政策，树立 FTA 先例，重塑国际规则	（1）一国政策制定者希望通过跨区域 FTA 的签订，"锁定"具有争议的经济改革，边际化国内贸易自由化反对者的利益，增加对一国开放政策的可信度和连续性。 （2）早期的跨区域 FTA 谈判，为该国后续参与的 FTA 谈判和 WTO 谈判树立了样板。
外交平衡和提升一国国际地位	（1）通过 FTA 合作，使一国在更广括的政治经济舞台上展现其领导能力。 （2）或者通过建立多个 FTA 成为贸易和投资的轮轴国来提升一国的国际地位。 （3）通过与区域外大国达成 FTA，发挥一国在地区经济一体化中的平衡作用。
培养本国的谈判资源	为了培养 FTA 谈判技术和谈判人才，以避免落入 FTA 中盲目承诺的陷阱，或者为了在未来与更大的 FTA 伙伴谈判中获得优势，通过跨区域 FTA 谈判，以最小的风险和代价，积累经验，培育谈判队伍。

上述双边 FTA 伙伴选择主要动机的假设矩阵，将各国的动机分为三

种，即经济动机、安全和外交动机以及平衡动机。而每一种动机又有自己的具体内涵。在分析这些动机的同时，还要考虑一国跨区域的双边 FTA 的经济、安全和平衡动机之间的相互影响。

一般而言，一国在跨区域 FTA 战略中采取防御性和进攻性动机会影响到其具体的区域 FTA 伙伴的选择。对于一个主动利用双边 FTA 战略的国家可能会高调地追求 FTA 外交，确保其在国内外均能最大化获得贸易和平衡利益。在这种情况下，小国很可能选择大国（而大国可能选择小国）来作为其 FTA 伙伴以达到上述目的。另一方面，将双边 FTA 作为一种防御战略，则主要从避免贸易转移，担心被主要的 FTA 所排斥。在这种情况下，将适合选择小的贸易伙伴，因为与这样的伙伴之间签署的 FTA 不需要进行大的国内经济调整，而且与伙伴国的谈判也易于达成。上述 FTA 动机和利益的多样性，导致了建立 FTA 的成本和收益权衡的复杂性，因此各国在 FTA 政策选择中，根据本国的和伙伴国的具体情况进行优先选择和评估。

2. 大国建立 FTA 的动机分析

大国与小国签署双边 FTA，从传统经济利益的角度来看，所起到的作用微乎其微，因此，一定存在其他超越传统经济利益以外的决策动机。以下从全球战略、安全、外交和为未来同类 FTA 树先例四个方面来具体分析。

（1）大国通过跨区域 FTA 方式，在全球范围内建立双边 FTA 网络，确定合理的战略布局，加强本国对其他区域的影响力。

通过与区域内外具有不同战略地位的伙伴国签署 FTA，在全球范围内确定合理的战略布局通常是大国的策略。以下以美国、欧盟、日本为代表，具体分析如下：

第一，为了在世界各主要地区都施加美国势力的影响，美国在推进美洲自由贸易区作为巩固其"后院"的同时，通过跨区域的双边 FTA 加强对中东地区和东亚地区的渗透。即通过跨区域双边自由协定的方式与世界各主要地区的重要国家订立 FTA，以点带面，分阶段、分步骤地推进，确定其合理的战略布局，维护各地区势力的平衡。例如，美国为了谋求最终与中东各国签署自由贸易协定，实现与中东地区建立自由贸易区的倡议，目前已经与约旦、摩洛哥、巴林、阿曼签署了自由贸易协定，与阿拉伯联合酋长国的自由贸易谈判正在进行之中。为了推动与东盟建立自由贸易区的计划，美国首先以新加坡为突破口，于 2003 年 5 月签署了美—新自由贸易协定，希望以此为东盟国家建立一个有吸引力的样板。美国的意图是先与各地区的重点国家签订双边 FTA，最后再将这些双边 FTA 融合成为大的区域性的自由贸易区。美国在各地区确定不同的重点国家，这些国家对于推进美国的地区战略，具有举足轻重的作用。

第二，与美国的步调相对应，欧盟在世界各主要地区都通过跨区域的双边 FTA 协定建立"据点"以维护其势力之存在。欧盟与拉丁美洲、非洲、亚洲等地区的国家（经济体）之间的 FTA 均体现了这一战略意图。例如：针对 NAFTA 的生效和美洲自由贸易区的构想，欧盟为了维护其在拉丁美洲地区的利益，1995 年 12 月 15 日与南方共同市场在西班牙首都马德里签署《欧盟—南方共同市场地区间合作框架协定》，双方决定在 2008 年建成欧盟—南方共同市场自由贸易区。1999 年 6 月，欧盟与南方共同市场启动自由贸易谈判，但由于双方分歧过大，谈判至今尚未结束。这一谈判的背后就是美国发起的美洲自由贸易区计划。另外，欧盟与墨西哥的协定及欧盟与智利的协定分别于 2000 年 7 月 1 日和 2003 年 2 月 1 日正式生效。EU 追逐与墨西哥和智利的 FTA 主要因素是因为其主要竞争对手（美国）已经与其签署了协定，为了增强欧盟的影响力，因而需要也与墨西哥和智利签署协定来抵销它。

第三，2002 年《日本 FTA 战略》指出，与墨西哥缔结双边 FTA 的主要原因是，北美自由贸易协定与欧盟—墨西哥 FTA 的生效，使得日本企业在墨西哥市场的竞争环境恶化。与欧美国家相比，日本企业在当地的投资和经营都明显处于不利地位。为了消除由此而产生的贸易转移效果和各种贸易壁垒，日本要优先选择该国家缔结 FTA。2004 年 9 月，日本与墨西哥签署了第一个跨区域的双边 FTA，于 2005 年 4 月 1 日正式生效。通过日本—墨西哥这一跨区域 FTA，为日本产品获得与欧美产品平等的竞争环境，同时，日本在墨西哥投资企业生产产品可以利用墨西哥的广泛的 FTA 协定进入其他成员市场。

（2）考虑为本国的能源或资源安全战略服务

美国通过与中东地区的国家之间订立自由贸易协定，可以控制该地区的石油供应，在世界石油价格极不稳定的情况下，确保美国能源安全战略的有效实施。

欧盟与地中海国家之间的自由贸易协定对欧盟的石油安全起着举足轻

重的作用。地中海地区是欧盟的南大门，随着欧盟不断向南拓展，地中海的地缘位置显得愈加重要，欧盟的安全、石油安全已经与地中海南岸和东岸国家的稳定息息相关。到目前为止，欧盟与地中海沿岸 12 国中的 9 个国家（摩洛哥、阿尔及利亚、突尼斯、埃及、约旦、叙利亚、黎巴嫩、以色列、巴勒斯坦）的自由贸易协定也已经生效。另外 3 国中，塞浦路斯和马耳他已于 2004 年加入欧盟，欧盟与土耳其之间是关税同盟。

日本作为自然资源缺乏的国家，对外部资源的依赖性很强，日本希望借助经济一体化协定来稳定其自然资源的进口。例如，2002 年 10《日本 FTA 战略》在分析澳大利亚在日本 FTA 战略中的地位时，特别强调澳大利亚是日本自然资源的主要供给国；2004 年的《进一步推动基本方针》将"是否有助于日本资源进口的稳定"① 列入确定谈判对象的标准之一。

（3）大国通过双边 FTA 的建立，有目的的实行本国的外交政策

从美国的情况来看，美国选择的 FTA 谈判对象一般具有高度战略地位及良好的外交关系。"9·11"事件特别是伊拉克战争之后，美国希望更多的国家支持其打击恐怖主义、消除大规模杀伤性武器。缔结 FTA 有助于美国强化与其他国家的经济联合，巩固和扩大美国的战略同盟，从而有利于实现美国的外交政策目标。例如，以色列是美国在中东地区的重要盟友，用以遏制伊朗、伊拉克及国际恐怖主义的扩张。韩国则可以用以围堵小布什总统眼中"邪恶国家"之一的朝鲜的杀伤性武器扩散；美国的双边 FTA 伙伴澳大利亚、新加坡都是美国发动反恐战争的坚定支持者。

另外，美国通过利用签订自由贸易协定的杠杆作用，冷落、分化、孤立某些国家（地区），希望使他们在多边贸易谈判中做出更多让步。如：为了分离新西兰，同澳大利亚签署了 FTA。从亚太地区来看，美国为了牵制中国、日本通过"10 + 1""10 + 3"自由贸易协定形成在东亚地区的优势地位，主导未来可能形成的东亚自由贸易区，以美—新自由贸易协定为突破口，推动与东盟各国的自由贸易谈判进一步增强自己在东南亚的政治和外交影响；通过与东北亚的韩国签署自由贸易协定，牵制中韩、日韩自由贸易区的发展。通过 TPP 谈判，重返亚太，融入亚太一体化进程中，获取主导权。

（4）大国通过双边 FTA 的建立，在一些特别领域超越 WTO 的规定，

---

① 日本外务省网站，http：//www. mofa. go. jp/mofaj/gaiko/fta/senryaku. html。

为未来同类协定树立样板。

美国—新加坡 FTA 不仅是美国与东亚国家第一个双边自由贸易协定，也开创了美国与东亚国家签署自由贸易协定的先河。这个协定被美国有意识地作为东亚地区未来双边协定的领头羊，它们的重要性在于对未来 FTA 起到先例或样板的作用。这无疑将为美国带来更多的利益。如美国—新加坡自由贸易协定在海关程序、知识产权保护、政府采购资金流动控制等诸多方面都有创新和突破，[①] 势必对未来的同类协定产生影响。同样，美国主导的 TPP 谈判正是强化了非贸易问题和新领域问题的谈判，打造和重塑亚太地区贸易和投资新规则，为未来 WTO 谈判奠定基础。

3. 小国建立 FTA 的动机

（1）小国通过与区域大国签订 FTA，可以享有自由稳定地进入大国市场的好处，并获得吸引外资、引进特别的技术的好处，获得先发优势

当墨西哥由于 NAFTA 的达成其产品可以自由进入美国市场时，其他的没有与美国签订 FTA 的国家产品将受到歧视，将处于不利的竞争地位。因此智利等国家与美国签订了 FTA，一方面，其产品可以与类似墨西哥那些与美国签订 FTA 的国家实行平等竞争，另一方面，其协定签署的一个主要动机是获得"先发优势"。因为担心其他贸易竞争对手与美国先行签订 FTA，将对本国的贸易利益带来重大影响。

（2）小国通过区域的 FTA 方式，有助于实现市场多元化，减少对本地区大国的依赖。如墨西哥在 NAFTA 之后，又分别与欧盟、日本等国家签订 FTA，其中的重要原因之一是实现市场的多元化，减少对美国市场的严重依赖性。美国和墨西哥的经济联系历来非常紧密，墨西哥对美国的依赖性很强。美国是墨西哥最大的 FDI 来源地，65% 的 FDI 来自于美国；墨西哥 90% 的商品出口到美国，60% 的进口来自于美国。与美国相比，墨西哥的经济规模很小，2004 年墨西哥的 GDP 为 6770 亿美元，占美国 GDP 的 6%，而墨西哥的出口占其国内 GDP 的 32%。[②] 这种不平衡的经济关系使墨西哥潜在的经济风险极大，美国需求的微小变化都会对墨西哥经济产生巨大的影响。多重区域贸易协定策略是减少对美国依赖的重要政策。通过 FTA 网络，可以使墨西哥的出口市场由近邻开拓至世界范围，特别是

---

① 张振江：《美国与新加坡自由贸易协定及其影响》，《东南亚研究》2004 年第 5 期。

② 李云娥，郭震洪：《墨西哥多重区域贸易协定策略》，《山东社会科学》2007 年第 5 期。

开拓欧盟、日本大市场，使墨西哥经济减少了对美国的依赖。

（3）小国通过双边 FTA，实现以自己为中心的全球 FTA 网络，在世界经济格局中处于有利地位

通过与区域外国家 FTA 的建立，很多国家在区域内 FTA 的基础上，形成了以本国为中心（轮轴国）的全球自由贸易协定网络。除了欧美大国能够成为轴心国外，一些中小国家，如墨西哥、智利等国家已经建立了以本国为轴心的全球 FTA 网络，因而成为全球各大国争相与之谈判并签署双边 FTA 的伙伴国，其中最典型的当属墨西哥。

墨西哥最早与包括美国、欧盟和日本三大经济体在内的世界 39 个国家和地区签署了自由贸易协定，墨西哥目前在国际贸易开放方面处于世界领先地位。墨西哥在世界范围内已形成了涉及美洲、欧洲、亚洲的自由贸易协定 FTA 网络。其战略性区位优势的形成可以分为三个阶段：第一阶段，墨西哥通过与美洲国家签订自由贸易协定，使其成为北美和中南美洲的商业桥梁；第二阶段，墨西哥通过与欧盟签订自由贸易协定，使其成为美洲和欧洲的商业桥梁；第三阶段，墨西哥逐渐进入亚洲市场，将力争成为美洲和亚洲的桥梁。墨西哥通过签订广泛的区域贸易协定，确立了其轮轴国的地位。同时，墨西哥通过构建 FTA 网络和宽松的贸易投资政策，吸引各国企业利用墨西哥的平台进入世界市场，从而在世界经济格局中处于有利地位。签署自由贸易协定的先发优势，墨西哥对其他国家来说成为更有吸引力的自由贸易协定伙伴，如：日本、欧盟与墨西哥签署自由贸易协定的主要原因是防止 NAFTA 带来的贸易转移。因此小国有可能成为两个或更多大国缔结区域贸易协定的竞争对象，在这种情况下，小国可以获得特殊的收益，这种收益具体表现为成为几个大国（经济体）的轮轴，从而在国际经济格局中处于有利地位。

（4）平衡动机或综合动机

韩国与智利签订 FTA 的主要动机在于平衡动机，其主要目的是最小化韩国非竞争部门（如农业）开放的风险和获得 FTA 谈判经验。因为智利是一个小国，其农产品与韩国的农产品互补性较强，因而是韩国 FTA 谈判的比较理想的伙伴。另外，智利已经与美日欧等很多国家达成了 FTA，具有丰富 FTA 谈判经验，这有助于韩国培养本国的谈判资源。此外，韩国与智利签署 FTA 的经济动机主要是纳入智利的全球 FTA 网络。由于智利与北美三国、EU 和 EFTA、拉美 10 国、东亚的日本和韩国均签

署了 FTA，而当时的中国与这些国家之间均没有建立 FTA，因此，韩国可以以智利为"跳板"，进入这些国家的市场。

韩国与经济大国特别是美国签署 FTA，其动机是多样的，是经济动机、安全动机和平衡动机的融合。从经济动机角度来看，与美国达成 FTA，有助于巩固和扩大已有的美国市场。使本国的企业与墨西哥这样已经与美国形成 FTA 的同类企业在美国市场的竞争处于同等地位，而与东亚未与美国达成 FTA 的国家（如中国、日本）的同类企业在美国市场的竞争中处于优势。从安全动机和平衡动机来看，通过与美国的 FTA 达成，进一步巩固了美韩安全联盟，不仅使美国通过这一贸易协定为切入点，更深层次的介入东亚地区的经济、贸易和安全等各项事务，起到遏制中国的作用，同时，也提升了韩国在东亚地区的外交和经济地位。特别在目前东盟主导下的东亚经济一体化进程中，处于中国和日本两强之间的韩国，通过与区外经济大国签订 FTA，使自己获得有利地位，成为中日争相争取的伙伴，即通过区域外的 FTA 先发优势达到区域经济一体化的先发优势，从而在东亚区域经济一体化中处于主动的地位，在中日两个大国之间竞争中起到平衡作用。韩美 FTA 有助于韩国政府锁定韩国国内的改革和平衡利益集团的博弈。

总之，小国与大国签署 FTA 的主要动机在于获得稳定的市场准入、市场多元化、和成为几个发达大国的轮轴国，从而在国际经济格局中处于有利地位。小国与小国签署 FTA 的主要动机是将伙伴国作为进入发达国家的跳板、政治原因或强化原有的全球 FTA 网络。

4. 发达大国（经济体）—发展中国家的南北型 FTA 利益权衡

以下从发展中国家的视角，根据南北型 FTA 的不同类型分别分析发展中国家的主要利益权衡。在这类南北型 FTA 中，包括发达大国（经济体）与发展中小国的南北型 FTA 以及发达大国（经济体）与发展中大国的南北型 FTA。

在发达大国—发展中小国的南北型 FTA 中，以比较典型的智利—美国 FTA 为例，对于作为小国的智利来说，与美国达成自由贸易协定其成本收益权衡主要包括以下几个方面：

从成本方面来看，主要包括开放本国市场带来的风险、损失和更多政策规则（非贸易问题）被迫向发达国家看齐。小国做出的让步不仅体现在传统的关税与非关税壁垒减让领域，而且更主要体现为国内政治经济体制、政策、法规与大国趋同。对于小型发展中国家来说，就是需要制度改革与 FTA 中的要求相符，市场开放程度与 FTA 中大国的要求相符。

从利益方面来看，主要包括自由进入发达大国（经济体）的市场，享有先行进入的优势，领先其他发展中国家的竞争对手，享有稳定进入发达伙伴国的市场，避免了大国政治冲突所产生的报复性和惩罚性的政策措施等。最典型的例子是 2002 年美国布什政府宣布对进口钢材实行安全保障措施而提高关税时，对北美自由贸易区成员的加拿大和墨西哥却给予例外。此外，当小国与大国达成多个双边 FTA 时，小国形成一个自由贸易协定网络的轮轴国，在贸易和投资方面处于有利地位。此外，这种有利地位本身也成为一种资本，使其成为其他国家争相考虑谈判 FTA，从而带来自我强化效应。

一些小国在权衡上述利害得失的基础上，做出了积极与发达大国签署 FTA 的选择，为换取大国的市场准入，同意大国关于非贸易问题的规则，为大国后续参与的 FTA 谈判和 WTO 谈判树立了样板。这种选择加速了发达大国（经济体）在规则制定方面的进程，实现了其在 WTO 框架下难以实现的目标，通过双边 FTA 的方式，实现其政策外溢，从而为双边规则区域化和多边化奠定基础。

因此，对于南北一体化，南方国家是通过取得市场准入的收益来平衡其他方面的损失。大国由于向小国开放市场而放弃了对小国实施贸易报复等权利，大国通常会要求小国在签订一体化协定时做出一些单方面的让步，如进行国内的经济政治体制改革，法规政策向大国靠拢等。如果没有这种单方面支付，大国与小国之间就难以签署自由贸易协定，正如巴西和美国谈判的 FTAA 和印度和欧盟谈判的 FTA。

在发达大国（经济体）与发展中大国的双边谈判中，巴西与美国的谈判具有借鉴意义：

首先，巴西与美国之间关于美洲自由贸易区的谈判方式在多层框架下同步进行。即巴美的直接双边谈判；巴西依托南方共同市场、构建南美洲自由贸易区联合与美国进行谈判；巴西与美国在世界贸易组织的框架下的多边谈判中对垒。在谈判中，巴美双方交错使用不同方式增强自身的谈判实力。

其次，巴西采取多种方式坚持自身的利益主张。美洲自由贸易区建成过程中，巴西通过多轮的双边谈判和多边谈判实现自身经济全球化。在双边谈判中，巴西在本国弱势行业的市场准入，联合南方共同市场国家、安第斯国家等增加谈判筹码，通过与欧盟进行自由贸易谈判等各个方面牵制美国；在多边谈判中，充分利用 WTO 框架下的协议，对抗美国的农产品补贴、积极应诉反倾销起诉等。

此外，巴西对建立 FTAA 成本收益的分析认为，成本因素代价高昂。由于巴西和美国的经济实力落差悬殊，民族工业面临挑战、北美的高额农业补贴对国内的打击、墨西哥金融危机的前车之鉴，收益未知；美国的贸易伙伴国中墨西哥和智利，以及 FTAA 中的"预备生"阿根廷等国家都是巴西利益的竞争者。在各种利益的权衡下，巴西对谈判的坚定性稍显不足。尤其是 WTO 框架下对美国棉花补贴的裁定、主要贸易伙伴欧盟与巴西贸易安排的推进，巴西对美洲自由贸易区谈判的态度更显得摇摆不定。由于谈判议题涉及直接投资、知识产权保护、环境问题、公平竞争、农业补贴、市场准入、反倾销以及争端解决机制等相关议题，分歧严重而未能达成任何书面协议。

从美国与巴西在 FTAA 谈判中的矛盾可以发现，发达大国（经济体）与发展中大国谈判南北型 FTA 比较艰难，矛盾比较尖锐，特别是在非贸易问题的规则协调中存在激烈的对峙。

因此，发展中大国在权衡上述利害得失的基础上，在与发达大国谈 FTA 时会坚守自身的底线，坚持自身的利益原则和区域大国主导权的地位。发展中大国不会为换取发达大国的市场准入，同意发达大国关于非贸易问题规则的过度扩大和深化，这些领域的双方分歧是导致 FTA 谈判和 WTO 谈判停滞不前的主要障碍，这种选择阻碍了发达大国（经济体）在规则制定方面的进程，发达大国正在采取各个击破的方式试图一一攻克。

五　带有非贸易条款的南北型 FTA 快速增长传导机制分析

（一）带有非贸易条款的南北型 FTA 快速增长传导效应现象

1. 发达大国之间的竞争

前面的分析发现，自 NAFTA 以来，欧美与发展中国家签署的自由贸易协定均包括非贸易条款。其中一个有趣的现象是，当墨西哥与美国达成的北美自由贸易协定于 1994 年正式实施后，欧盟也急于与墨西哥谈判自由贸易协定，2000 年欧盟与墨西哥的 FTA 也开始实施；在美欧都与墨西哥签订自由贸易协定后，日本也于 2005 年与墨西哥签订自由贸易协定。对于智利也是这样，2003 年智利和美国的 FTA 开始实施，2004 年智利和欧盟的 FTA 开始实施，2007 年日本和智利 FTA 也开始实施。

这种现象说明：当一个小的发展中国家与一个大的发达国家（经济体）达成 FTA 后，会产生一种外溢效应，导致其他大型发达国家（经济体）竞争型的自由化。这种发达大国之间的竞争的主要驱动因素可以从两个层面来考虑。第一，跨国公司竞争层面。这是大国之间竞争的主要驱动因素之一，即各国政府在跨国公司游说下，本着为本国的跨国公司创造一个公平竞争的国际环境的动机。因此，各国的跨国公司在全球范围内的竞争，导致大国争相与同一个小国签署 FTA 的竞争效应。第二，大国在全球范围的战略竞争层面。这也是大国之间竞争的重要驱动因素。大国之间竞争的核心是对未来新格局和新秩序的主导权的竞争，特别是国际经济规则如国际贸易、国际投资规则的制定权。这一目的迫使大国及其集团竭力加速扩大和深化经济一体化以增强整体实力。因为在这场空前规模的力量角逐中，任何一国的力量都是有限的，即使像美国这个世界上仅存的超级大国也不例外。区域经济合作的一项重要收益是通过市场规模的扩大提高成员国在国际经济规则制定过程中的影响力，因为任何一个国家（包括美国）都越来越不可能完全主导规则的制定过程。正如美国著名经济学家、管理学家莱斯特·瑟罗所说："国际贸易规则向来是由对世界最大市场拥有控制力的国家来确定的，这是历史的一个老规则"。当今世界更是如此，谁掌握了世界上最大的市场，规则就由谁来拟定。有鉴于此，各国之间在规则制定领域的竞争越来越求助于区域经济合作的发展。因此，在区域经济一体化合作不断发展的时代，大国之间的竞争已经演变成大国各自所达成的区域集团之间的竞争。比较明显的事实是欧美之间的区域经济一体化的政策互动。

欧洲作为区域经济一体化的先行者，其一体化的步伐和其成效在全球范围内起到示范效应。欧盟在苏联解体后，把区域合作作为其对外经济战略的优先点，先后与 111 个国家建立了双边或区域贸易协定，成为区域组织发展进程中的主要参与者。进入 21 世纪后，欧盟通过与"非洲、加勒比海和太平洋地区国家集团"建立"经济伙伴关系协定"（EPAs），替代了原有的"洛美协定"（Lome Convention）贸易体系，推动了与发展中国家的贸易关系。欧盟与南非（2000 年）、墨西哥（2000 年）和智利（2003 年）等国也建立了自由贸易区，相互开放市场，促进双边贸易。2004 年 5 月，欧盟东扩使之成为拥有 25 个成员国的大型区域组织。目前，欧盟正在与太平洋理事会（GCC）和南方共同市场进行自由贸易谈判。

　　20 世纪 80 年代中期之前，国际经济的基本格局是美、日、欧三足鼎立。随后，美国与欧洲国家之间的竞争演变为双方所基于的区域经济组织之间的竞争。当 1986 年欧共体决定与欧洲自由贸易区合并建立欧洲统一大市场时，美国随之与加拿大签署了自由贸易区协定；当欧盟 1992 年签署《欧洲统一法》时，美加自由贸易区进一步扩展为北美自由贸易区；欧盟在积极开展"东扩"的同时，美国也在致力于美洲自由贸易区的建设；到 2004 年，欧盟"东扩"完成接纳首批 10 个新成员国之际，也是美洲自由贸易区原定的谈判结束之时。除了各自完成上述扩张外，美欧在世界其他地区的争夺也不断加剧。欧盟已经与土耳其签署了关税同盟条约，与地中海国家、中东欧国家、南非、墨西哥、智利缔结了自由贸易区协定，与南方共同市场、新加坡的谈判也在进行之中；通过 2000 年的"科托努协定"（Cotonou Agreements），欧盟将用自由贸易区协定替代原有的"洛美协定"。而美国与以色列、约旦、新加坡、澳大利亚、巴林、新西兰、东盟、非洲国家和地区之间已经或正在商谈缔结自由贸易区协议。伊拉克战争结束后，美国基于其中东战略提出了 2013 年与中东国家建立自由贸易区的建议（而在此之前，欧盟已经决定在 2010 年与这些国家建立自由贸易区）。至此，以美欧为核心的新的世界经济两强格局已逐渐形成。

　　大国之间的区域经济一体化竞争，导致南北型自由贸易协定的繁衍。由于欧美签署的自由贸易协定均包括广泛的非贸易条款，因此，大国之间的竞争导致了带有非贸易条款的自由贸易协定的增长。

　　2. 发展中国家之间的竞争

　　由于发展中国家的市场主要集中在美国和欧盟等发达国家（经济体），美国等发达国家根据策略需要，会有意创设"竞争性"贸易自由化局面。由于 WTO 新一轮谈判进展缓慢，一些议题的磋商旷日持久，短期难以达成共识。美国在多边贸易体制中提出或支持的一些议题，如人权、环境、劳工标准等，受到多数发展中国家的反对。美国对此表示十分不满，希望通过双边 FTA 迫使有关国家在一些重要议题上做出妥协，尽早达成协定，由此加强多边贸易体制。根据前美国贸易代表佐立克的说法，在 WTO 之外的几条战线同时谈判，将创造出一种贸易"自由化竞赛"的局面。即以美国国内的巨大市场为基础，通过有选择的与一些国家签署双边 FTA，刺激该签约国周边国家与美国也签订协议，并从中获得该区域内的规则制定主导权；然后以已签订的 FTA 为基础，增加美国在多边贸易谈判的筹码。如美国与新加坡签署 FTA，在东盟各国引起强烈反响；随后，泰国、马来西亚也竞相与美国开始 FTA 谈判。佐利克表示，通过与不同国家达成自由贸易协定，美国用"累积扩大的方式推进自由贸易，激发各国竞相开放"。而从发展中国家的实践来看，一些国家的行为也的确是美国竞争性自由化政策的体现。在拉美地区，当墨西哥与美国、欧盟、日本三大发达经济体均达成自由贸易协定后，南美的智利也先后与三大经济体达成自由贸易协定，此后秘鲁也先后与三大经济体达成自由贸易协定。随着越来越多的国家（地区）搞自由贸易区或自由贸易安排，必然对没有进行的国家（地区）产生压力和挑战，尤其是区内区外之间的差别待遇，往往迫使区外国家也搞自己的安排。特别是对于一个小国来讲，会担心被从主要市场中排除。比如：越南与美国等其他国家一起谈判 TPP，其中的一个主要动机是"先发优势"。因为担心其贸易竞争对手（东亚其他发展中国家）与美国先行签订 FTA，将对本国的贸易利益带来重大影响。对于发展中国家来说，为了防止被"边缘化"，获得这种"一体化"的身份，在签订自由贸易协定时，往往是以牺牲部分利益、做出重大让步为代价的。

（二）带有非贸易条款的南北型 FTA 传导效应机制的多维解释

在当今最具争议的"区域主义对多边主义"的议题中，通常把局外国家均看作是消极被动的国家，即具有一种外生的、固定的贸易政策。事实上非成员对 FTA 的创立会做出相应的反应，即 FTA 的建立对区外国家产生政策互动。

1. 为消除贸易和投资转移而产生的经济竞争效应

传统经济理论告诉我们，自由贸易区的建立会带来贸易创造效应和贸易转移效应，也会带来投资创造效应和投资转移效应。所谓贸易创造，即在关税同盟内部实行自由贸易后，国内成本高的产品为伙伴国成本低的产品所代替，原来由本国生产的，现在从伙伴国进口，新的贸易得到"创造"。由于从伙伴国进口成本低的产品代替原来成本高的产品后，该国就可以把原来用于生产成本高的产品的资源转向生产成本低的产品，从而获得利益。贸易创造效应的发生对伙伴国和世界其他国家都有利。所谓贸易转移，指由于关税同盟内部实行自由贸易，对外实行统一关税率，导致先前的贸易伙伴关系发生改变，即一国把除了与同盟外低成本的某个国家的相互贸易转变为与同盟内高成本成员国间的相互贸易。从世界福利的角度看，贸易转移是减少福利的，因为它把生产从效率较高的非同盟国转移到效率较低的同盟国，使国际资源配置恶化。但对于关税同盟排除在外的其他国家而言，产生净福利损失。根据 Ethier（2001）构造的分析框架，说明一国参与区域一体化与改革和投资的联系。即加入 FTA 会使一个国家获得这样的竞争优势，即加入一个 FTA 等于作出了持续改革的外部承诺，这一承诺对于未来的政府也有约束力，这使得参与者的承诺更为可信。这样，与未参加 FTA 的其他国家相比，这个参与者就对外国直接投资更具吸引力，从而出现了"投资转移"。因此，在这个过程中，就出现了所谓的"改革创造"效应与"改革损失"效应；对于未加入 FTA 的改革中国家来说，由于发生了"投资转移"只能获得较少的 FDI，使其放慢甚至放弃了改革进程，此即"改革损失"效应。Ethier 认为正是 FTA 具有这样的特性，即便存在补贴、税收减免等其他吸引外国直接投资的政策手段，且已经被实施了，加入 FTA 仍然会被选择。

鉴于上述的贸易转移效应和投资转移效应以及改革损失效应，对于区外国家而言，会相应产生政策互动，以减少和抵消损失，包括以下政策选择：

首先，是设法申请成员资格或者与现有的 FTA 建立联系。与一个大区域一体化组织邻接的小国们通常发现自己是受到排斥的。例如，EFTA 国家或一些中东欧国家。可以证明的是，当成员规模足够大时，成员接收新成员的动机下降甚至到零（Andriamananjara，1998）。1973 年挪威申请加入 EC 的经历和 1992 年瑞典申请加入 EEA 证明这种选择有时也会遭遇到国内全民公决的阻碍。

其次，更积极地投身于多边贸易谈判。例如多边规则能被用来从 FTA 成员提取补偿性支付。局外国家也可能发起新一轮 WTO 谈判。至少，他们可以确定 FTA 应受到有效的多边规则所约束。尽管如此，大家普遍认为 GATT24 条关于自由贸易区和关税同盟的例外并不能保证区外国家不受伤害。

局外国家第三种选择是作为抗衡而形成自己的俱乐部。通常认为美国感兴趣于美加自由贸易区和 NAFTA 以及最近的 FTAA，其背后的重要因素之一是为了与深化和广化了的欧洲一体化相抗衡。其他地区的区域主义也已经推动亚洲国家讨论和参与 FTA。这种形成一定平衡力量的愿望足以创造出一系列新的区域贸易协定。

局外国家的第四种选择是调整自己的外贸政策来最小化其他 FTA 的负面影响。也可能 FTA 的创立会导致区外国家增加对 FTA 成员的贸易壁垒。Soamiely Andriamananjara（PTA：endogenous Response of the Third Country）用模型对上述观点进行了论证。所以通过创立 FTA 或加入区域经济一体化组织，各个参与国有可能以推动进入世界其他地区的市场机会而告终。这种遭遇局外国家报复的可能性要求那些拟建立 FTA 的国家们特别关注，尤其是被排除的国家是某个潜在参与国主要贸易伙伴的情况。

2. 为主导全球政策法规的规则竞争效应

从新区域主义与大国战略理论来看，对于大国而言，20 世纪 90 年代以来，区域经济合作出现了一种新的现象，即在大国与小国签订的贸易协定中，小国对大国做出了更大的让步。这种情况主要体现在美国与加拿大、墨西哥签订的贸易协定中。在签订北美自由贸易协定时，美国要求加、墨两国在国内知识产权保护、能源政策等方面作出一些适应美国的调整。另外，欧盟在吸纳东欧成员之前，也要求他们在国内政策方面作出改革，并根据这些国家改革的进度分批吸收成员。这种小国对大国作出单方面让步或额外支付（Side Payment）的现象被认为是新区域主义（New Regionalism）的最重要的特征，经济学家关于新区域主义的理论和观点也主要是针对这一特征而提出来的。对大国来说，由于其平均关税水平已经较低，国内的市场规模较大，对外部世界的依存度较低，抵御外部冲击的能力和参与国际经济事务的谈判交易能力较强，所以源于贸易创造和贸易转移的影响不大。在多边贸易体制占主导地位的全球化时代，大国参与区域经济合作的主要动力来自于传统经济收益之外的非经济收益。通过参与自由贸易协定，大国力图扩大自身的贸易报复能力以及国际谈判交易能力，以便与其他大国进行竞争。大国争取获得区域内的主导权，扩大其在多边贸易谈判中的筹码，进而获得国际经济规则制定过程中的主导权，利用区域贸易协定影响全球经济规则的制定，最终把区域内规则转化为多边贸易规则。我们可以把这些非传统贸易利益归结为影响经济规则的能力，即希望通过缔结自由贸易区协定而成为区域内的主导者，从而对更广泛的区域合作或全球多边贸易体制施加影响。如美国曾多次要求用北美自由贸易区协定来代替 WTO 的多边贸易谈判，并屡次奏效。如：乌拉圭回合谈判所涉及的许多新领域实际上 NAFTA 中已经存在，如知识产权保护、服务贸易自由化、与贸易有关的投资措施等。而另一些领域没有在乌拉圭回合中涉及也被纳入了多哈谈判议程之内，如环境保护、竞争政策。这样，美国在自由贸易区协定中的意志就最终转化为多边贸易的规则。

诱导大国（如美国）参与区域经济合作的根本动因是争夺国际经济规则的制定权。二战后的一段时期内，美国是国际经济规则的主导者。但在关税与贸易总协定主持的乌拉圭回合多边贸易谈判中，美国首次无法控制谈判的进程，在农产品贸易自由化问题上与欧盟产生严重分歧，致使谈判几度延期，由此改变了美国对待区域主义的立场。对美国而言，欧盟之所以能够对它的主导权地位提出挑战是因为，欧洲统一大市场的建立意味着欧盟市场规模首次超过了美国。只有对欧盟继续保持市场规模优势美国才有可能拥有对国际经济规则的主导权。因而，当 1986 年欧盟决定建立统一大市场时，美国迅速做出了反应，当年就开始与加拿大就建立自由贸易区进行谈判。当 1992 年欧盟正式签署《欧洲联盟条约》时，北美自由贸易区的谈判也宣告结束，这种时间的巧合并非偶然。欧洲统一大市场和北美自由贸易区的建立标志着大国之间的竞争已开始演变为区域经济合作组织之间的竞争。

目前美国与其他 11 个亚太国家正在谈判跨太平洋伙伴关系协定（TPP），TPP 谈判起源于被称为 P4（Pacific 4）的四国自由贸易协定，P4 协定是由新西兰、新加坡、智利和文莱四国于 2005 年 7 月签订的，当时被命名为"跨太平洋战略经济伙伴协定"（TPSEP）。美国总统奥巴马 2009 年 11 月访问东京时，高调宣布参与 TPP 协议谈判，自此鲜为人知的 TPP 就名声大振。迄今为止，在美国的积极促进下，已经进行了第十九轮贸易谈判。TPP 谈判是一个南北型 FTA 谈判，包括发达国家美国、澳大利亚、新西兰、新加坡、加拿大、日本，也包括发展中国家智利、马来西亚、秘鲁、文莱、越南、墨西哥。

从美国设计 TPP 的目的来看，就是为了创建一个全面的、现代的包括美国在内的经济伙伴关系的模式，将 TPP 树立为美国区域贸易协定的新模式，拔高标准，使美国获得更大利益。它将涵盖对美国来说是优先的问题，诸如服务、投资、竞争、规则的统一性等，这些问题在多哈谈判中是缺失的，或者说在那里未能取得进展。这些问题对于下一轮经济一体化来说是至关重要的，因为较多地涉及美国拥有比较优势的行业。美国贸易谈判代表柯克已表示，今后要用 TPP 条款作为美国与其他国家谈判自由贸易协定的"范本"，提高美国与新加坡、澳大利亚、秘鲁和智利目前自由贸易协定的规格从而引入新的美国"白金"标准（适用于劳工、环境、知识产权和其他）[1]。众议员列文也表示："TPP 谈判不仅能让美国 FTA 所具有的高标准推向整个亚太地区，甚至 TPP 本身就有可能成为最高标准。"[2]

此外，美国还想借助 TPP，创造 21 世纪 FTA 的模式，即所谓"新的改进型的 FTA"，这至少体现在两个方面：一是更新或增加现有贸易协定的条款，主要突出在"环境保护、透明度、工作权利和保护以及发展方面的新义务"；二是使 FTA 的内容不仅仅局限在贸易层面，而且能"将美国公司融入亚太地区的生产和供应链，并促进新技术和新兴经济行业的发展"，"为中小企业创造更多机会，同时优先考虑劳工和环境保护及促进发展"。[3] 这将使奥巴马时代的新自由贸易协定大大超越布什时代的老协定。

尽管美国官员和 TPP 框架协定均设定 TPP 为高质量的 21 世纪自由贸易协定，未曾有人争辩说他们正在创建"旧式的、低质量的"的协定，与其他 FTA 相比，TPP 的独特性在于它从一开始就目标宏大，每个参与方都承诺要达成一个高标准、宽领域的自由贸易协定。因此，也许 TPP 的规模和涵盖范围是 TPP 相对于其他亚太地区协定水平更高的最佳写照。

随着美国宣布加入 TPP 谈判，亚太国家形成了两大阵营。一些国家纷纷对 TPP 采取了积极的态度。首先，澳大利亚、越南、秘鲁随美国同期加入 TPP 谈判；马来西亚也紧随其后加入谈判；此后，墨西哥、加拿

---

① 引自美国彼得森国际经济研究所的报告，2010 年 1 月 25 日，http：//www. macrochina. com. cn/zhtg/20100305095870. shtml。

② 陆建人：《美国加入 TPP 的动因分析》，载《国际贸易问题》2011 年第 1 期，第 43—52 页。

③ 同上。

大、日本也先后加入到 TPP 谈判中；日本加入谈判后，又带动更多东亚
国家积极申请加入 TPP 谈判。目前韩国正在申请加入谈判，菲律宾、泰
国也在考虑加入到谈判之中。另外，中国以外的一些暂不打算加入 TPP
谈判的国家和经济体包括东盟、印尼、印度、俄罗斯等为了趋利避害，不
断进行相应的政策调整，通过组建自己的贸易协定和加速国内改革等方式
应对 TPP 的外溢效应。最突出的举措当属东盟于 2011 年 2 月牵头提出建
立《东盟地区全面经济伙伴关系（RCEP）框架》协定，这个新的倡议包
括东盟 10 国和中日韩印澳新六国，立即引起了各方的关注，得到相关各
个国家的赞同。对于亚太地区来说，RCEP 的出现与美国主导的 TPP 形成
了具有竞争性的双框架并行的亚太区域合作架构。在上述背景下，中国作
为 TPP 谈判排除在外的最大发展中国家，一个迅速崛起的经济大国，除
了遭受边缘化的负面影响外，最大的影响还在于国际规则制定权方面的失
语和经济政策被迫向美国看齐，从而损害中国的根本利益。中国为应对
TPP 带来的负面影响，也在国际和国内层面积极的展开政策互动。其中在
区域层面，包括积极参与和全面推动 RCEP 谈判、加速推进中韩自由贸易
区谈判和中日韩自贸区谈判、加速推进和打造中国—东盟自由贸易区升
级版等政策互动；在国内层面，包括上海自由贸易试验区的先行先试、中
美双边投资谈判中做出的重大让步和海上丝绸之路、一路一带构想的提出
等战略选择。

3. 资源安全和地区安全的竞争效应

通常来说，区域贸易协定的基础是成员国之间的经济利益，但在特定
时期，政治利益也会成为一国参与区域贸易协定的首要考虑。对美国来
讲，新一轮双边和区域安排形成的主要动机与地缘政治和安全考虑相联
系。即自由贸易协定被作为深化政治联系或打击恐怖主义的政策工具，特
别是"9.11"事件之后，美国把反恐作为其国际战略的一项核心内容。
2003 年 5 月伊拉克战争结束之后，美国主动提出与中东地区国家在 2013
年之前建立自由贸易区的倡议。显然这种行为很难用瓦伊那定理来解释。
多数评论认为，美国此举的真正目的是要通过自由贸易区方式在该地区推
行美国式民主制度，从制度上消除恐怖主义产生的根源。此外，美国早期
与以色列、约旦签署的自由贸易区协定在很大程度上也是基于非经济考
虑。另外，地区安全问题在 ECC/EU 欧盟的形成以及 ASEAN（东南亚联
盟）的建立时均处于特别重要地位。

　　此外，为本国的能源或资源安全战略服务的考虑，也会导致 FTA 的竞争效应。美国通过与中东地区的国家之间订立自由贸易协定，可以控制该地区的石油供应，在世界石油价格极不稳定的情况下，确保美国能源安全战略的有效实施。欧盟与地中海国家之间的自由贸易协定对欧盟的石油安全起着举足轻重的作用。地中海地区是欧盟的南大门，随着欧盟不断向南拓展，地中海的地缘位置显得愈加重要，欧盟的地缘安全和石油安全已经与地中海南岸和东岸国家的稳定息息相关。对于欧盟来说，欧盟与地中海沿岸 12 国中的 9 个国家（摩洛哥、阿尔及利亚、突尼斯、埃及、约旦、叙利亚、黎巴嫩、以色列、巴勒斯坦）的自由贸易协定也已经生效。另外 3 国中，塞浦路斯和马耳他已于 2004 年加入欧盟，欧盟与土耳其之间建立关税同盟。日本作为自然资源缺乏的国家，对外部资源的依赖性很强，日本希望借助经济一体化协定来稳定其自然资源的进口。例如，2002 年 10《日本 FTA 战略》在分析澳大利亚在日本 FTA 战略中的地位时，特别强调澳大利亚是日本自然资源的主要供给国；2004 年的《进一步推动基本方针》将"是否有助于日本资源进口的稳定"[1] 列入确定谈判对象的标准之一。

　　同样日本于 2013 年加入 TPP 谈判一个主要动机是依赖美国的安全庇护。作为美国的盟国，在加入 TPP 谈判的问题上，日韩两国都受到美国的邀请，日本率先加入 TPP 谈判，也给韩国带来压力。所以，日本成功加入 TPP 谈判便成为韩国对 TPP 态度转变的转向灯。作为日本响应美国号召而加入 TPP 谈判的回报，美国表明支持日本成为联合国安理会常任理事国，奥巴马还重申日美安保条约的对象范围适用于中日之间存在领土纠纷问题的钓鱼岛，并将进一步加强与日本的资源、能源合作，以应对中国限制对日本出口稀土资源等问题。[2] 因此日本加入 TPP 谈判，日美同盟关系无疑会得到进一步增强，同时也使得日本谋求在国际问题上发挥更大作用的努力得到进一步的实现。

　　4. 为构建全球 FTA 网络中心地位的轮轴国竞争效应

　　当一国（区域）参加了两个或两个以上自由贸易协定时，该国（区

---

① 日本外务省网站，http：//www. mofa. go. jp/mofaj/gaiko/fta/senryaku. html。
② 范黎波、郑伟、郑学党：《美日 TPP 战略与中国的应对》，载《现代国际关系》2012 年第 12 期，第 57—58 页。

域）就像轮轴，与之缔结协定的国家就像辐条，这些辐条国彼此之间没有自由贸易协定。如果辐条国又与多个国家签订协定，就形成了交叉重叠性自由贸易协定。

旺纳科特和罗纳德（Wonnacott and Ronald，1996）[①]分析了在区域经济合作中处于"轮轴"地位的国家至少可以在贸易和投资两方面获得特殊的优惠。在贸易方面，"轮轴"国的产品可以通过区域贸易协定进入所有"辐条"国市场，而各"辐条"国的产品因受原产地规则（自由贸易区协定的一种规则）的限制则无法相互进入。在投资方面，"轮轴"国的特殊地位会吸引外部资本（甚至包括"辐条"国的资本）进入。现实中，在小国与大国谈判的过程中，由于大国之间的竞争，小国有时会成为两个或更多大国缔结区域贸易协定的争夺对象。作为大国争夺对象的小国，此时可以获得特殊的利益。实际上，小国就有可能成为"轮轴"国。

当然，每个国家都希望成为"轮轴"国。当一国成为其他国家争夺的对象时，该国才有可能成为"轮轴"国。但是，小国的弱势地位决定了它们难以成为"轮轴"国。而大国也希望成为"轮轴"国。对大国而言，"轮轴"国地位将更有利于其实现成为区域和全球主导者的目标。例如，美国有能力与西半球任何一个国家单独缔结自由贸易协定，

在已经生效或正在谈判的自由贸易协定中，以欧盟、EFTA 代表的欧洲地区贸易协定和以美国为代表的 FTA 协定占主导地位是确定无疑的。以它们为中心，分别与亚洲、拉美、中东欧、地中海、非洲的国家组建以自己为中心的自由贸易协定网络。此外，美洲、亚洲等地区的部分国家或区域集团，如墨西哥、智利、秘鲁、新加坡、澳大利亚、新西兰、韩国、日本、东盟（ASEAN）、中国等在建立自由贸易区中的积极姿态和潜力也使它们成为"轮轴—辐条"体系的次级轮轴国。各个"轮轴—辐条"体系的复杂和交叉重叠会对各国在全球贸易利益格局中的地位带来重要影响。

"轮轴—辐条"体系具有不断自我强化的动力，具体表现为：（1）对"轮轴"国地位的追求使该体系不断强化。由于"轮轴—辐条"结构中存在很强的不对称性，使其具备了自我强化的能力。由于"轮轴"国能获得更大的收益，为了追求这种"轮轴"国的地位，各国纷纷签订各种规

---

① Wonnacott, Ronald, J., "Trade and Investment in a Hub – and – Spoke System Versus a Free Trade Area". World Economy 19, 1996, pp. 237 – 252.

则各不相同的自由贸易协定，使 FTA 的数量和规模在 H&S 体系中不断扩大。而"辐条"国为了改善其弱势地位，增加福利收益，也会与其他国家建立自由贸易协定，使自己也能在一定范围内成为"轮轴"国。由此发展下去，自由贸易协定不断增加。与此同时，在现实的经济体系中，各国的经济实力是不对称的，而这种非对称性也会导致新的自由贸易协定不断激增。这是因为区域合作本身具有外溢效应，自由贸易协定的签订往往也会引起其他利益相关国家签订自由贸易协定，尤其是国家力量不对称的情况下，这种外溢的影响将更为明显。

总之，带有非贸易条款的南北型自由贸易协定的快速增长可以通过上述四种传导机制予以解释：即各国为避免和抵消已建的 FTA 带来的贸易转移和投资转移效用而采取的自建 FTA 或加入原有的 FTA；各大国为主导国际规则，壮大自己的市场能力而建立的 FTA；各类国家为了能源安全、资源安全、军事安全或地区安全而建立 FTA；各类国家为争做轮轴国，获取贸易和投资的有利地位而建立 FTA。正是通过上述各种传导机制，导致带有非贸易条款的 FTA 在全球范围内激增并有不断扩充为亚太规则和全球规则的发展趋势。

六　带有非贸易条款的南北型 FTA 演化
发展趋势所带来的影响

（一）非贸易条款在各类新建 FTA 中的普及化

前面的研究表明，自 1994 年北美自由贸易协定以来，FTA 中非贸易条款在美国和欧盟的对外自由贸易协定中被广泛地运用，并通过伙伴国对外签署协定的方式产生外溢效用，对其他国家之间的自由贸易协定条款的覆盖范围和深度带来影响。以下分别从 FTA 中非贸易条款覆盖范围和深度的变化进行分析。

为了明确看出南北型非贸易条款的发展趋势，同时为便于对主要国家的 FTA 非贸易条款的覆盖范围进行横向比较，根据亚太地区东盟已经与中国、日本、韩国、印度以及澳大利亚和新西兰均已经达成 FTA 的现实，对不同的协定进行比较，然后再与美国的 NAFTA 协定进行比较。

1. 中国—东盟 FTA 非贸易条款及国际横向比较

在非贸易条款方面（表 1—17 中阴影部分），日本—东盟 FTA 中覆盖的条款与 NAFTA 所覆盖的条款范围相符；韩国—东盟 FTA 没有包括政府采购条款、电子商务条款和劳工条款而澳新—东盟 FTA 中没有包括政府采购条款、劳工标准和环境条款。中国—东盟 FTA 除了包括投资条款外没有包括其他非贸易条款；而印度—东盟 FTA 则没有包括投资条款。

表1—17 以东盟为中心的五个 FTA 与 NAFTA 所含条款内容的比较

		中国—东盟 FTA	印度—东盟 FTA	日本—东盟 FTA	韩国—东盟 FTA	澳新—东盟 FTA	NAFTA
市场准入	关税减免	√	√	√	√	√	√
	关税配额			√			√
	特殊保障措施			√		√	√
	早期收获计划	√					
非关税措施（禁止和例外条款）			√	√	√	√	√
贸易便利化	海关程序	√	√	√	√	√	√
	卫生和动植物检疫				√	√	√
	技术标准	√		√	√	√	√
	相互认证	√		√	√	√	√
原产地规则		√	√	√	√	√	√
贸易救济	反倾销	√		√	√		√
	反补贴				√		√
	补贴			√	√		√
	保障措施		√	√	√	√	√
服务贸易	例外和保留条款	√		√	√	√	
	市场准入	√			√	√	
	互认	√			√	√	
	利益拒绝条款	√			√	√	
	保障措施	√				√	

续表

	中国—东盟 FTA	印度—东盟 FTA	日本—东盟 FTA	韩国—东盟 FTA	澳新—东盟 FTA	NAFTA
投资	√		√	√	√	√
政府采购			√			√
竞争政策			√	√	√	√
知识产权			√	√	√	√
电子商务			√		√	
劳工标准			√			√
环境政策			√			√
争端解决	√		√	√	√	√
技术合作	√			√	√	
制度机制		√			√	

数据来源：

（1）东盟的五个 FTA 条款均根据亚洲开发银行自由贸易协定数据库整理，http：//aric. adb. org/ftatrends. php。

（2）NAFTA 的条款根据叶兴国，陈满生/译《北美自由贸易协定》，法律出版社，2011 年 8 月。

2. 中国—新西兰 FTA 的非贸易条款及国际横向比较

以下将中国—新西兰 FTA 条款与韩国—美国 FTA、日本—印度 FTA 以及 P4 协定和 TPP 协定条款进行比较分析。

表 1—18 　　　中国—新西兰 FTA 与代表性协定条款的比较

		中国—新西兰 FTA	印度—日本 FTA	韩国—美国 FTA	NAFTA	P4 协定	TPP 协定
市场准入	关税减免	√	√	√		√	√
	关税配额			√	√		
	特殊保障措施	√		√	√	√	
	早期收获计划						

续表

		中国—新西兰 FTA	印度—日本 FTA	韩国—美国 FTA	NAFTA	P4 协定	TPP 协定
非关税措施（禁止和例外条款）		√		√	√	√	
贸易便利化	海关程序	√	√	√		√	√
	卫生和动植物检疫	√	√		√	√	√
	技术标准	√	√	√	√	√	√
	相互认证	√	√	√	√	√	√
原产地规则		√	√	√	√	√	√
贸易救济	反倾销	√		√	√		√
	反补贴	√		√	√		√
	补贴	√	√		√		√
	保障措施	√	√	√	√		√
服务贸易	例外和保留条款		√	√		√	√
	市场准入	√	√	√		√	√
	互认	√	√	√		√	√
	利益拒绝条款	√		√		√	√
	保障措施	√	√				√
投资		√	√	√	√	√	√
政府采购			√	√	√	√	√
竞争政策			√	√	√	√	√
知识产权		√	√	√		√	√
电子商务				√	√	√	√
劳工标准		√		√	√		√
环境政策		√	√		√		√
争端解决		√	√	√	√	√	√
技术合作		√				√	√
制度机制		√	√	√		√	√

（二）非贸易问题仍然是大范围内的区域自由化和多边自由化的障碍

1. 在双边解决的问题回归到多边的困境

尽管在双边 FTA 中，非贸易条款已经形成一种基本趋势，但是对于一些大的发展中国家来说，在一些敏感性领域，比如中国、印度在政府采购、劳工标准、竞争政策、电子商务还存在着审慎态度。此外，以巴西为代表的国家，还拒绝双边层面上非贸易问题合作。目前，美国为推进国际贸易规则，于 2009 年开始宣布参加跨太平洋伙伴关系协定（TPP）谈判，目前参与谈判的国家共 12 个，尽管各个参与国都以积极的姿态参与 TPP 谈判，但预定达成谈判的时间一拖再拖，2014 年底还没有最终达成。在 TPP 谈判中，一些非贸易议题成为各成员方焦点性争议议题，也是 TPP 谈判陷入困境的原因之一。以下以 TPP 谈判为例说明在双边解决的问题回归到多边的困境。

自 TPP 第一轮谈判启动以来，美国主张的一些提案相继遭到澳大利亚等 TPP 国家的反对，从而在一些领域中产生了分歧。这些分歧既表现在美国与发展中国家之间的冲突，也表现在美国和发达国家之间的冲突，其中以下领域的分歧尤其引人注目。

（1）知识产权领域的分歧

知识产权议题是 TPP 谈判中最艰难的议题之一。同其他领域相似，在知识产权领域谈判的关键问题围绕着是否要超越 WTO 的 "与贸易有关的知识产权协定"（TRIPs）下的义务进行，如果超越的话，应控制在多大程度。

从美国国内来看，美国利益集团在知识产权方面的分歧使得奥巴马政府的最终立场迟迟不决，主要表现在美国大商会与非政府组织之间的分歧。在知识产权方面，美国的本意是超越 TRIPs 义务的几倍。最重要的保护领域与专利期相关，尤其是与药品专利相关。在此前的双边 FTA 谈判中，所有的大商会均给美国政府施压，要求在 FTA 中超越 TRIPs 条款。特别要求增加药品专利期、数据专有权等条款，这些条款使通用厂商难以快速与保护期已过的专利厂商展开竞争。此外，以前的几个 FTA 中，美国均要求采用限制其伙伴国使用 TRIPs 协定健康例外的措辞。但在 2007 年民主党掌管国会之时，非政府组织（NGOs）曾迫使布什政府在专利领域对外做出让步。因此在美国和秘鲁及美国和哥伦比亚的 FTA 中，以前

比较强硬的药品专利保护措辞以及有关 TRIPS 公共健康例外的措辞都被
削弱。① 美国国内利益集团的博弈延续到 TPP 谈判，其结果随着不同利益
集团力量的消长而变化。2011 年 2 月初，奥巴马政府表示接受商业集团
的请求，采取更强势的知识产权保护。美国知识产权提案中的药品专利问
题，受到 TPP 伙伴国冷遇，也遭到美国商业集团和民间组织的反对。美
国贸易谈判代表当时承认还没有准备好修订提案，需要咨询国会和相关利
益者后确定最终的立场。②

　　在 TPP 国际谈判层面，知识产权问题也是美国与其他国家分歧较大
的议题。在 2011 年 1 月，新西兰提交了一份文件直接挑战美国强硬的知
识产权专利方面的制度。③ 新西兰认为超越 TRIPs 义务、过于严格地保护
将阻碍发达国家的创新并有损 TPP 发展中国家的经济发展。该文件强烈
建议 TPP 谈判不要超越 WTO 的 TRIPs 条款。此外，新西兰和澳大利亚在
政策上允许对一些药品实行价格控制，而这一政策恰是美国医药行业所反
对的。新西兰将如何捍卫自己的立场，会多大程度获得其他 TPP 成员的
支持尚未可知。在第十四轮谈判中，美国提交了一份关于国家药品定价和
报销计划的详细提案，这份已经修订过的美国方案交由 TPP 各方审议。
这份提案减少了要求各国如何实施报销计划的规范，但美国还继续对包括
新西兰在内的国家施加压力要求做出具体的承诺。

　　在知识产权保护方面，除了上述药品专利和健康例外及药品价格方面
的争议外，还包括地理标识、互联网、版权例外方面的争议。2011 年春，
美国提交了一份关于版权、互联网和地理标识的详细提案，决定加大对知
识产权保护的强度④。在地理标识方面，美国打破了欧盟推动的关于诸如
果酒和奶酪等地方产品和地区产品的严格规定。按照美国的提案，通用名
称的使用将扩大并受到法律保护。在版权方面，美国寻求停止进口涉嫌侵
犯版权所有者权利的进口品的权利。此外，提案还要求限制所谓的公平使
用原则。最后，美国寻求引入一个法律上可强制执行的次要责任规定，这

---

① Claude Barfield, "The Trans – Pacific Partnership: A Model for Twenty – First – Centu-ryTradeAgreements?" American Enterprise Institute for Public Policy Research, No. 2. June 2011.

② Special Report: The Leesburg Negotiations, p. 2, INSIDE U. S. TRADE, www. insidetrade. com, September 19, 2012.

③ Claude Barfield, "The Trans – Pacific Partnership: A Model for Twenty – First – Centu-ryTradeAgreements?" American Enterprise Institute for Public Policy Research, No. 2. June 2011.

④ Ibid.

一规定要求互联网服务供应商应对网上传送具有版权的资料承担责任。最后一条具有很大争议，甚至美国国内的互联网公司——谷歌也极力反对这种代价高昂的诉讼。

此外，从第十四轮谈判开始，美国提出一份关于知识产权的新提案，特别规定包括关于电视信号和互联网的转播版权的限制和例外问题。对于这一问题，此前美国的所有知识产权保护（IPR）提案中并未包括。这一关于电视信号转播的新条款反映了美国过去签署的 FTA 中所定标准。如美国与韩国的 FTA 和美国与哥伦比亚的 FTA 均包括这些标准。新条款防止 FTA 伙伴国利用限制和例外在未经所有权人和信号合法持有人允许的情况下通过互联网转播电视信号。版权限制和例外通常是贸易协定中的条款，依据此条款，伙伴国在限定条件下可背离标准版权义务。从设计者的初衷来看，新条款是为了防止个人将信号通过互联网发送到境外，置版权持有者在该国市场的竞争中处于劣势。但批评者认为新条款为其他国家公平使用例外而设限，而这些例外在美国国内符合美国法律。在本轮谈判中，公共知识宣传组分发一份传单，列举了教育公平使用方面受到美国新提案的威胁，比如教师在美国不用互联网教室里可以合法使用的教学新闻素材，但是新条款导致跨境在线教育情况复杂化。该提案责成各成员方在版权制度方面寻求限制和例外的适当平衡，目的在于本着服务于类似批评、评论、新闻报道、教学、学术和研究为目的。美国的版本似乎提供一个比较灵活的版权限制和例外义务，除了美国国内争议，在 TPP 层面也面临着来自其他成员的强烈抵制。

除有关版权限制和例外的争论外，谈判者们还讨论了关于载有节目的加密卫星和有线电视信号保护、政府软件使用及版权所有人的推定等相关问题。[①] 关于加密信号节目的解密问题，美国的 TPP 提案和美韩 FTA 均要求在未经授权的情况下，生产和分销解码加密节目的卫星和电视信号设备的厂商和分销商，将承担刑事犯罪责任。同时故意接收和再分销非法解码加密节目的接收者也将承担刑事犯罪责任。关于政府的软件使用问题，美国的 TPP 提案中包括与美韩 FTA 中相同的措辞，即要求成员国制定适当的法律阻止中央政府使用盗版电脑软件。关于版权所有人的推定条款，美

---

① Special Report: The Leesburg Negotiations, p. 7. INSIDE U. S. TRADE, www. insidetrade. com, September 19, 2012.

国的 TPP 提案与美韩 FTA 均规定：不存在相反证据的条件下，可以推定作品的作者、制造者、表演者或出版者为作品的合法版权所有人。

（2）环境和劳工领域的分歧——美国和其他伙伴国在环境和劳工领域的博弈

对于美国来说，劳工和环境问题是其国内最棘手、最难以协调的问题，特别是在 2007 年 5 月 10 日，布什政府和国会达成了妥协①——国会在政府保证满足在包括工人权利、环境保护、知识产权、外商投资四个领域的附加条件后继续赋予其 FTA 谈判的贸易促进授权，其中国会迫使布什政府在当时搁置的三个双边 FTA（美国与韩国、巴拿马、哥伦比亚已经签署双边 FTA，等待国会批准中）中保证附加环境和劳工标准新条款，而这些新条款远远超越原有条款义务。

在劳工标准方面，新附加条款要求 FTA 签署方国家的法律法规必须贯彻 1998 年《国际劳工组织（ILO）工作基本原则与权利宣言》中规定的 5 项核心劳工标准：自由结社、尊重集体协商、禁止强制性劳动、禁止童工、消除就业歧视；同时还规定将违反劳工标准方面的问题诉诸争端解决机制。

2011 年 11 月的 TPP 框架协定中包括了关于劳工问题的独立章节，其措辞包括保护劳工权利，确保在相互关注的劳工问题方面具有对话和合作协调机制。而原 P4 协定中不包括专门应对工人权利方面的具体规定。TPP 中的人权待遇问题引起 TPP 各方之间及美国内部的争议。2011 年 12 月底，美国提交一份关于劳工问题的议案，其内容与 5 月 10 日的协定规定相一致。② 议案规定每个成员国应坚持 ILO 核心原则，并指出如何具体实施包括有关最低工资要求、工作时间和职业健康和安全在内的劳动法。美国提案还要求 TPP 国家采取措施根除强制劳动和童工生产商品的贸易，在出口加工区和自由贸易内运用劳动法。

工人权利问题也在 TPP 伙伴之间产生强烈争议。根据美国国会服务报告报道：越南和文莱明确表示反对工人权利条款服从约束性争端解决程序，这一争议将随着谈判的进行而继续发展。

①　Claude Barfield, "The Trans - Pacific Partnership: A Model for Twenty - First - CenturyTradeAgreements?" American Enterprise Institute for Public Policy Research, No. 2. June 2011.

②　http://fpc. state. gov/documents/organization/211412. pdf（2013 年 6 月 29 日访问）。

在环境方面，新附加条款要求 FTA 签署方国家的法律法规必须通过和实施一系列多边环境公约：臭氧枯竭、濒危物种、海洋污染、湿地、捕鲸、南极海洋生物等公约①。虽然共和党主导的众议院是否接受这一领域的规定尚未明确，但奥巴马政府尽力争取在 TPP 中坚持这些规定。

美国于 2011 年 9 月芝加哥会议上提交了关于环境方面的提案，包括三方面主要内容：保护、核心承诺、公共参与。其中保护具体包括非法采伐、海洋渔业、濒危物种、执行关于植物和野生动物非法贸易的国内法规的义务。核心承诺要求各缔约方遵守其所签署多边环境公约时做出的承诺。公共参与是指允许利益相关者对成员国遵守相关规则情况提出质疑。在环境章节中具有强烈争议的问题在于约束性的争端解决，包括已经和美国签署 FTA 的澳大利亚和智利在内，尽管其与美国的双边协定中包括具有争端解决的环境条款，但也难以接受美国 TPP 环境提案中的义务。因此，美国在推行完全可执行的环境承诺时遭遇 TPP 伙伴的强烈反对，基本处于孤立之中。

（3）投资领域的分歧

近十年来，国际仲裁机构受理的仲裁案件中，关于投资者—东道国争端的数目呈爆炸性增长，其中的焦点问题集中于投资者—东道国争端（Investor State Dispute 简称为 ISD）条款对公共政策的影响问题。在现实冲突中，反对将 ISD 条款纳入到 FTA 中的主要是美国的 FTA 伙伴，最典型的当属澳大利亚。美国—澳大利亚 FTA 于 2005 年已经生效，但是，早在 2004 澳大利亚和美国进行 FTA 谈判时，澳大利亚政府强烈关注 ISD 问题，最终将 ISD 条款排除在美国—澳大利亚 FTA 之外，当然这种结果的取得也是以澳大利亚放弃了要求美国开放食糖市场为条件；在美国高调主导的跨太平洋战略伙伴协定（TPP）谈判中，澳大利亚坚决反对美国将 ISD 条款纳入到 TPP 协定之中。美国政府坚持这一立场是迫于美国的投资者对政府的施压——要求采用更强烈的措辞保证 ISD 通过独立的国际仲裁和司法程序来解决。而澳大利亚的劳工联盟和倡议团体则向政府请愿要求继续阻止美国在这方面的提案。澳大利亚在 ISD 条款方面的强硬立场体现

---

① 包括：《濒危物种国际贸易协定》、《蒙特利尔破坏臭氧层物质管制议定书》、《海洋污染议定书》、《美洲国家热带金枪鱼协定》、《国际湿地公约》、《国际管制捕鲸公约》、《南极海洋生物资源养护条约》。

在其2011年4月12日发布的指导澳大利亚贸易政策的原则声明。其中，声明突出地表示澳大利亚未来的FTA中反对投资者—东道国争端解决条款。①

澳大利亚在TPP谈判中对ISD条款所持的立场，使得投资条款谈判难以协调，试想如果在这一条款上澳大利亚提出保留的话，怎么能要求其他TPP成员不提出保留呢？

（4）国有企业领域的分歧——各方立场和澳美在国有企业领域的博弈

自从2011年1月以来，在美国企业团体和工会的推动下，美国谈判方在TPP谈判中提出针对国有企业实施更严格监管规范的提案。根据2011年2月，新闻界披露了私人部门上书的提案细节，包括一系列条款来确保处于国有企业和私有企业之间的TPP各方政府保持"竞争的中立"地位。这个议题本身对越南和马来西亚带来重大影响，因为国有企业在其国内经济中占有重要地位。除此之外，美国学者克劳德·巴菲尔德②认为国有企业监管规范一旦在TPP成员中实施，也将为中国国有企业树立规范，从这个角度来说，国有企业问题对发展中国家影响深远。

几个国家对美国的国有企业提案尚持观望态度，谈判代表表示还需要在国内分析这一提案，包括提案的实施将如何影响其经济、哪些具体的企业将受到影响等。TPP竞争谈判组于2012年9月7日和8日讨论了国有企业问题。但在9日某美国高级谈判官员在接受美国贸易内幕媒体（Inside U. S. Trade）采访时表示：TPP各方还在讨论美国的提案并暗示一些国家对此尚无反应。"我们正确保TPP各国理解我们的意图，以便它们能对我们的提案做出反应。"美国国内商业代表们一直希望TPP各国对这一议题开始更具实质性的谈判。

美国国有企业提案目前搁置下来的主要原因在于一些TPP国家认为提案将本国更多的国企纳入到管辖范围之内，因此，需要在国内进行广泛咨询以便评估提案实施后的影响。从提案对国有企业范围的界定来看，纳入提案管辖范围的国有企业仅限于中央政府所属企业而不包括地方政府或

---

① Jürgen Kurt, "The Australian Trade Policy Statement on Investor – State Dispute Settlement", *Insights*, Vol. 15, Issue 22, August 2, 2011. American Society of International Law（ASIL）.

② Claude Barfield, "The Trans – Pacific Partnership: A Model for Twenty – First – Century Trade Agreements?" American Enterprise Institute for Public Policy Research, No. 2. June 2011.

州政府所属企业。由于美国很多国企归地方政府或州政府所属，这意味着该提案实际上仅对较少的美国国企产生影响。与之相反，在 TPP 其他国家，虽然一些企业在地方层次经营，但却由中央政府控制，因此这些国家会有更多的国有企业受到美国提案的规范。例如，新加坡提出该提案将次联邦企业剥离出来的做法对其没有任何益处，因为新加坡仅有一个层次政府，因此所有的国有企业均包括在美国提案界定的范围之内。此外，也有些国家在讨论美国国企提案文本时保持沉默，认为美国本身也并不明确其国有企业提案的目的之所在。美国商业集团主张通过 TPP 确保国有企业不从政府处获得补贴或得到监管优待，避免其与私有企业竞争中获得不公平优势。但有些国家想更清楚的了解美国这一提案是否是针对本国某一具体的国企，以便在谈判桌上做出相应的回应。美国政府和商业团体强调提案不针对 TPP 国家某一特定企业，而是寻求建立规范国有企业行为的标准。

在 TPP 的国有企业问题讨论中，澳大利亚原则上支持国有企业规范，但行为上一直拒绝参与对美国提案的实质性谈判。澳大利亚旗帜鲜明地表明了自己的立场，提出了谈判国有企业议题的前提条件。即除非美国答应在农业部门也确立政府补贴和扭曲竞争的规范、实行出口竞争政策，否则就免谈国有企业问题。这些出口竞争政策包括规范农业出口补贴、政府对农业生产者的出口信贷和食品救济方案。也就是说，澳大利亚将美国提出的国有企业规范提案与农业出口竞争问题捆绑在一起，而这又触及了美国的致命之处。特别地，澳大利亚将矛头直指美国商品信贷公司（美国农业部所属专管农业援助计划的分支机构）。这一机构实行的 GSM – 102 出口信贷担保项目，被巴西在 WTO 中争端解决机制中成功起诉，最后裁定为禁止性出口补贴。澳大利亚寻求在 TPP 的最终协定中确保美国商品信贷公司遵循竞争规则，但美国认为其不属于美国提案所界定的国企范围之内。[①]

美国贸易谈判办公室发言人承认国有企业问题的复杂性以及各国持有不同观点，但她确信在后续的讨论中，通过各方共同努力可以找到推进的方向。观察家们通常将澳大利亚的这一立场视为强迫美国回应农业出口竞

---

① Special Report: The Leesburg Negotiations, p. 3. INSIDE U. S. TRADE, www. insidetrade. com, September 19, 2012.

争议题的策略，澳大利亚不论是在 WTO 的多边谈判中还是在其他双边谈判中均坚持把农业出口竞争作为其优先事项。

（5）电子商务领域的分歧

在美国利斯堡举行的第十四轮 TPP 谈判中，电子商务章节的进展比较缓慢。电子商务的主要条款包括数据的自由流动、计算机设施的定位和数据产品的非歧视性。在计算机设施的定位方面，新西兰和美国的提案产生分歧。新西兰担心美国的电子商务提案将阻止成员国要求公司将数据服务器定位在境内，而这将与新西兰政府的立场相背离，因为新西兰的隐私法要求企业的数据要存留于本地服务器中。① 其中最具争议的问题涉及数据的跨境流动问题，这一问题的主要分歧发生在美国和澳大利亚之间。美国在 2011 年 6 月 TPP 第七轮谈判中表明自己的立场，提出美国方案；澳大利亚则是在 2012 年 5 月第十二轮谈判中提出本国方案。在第十三轮谈判中对双方竞争性的提案进行了讨论。在第十四轮谈判中，TPP 各谈判方在 2012 年 9 月 6—8 日对数据的跨境流动问题进行了讨论。如何处理这一问题，澳大利亚和美国的意见难以调和，因为双方提出了完全不同的方案。美国方案建议使用具有约束性的、强制实施的语言来要求 TPP 各方避免阻止互联网数据的跨境传送，但允许存在一定例外；相反，澳大利亚方案建议允许 TPP 国家对数据的自由流动设限，只要这些国家能合理说明这种限制不是变相的贸易壁垒。其余 7 个参与 TPP 谈判的国家中 6 个国家支持澳大利亚的建议，只有一个国家支持美国的建议，谈判形成 7∶2 格局。很多国家认为美国的提案中自由化的步伐太远、太快。另外，多数国家认为美国提案中的例外属于特别狭隘的量身定制，会不适当地限制一国在某领域的政策制定能力。澳大利亚和一些国家都非常担心美国提案会对坚持本国隐私法的能力和对离岸个人数据保护方面带来负面影响。关于隐私保护方面，美国方案包括赋予企业一些选择权来确保其保护需要保护的敏感数据，包括可强制执行的"行为守则"。通常来说，这一方案允许企业采取最佳方式来保护敏感数据，但是这些商业实践将由 TPP 成员国政府以某种方式来完全强制执行。美国提出的可强制执行的"行为守则"概念源于其 2012 年 2 月消费者隐私权保护法案，该法案规定企业自愿签

---

① Special Report: The Leesburg Negotiations, p. 4. INSIDE U. S. TRADE, www. insidetrade. com, September 19, 2012.

署"行为守则"来保护隐私,但是一旦企业做出承诺,则由联邦贸易委员会完全强制执行。澳大利亚认为该"行为守则"不足以满足其现有的隐私法,该法对个人信息境外转移设有严格的条件。另外,在澳大利亚新隐私法草案中,拟进一步强化个人信息境外传送的规则,这也是澳大利亚反对美国的 TPP 数据的跨界流动提案的部分原因。澳大利亚议会准备在年底前通过这一新法案。一些分析家认为澳大利亚在利用其立法草案主导 TPP 谈判。

公共利益集团也在权衡关于数据跨国流动的争议,从创新和科学的利益角度,他们不欢迎阻止分享跨境数据的提案。有民间组织担心对跨境数据流动的限制会变相地加剧对个人医疗信息传送的限制,特别是担心用于癌症和其他疾病研究的模型数据遭到限制。这些研究通常需要来自不同人口、不同地区、大量的数据。因此建议关于数据跨境流动的 TPP 文本应恰当界定信息,不能将对医学和科学研究和创新中有益的数据作为例外而排除。同时,对美国的商业集团而言,数据跨国流动也十分重要。他们希望借助 TPP 协定减少数据交换壁垒和取得通过电子商务平台从事业务的能力从而不需在国外建立商业存在。美国 TPP 谈判中关于数据跨国流动的立场反映了上述集团的利益,但也与其他国家产生了重要分歧。

上述情况表明,一些非贸易问题成为 TPP 谈判的主要争论议题。在 TPP12 个谈判方之间的谈判较之美国与较小国家之间的双边谈判大大增加了难度,可以想象在这种与美国基本上持有共同意愿的国家之间谈判都这样复杂,更难说在 WTO 多边框架下谈判的难度了,因此,多哈回合谈判是否是真正的发展回合谈判,是否能真正地解决发展中国家问题而不是过分强调发达国家的需要,决定谈判的成败,而非贸易问题能否进入谈判议程本身就是主要的争论。

2. 双边自由化的既得利益成为区域和全球多边自由化的阻碍

90 年代以来的区域经济一体化发展中,双边 FTA 的发展成为主流。其中起带头作用的是发达经济体 EU、EFTA 和美国,最积极参与的新兴国家和发展中国家是墨西哥、韩国、新加坡、智利等,这些国家通过与多个国家(经济体)分别达成双边自由贸易协定,而成为"轮轴—辐条"体系中的轮轴国——形成以自我为中心的 FTA 网络。众多国家均建立以自我为中心的 FTA 网络加总起来便形成全球 FTA 网络。随着各国 FTA 网络的强化,全球 FTA 网络化发展呈动态性变化,与世界多边贸易体制和各国外贸政策产生互动。这种双边 FTA 呈现出的网络化发展对多边贸易体制有可能形成阻碍，其中的轮轴国作为既得利益者在不同的自由化动态路径中具有不同的地位。

Mukunoki 和 Tachi（2005）分析了一个发生产业内贸易的三国重叠 FTA 扩张模型，该论文首次从动态路径的角度研究了形成 FTA 的动机和对多边贸易自由化的影响。

在 FTA 中，各成员方可自行独立地确定本国对外关税。因此，每一个成员无须其他成员允许，可以自由选择与区外国家形成 FTA。

例如：A 国是 A - B FTA 的成员，但与区外的 C 国形成一个新的 A - C FTA，则一个"轮轴—辐条"结构形成，其中，A 国是轮轴国而 B、C 是辐条国。但在一个关税同盟中，成员必须确定共同外部关税（CET），所以关税同盟的扩张方式只能通过增加新成员资格的方式来扩张，即非成员国的同时参与。

图 1—3 表示各国福利水平与和一个可能的动态（时间）路径之间的关系。其中用 WH、W1、WN、WS、W0 来表示作为轮轴国、单一自由贸易安排的伙伴国、没有任何协定时的各国、辐条国和被排除单一协定之外第三国家的在不同时点福利水平。

首先，假设起初三国没有任何协定，三国的福利水平均处于 WN，比较当 A、B 两国形成 FTA 时，三国的福利变化。由于 A、B 两国形成 FTA，使两成员国的福利水平从 WN 上升到 W1，而被排除在外的第三国即 C 国的福利水平恶化，从 WN 下降到 W0。因为在集团内市场 C 国遭遇了歧视性的竞争，降低了 C 国企业的利润，而在国内，由于市场的分割，消费者剩余和关税收益却不变。

其次，我们进一步考虑上述 FTA 扩张为全球自由贸易的动机。第一可以确定的是，全球自由贸易是优于完全没有协定的情况，如图三国的福利水平均为 WF 和 WN，显然前者高于后者。即贸易自由化增加了各国消费者剩余和在外国的利润，但减少了财政收入和生产者在国内的利润。二者抵消后利大于弊。第二，当存在一个 FTA 的情况时，结论与第一种情况大不相同。显然，外部的第三国 C 愿意加入集团，因为对于 C 国来说，其福利水平在没有协定、被协定排除在外、和加入协定的三种情况下分别为 WN、W0、WF。另一方面，内部国家是否愿意形成多边协定还取决于初始关税的高低。如果三国的初始关税是高的，我们能确定 WF、≥ W1，

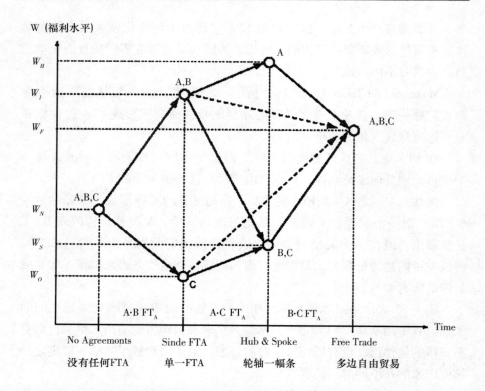

图1—3　贸易自由化扩张的动态（时间）路径与福利

这时贸易的扩张方式将采取增加新成员方式，但其结果是达到多边自由贸易。第三，我们专门探讨"轮轴—辐条"结构情况。如果外部的第三国不是加入现存的 FTA，而是与其中的一个成员（如 A 国）形成了 FTA，则"轮轴—辐条"结构形成。即 A 国成为轮轴国，而 B、C 国成为辐条国，且各个 FTA 为了防止贸易转向均设立了原产地规则。由于轮轴国处于有利地位，即可以自由进入 B、C 国市场，其福利水平从 W1 增加到 WH、；而原成员国 B 现沦为辐条国，导致福利水平从 W1 下降到 WS；但原来的第三国 C 成为辐条国，其福利水平从 W0 增加到 WS。所以，"轮轴—辐条"结构有利于轮轴国，由于其强势地位，虽然保护关税的废除减少了企业在国内的利润和本国的关税收入，但它增加了消费者剩余和在自由进入新伙伴国的收益，且收益大于成本。新的伙伴国 C 也愿意形成"轮轴—辐条"结构，因为在轮轴国市场获得的利润和消费者剩余的增加将超过本国市场开放的损失和关税收入的减少。但是 B 国将忍受其伙伴国市场遭受其他辐条国的分摊减少收益，所以，"轮轴—辐条"结构使 B 国成为牺牲品。作为 B 国唯一的反应是建立辐条国与辐条国之间的自由贸易协定。

通过上述分析可以得出以下结论：

第一，作为轮轴国的 A 国，选择不同的贸易自由化路径，其福利水平不同。与多边自由化相比、单一 FTA 和没有任何 FTA 相比，"轮轴—辐条"结构下，A 国的福利水平最高。福利水平最低的情况是没有任何 FTA。

第二，作为辐条国的 B 国，选择不同的贸易自由化路径，其福利水平也不同。与多边自由化相比、单一 FTA 和没有任何 FTA 相比，"轮轴—辐条"结构下，B 国的福利水平最低（甚至低于世界没有任何 FTA 的情况）。福利水平最高的情况是单一的 A – B FTA 情况，多边自由化的情况次之。

第三，作为区外国家的 C 国，不同的贸易自由化路径，其福利水平也不同。与单一 A – B FTA、没有任何 FTA 和"轮轴—辐条"结构相比，多边自由化条件下 B 国的福利水平最高。福利水平最低的情况是 C 国被排斥在外的单一 A – B FTA 的情况，"轮轴—辐条"结构的情况次之。

上述结论表明："轮轴—辐条"体系对轮轴国最有利，因此，轮轴国会不断强化其轮轴国地位，纷纷与其他区外国家建立 FTA，而不是以扩大原有 FTA 的方式。由于在这种结构下其福利水平高于全球自由贸易时的福利水平，因而，理论上来说，轮轴国可能会成为多边贸易自由化的障碍，而寻求双边 FTA。

3. 非贸易条款范围的扩大和标准的严格超越发展中大国接受的底线

由发达大国（经济体）主导的南北型 FTA 均包括越来越多的非贸易条款，其中很多非贸易条款涉及发展问题，有可能损害发展中国家一些关键部门的利益，限制发展中国家政府政策的制定空间。比如在市场准入方面，对于发展中国家具有竞争力的产业通常会面临发达国家对敏感产业的保护，使得发展中国家难以利用自由贸易政策的好处，在服务贸易方面，南北型自由贸易协定为加大服务市场开放程度，通常采用负面清单方式，加大发展中国家开放市场的压力；在知识产权方面，发达国家通过 FTA 加强知识产权保护的强度和范围，取消或降低 WTO 框架下《与贸易有关的知识产权》的灵活性，迫使发展中国家制定更高程度的知识产权保护标准；在投资方面，发展中国家政府对向投资者开放的行业受到 FTA 投资条款的限制，降低了发展中国家对外资的限制，当发生投资者与东道国的争端时，东道国被投资者起诉到国际仲裁机构，成为国际被告。在政府采购条款和竞争条款以及环保和劳工条款降低了发展中国家政府对本国政策使用的空间。如果说对于一些较小的发展中国家来说，可以同意用本国政策空间的减损来换取先行进入发达大国市场的利益，但是对于大型发展中国家来说，尚不能盲目附和。可以看到巴西和印度在与美国和欧盟的自由贸易谈判中坚守的立场和底线。中国作为最大的发展中国家，在贸易谈判中，具有自身的利益原则。不会单纯为换取大国的市场准入，在自由贸易谈判中任由非贸易问题规则的过度扩大和深化，因此，如何根据本国的国情，结合国际规则发展趋势，在国际规则制定的过程中，充当合理的角色，维护本国的利益，平衡发达国家和发展中国家之间的矛盾，推动国际贸易和投资进一步发展，是需要进一步研究的课题。中国应组织研究力量，合理架构非贸易问题的可接受范围和底线，积极应对非贸易条款扩大和深化的趋势，对每一个条款的利害关系进行深入研究，为中国更深程度融入全球化，保证国家利益最大化做出合理安排。

七　中国在 FTA 战略推行中处理非贸易问题的策略

（一）中国—新西兰 FTA 中的处理非贸易问题

2008 年 4 月 7 日，《中华人民共和国政府与新西兰政府自由贸易协定》在两国总理的见证下正式签署。这是中国与发达国家签署的第一个自由贸易协定。与中国—东盟 FTA 相比，该协定在谈判模式，覆盖领域和承诺的深度方面都有着很大的区别

1. 中国—新西兰 FTA 是一个综合性协定

中国—东盟自贸区是我国对外商谈的第一个自贸区，也是东盟作为整体对外商谈的第一个自贸区。中国—东盟 FTA 虽然强调"协定将包括货物贸易、服务贸易、投资三个方面"，但都是采取分项逐渐谈判的方式进行的。因此，从谈判模式来看，是属于分项式逐渐谈判模式。具体而言，中国—东盟 FTA 的谈判经历了分领域、分阶段的谈判。从早期收获谈判，到货物贸易自由化谈判，再到服务贸易自由化谈判，再进行投资自由化谈

判。2002 年中国与东盟启动了自贸区的谈判，2003 年"早期收获计划"正式实施，2004 年签署了《货物贸易协议》，2007 年签署了《服务贸易协议》。2009 年初 8 月《投资协议》的签署标志着双方成功地完成了中国—东盟自贸区协议的主要谈判，中国—东盟自贸区在 2010 年全面建成。而中国—新西兰 FTA 是中国与其他国家签署的第一个涵盖货物贸易、服务贸易、投资等多个领域的综合性自由贸易协定。该协定已于 2008 年 10 月1 日开始生效。因此，中国—新西兰 FTA 的达成标志着中国 FTA 谈判趋于成熟，中国的 FTA 协定的模式已经基本上与国际上典型的综合型自由贸易协定模式接轨。

2. 中国—新西兰 FTA 的非贸易议题覆盖范围

中国—新西兰 FTA 总计 214 条，分为 18 章，即：初始条款、总定义、货物贸易、原产地规则及操作程序、海关程序与合作、贸易救济、卫生与植物卫生措施、技术性贸易壁垒、服务贸易、自然人移动、投资、知识产权、透明度、合作、管理与机制条款、争端解决、例外、最后条款。从中国—新西兰 FTA 的非贸易议题覆盖范围来看，其内容已经远远超过了中国—东盟 FTA 的非贸易议题范围。中国—新西兰 FTA 区别于中国此前的 FTA 的特别之处，是在一个文件中同时包括了货物贸易、服务贸易、投资三个方面的内容。同时协定还用专门的章节对自然人流动、知识产权进行规范，这是以前协定所未涉及的。该协定的另一个特别之处在于协定的"合作"章节，合作中规定了双方为加强劳动和环境问题上的交流与合作，签订了《环境合作协定》、《劳动合作谅解备忘录》。通过比较可以看出，中国—新西兰 FTA 覆盖议题广泛，是中国在自由贸易协定中重视在非贸易问题方面的对外合作的标志。尽管如此，在竞争政策和政府采购等方面，中国—新西兰 FTA 中尚未包括。

上述中国 FTA 实践的发展表明，中国在自由贸易区建设方面，正在融入深度一体化的趋势之中，已经将越来越多的非贸易议题纳入到 FTA协定中。然而，中国—新西兰 FTA 的非贸易议题覆盖范围与美国新近签署和正在谈判的自由贸易协定中所包括的非贸易议题范围相比，尚有差距。众所周知，美国正在谈判的 TPP 协定是一个以高标准、宽范围而著称的新一代贸易规则，TPP 谈判纳入的非贸易议题范围是迄今为止最广泛的协定。

3. 中国—新西兰 FTA 的非贸易议题承诺深度

尽管中国—新西兰 FTA 的非贸易议题的覆盖范围广泛，但在承诺深度方面中国采取了有选择的审慎。以下分别从服务自由化、投资等几个方面进行分析。

（1）服务自由化方面的承诺

中国—新西兰 FTA 的服务条款对一些部门做出了高于 WTO 的承诺。具体体现在以下四个方面：第一，市场准入限制方面的放松。如航空器的维修服务和货物运输代理服务部门降低了资格条件；第二，增加了商业存在的形式。如计算机及其相关服务和环境服务部门允许设立外资独资公司；第三，新增加了一些行业的市场准入。包括与管理咨询相关的服务、体育和其他娱乐服务、机动车的维修服务等，在教育服务方面提出了促进新西兰教育服务进入中国市场的新措施。此外，与中国在 WTO 和中国—东盟 FTA 中对于自然人流动的限制不同，中国—新西兰 FTA 中制定了关于"自由人临时入境承诺"的独立一章，以促进自然人的自由流动。在第 130 条"临时雇佣入境的准予"条款下，新西兰在几个具体职业的自然人临时雇佣入境方面做出了承诺。

需要注意的是，中国—新西兰 FTA 服务部门开放模式采取的正面清单开放模式。即清单中只列出开放的部门，从而确保了中国服务贸易开放政策的可控性。同时，服务贸易条款不包括政府采购，保留政府采购促进发展的宏观调控工具的可能。另外，中国—新西兰 FTA 服务贸易方面增加了最惠国待遇条款，规定双方应依据其中所列条件和资格，对涉及服务提供的所有措施，给予另一方服务和服务提供者的待遇，不低于其给予第三国同类服务和服务提供者的待遇。最惠国待遇条款保证了新西兰以后在服务贸易方面给予其他国家的优惠将自动给予中国，保证了中国在新西兰市场的未来竞争优势。

（2）投资方面的承诺

中国和新西兰双方在 1989 年签订了双边投资协定，在中国—新西兰 FTA 章节中，对投资方面加强了承诺。其主要表现如下：

第一，更加宽泛的投资定义。投资包括一方投资者在另一方境内直接或间接投资的各种资产。该协定的投资定义新增了两类投资行为，即"包括政府发行的债券在内的债券、信用债券、贷款及其他形式的债以及由此衍生出来的权利、法律或合同授予的权利，以及依据法律特许及许可授予的权利"。

第二，给予对方投资者准入前和准入后的最惠国待遇以及投资准入后的国民待遇。

第三，征用条件和补偿标准进行详细规定。

第四，对投资者—国家争端解决机制进行详细的规定。增加了对投资者的投资利益保护。

（3）环境保护与劳动合作

中国—新西兰 FTA 中的第四章"合作"第 177 条规定，双方应通过《劳动合作谅解备忘录》《环境合作协定》加强双方在劳动和环保方面的合作与交流。在 FTA 中包括环境协定的优势在于，可以使参与国的贸易政策和环境政策相互促进。中国—新西兰 FTA 的《环境合作协定》以促进双方可持续发展为基本目标，强调在尊重各自国家制定的环境法规的基础上加强双边环境合作。中国—新西兰 FTA 的《劳动合作谅解备忘录》强调双方就尊重各自制定、管理和实施劳动法规的权力，不得用劳动法规来达到贸易保护的目的，不得通过削弱对劳动者的保护来促进贸易和投资。上述两份附加协定强调对贸易投资、环境与劳动保护问题协调考虑，加强全面的合作。这比单独制定贸易投资政策和环境劳动合作政策更有利，可以在可持续发展的总目标下促进双边经贸合作。

（4）知识产权方面的承诺

中国—新西兰 FTA 中的知识产权条款以增进合作为基本原则，保留《与贸易有关的知识产权协议》中的灵活性，没有制定更高的知识产权保护标准，强调在权利人与被保护标的相关用户群体的合法权益间实现平衡。

此外，中国—新西兰 FTA 没有强调竞争条款，没有将中国制定竞争法案作为签订自由贸易协定的强制性要求。

虽然中国—新西兰 FTA 首次包括了一些非贸易条款（如劳工和环境合作条款），并深化了一些服务和投资方面的自由化承诺，但是在竞争政策和知识产权方面还基本上保持各国在 WTO 中的承诺和国内政策现状。总体上而言，中国—新西兰 FTA 是一个双方利益相对平衡的协定。虽然该协定是中国签署的第一个南北型 FTA，但是与传统的北方大国所主导的北南型 FTA 不同，中国是属于最大的发展中国家，而新西兰是属于北方国家中的小国，因此该协定中没有南北型协定的主导和附属关系。中国属于发展中国家，但是拥有广大的市场，新西兰对中国的大市场有所依赖；而新西兰虽然是发达国家，但其本身的市场规模较小，对中国经济的影响力远远小于美国、欧盟、日本、澳大利亚等发达国家。因此双方的谈判不像其他的南北型协定那样，发展中国家对发达国家做出了过多的让步。中国与新西兰的谈判实力相当，因此该协定建立在双方具有比较平等的经济基础之上。

总之，通过对中国第一个南北型 FTA——中国—新西兰 FTA 内容的分析可以发现：中国参与的区域一体化已经呈现出将非贸易问题逐渐纳入到自由贸易协定中的发展趋势。这种趋势是谈判伙伴国传递的结果，也是中国自身顺应全球一体化发展趋势的结果。

（二）　中国在未来 FTA 实践中应对非贸易问题的策略

目前，在中国所签署的 12 个 FTA 中所涉及的非贸易议题还非常有限。一些与贸易和投资相关的新议题还没有纳入到中国的自由贸易协定中。这种现象说明在一些非贸易问题上，中国还缺乏必要的顶层设计，未能将这些问题体现在国家整体的发展规划中，也未能在政府的立法部门和执法部门之间进行统筹和协调。

中国作为最大的发展中国家，对于一些国际新规则的引入，存在着两方面的担忧：是否会损害中国的贸易竞争力？是否会减损中国国内产业保护和公共政策的行使空间？目前来看，中国正以积极的姿态迎接国际贸易和投资规则中的新问题带来的挑战。中央政府陆续推出中国贸易和投资规则改革的新举措，包括：第十八届三中全会报告中将贸易便利化（海关监管、检验检疫）、环境保护、投资保护、政府采购、电子商务等议题作为优先改革与谈判的领域；建立不久的中国（上海）自由贸易试验区已在外商投资管理体制改革、金融服务业全面开放改革、货物监管模式改革、行政管理体制改革等敏感和核心领域进行创新突破；中美双边投资协定谈判取得突破性进展，中国同意以准入前国民待遇和负面清单为基础与美国进行谈判，中国在上海自贸区成立后随即公布了第一版的负面清单，目前双方已进入实质性谈判。当前，美国等发达国家在 TPP 和 TTIP 谈判中大力倡导"新一代"贸易政策，力图打造 FTA 的新"范本"，从而主导全球贸易与投资治理的新规则。在这种形势下，中国政府在应对 FTA 中的非贸易问题方面应予以足够的重视。

1. 为应对 FTA 中非贸易问题的挑战，中国应首先调整立场与策略。具体而言，应逐步理解与接纳现代高标准与高质量的贸易与投资政策体系的先进理念，在全球贸易投资新格局下，在全球价值链和可持续发展的新型贸易投资体制下重新审视与评估非贸易问题对国家利益的影响，权衡各方面得失，将 FTA 非贸易问题谈判和新规则的纳入作为深化与加速国内"深水区"经济改革与新时期开放的催化剂与撬动杠杆，分析与确立在非贸易问题谈判中的攻势利益与守势利益，有效保留合理的监管权力，并使权利与义务平衡。

2. 对于在本国的 FTA 中已被普遍接受和认可的非贸易问题，中国可以进一步将其推广，并纳入新的 FTA 模板中。对于一定程度上已受到认可但仍在探索的一些非贸易问题条款，中国可以通过设立改革试验区和时间表的方式逐步加以吸纳与实施。对于国有企业、竞争政策、知识产权、劳工标准，环保标准等问题可以先在 FTA 谈判中做出非约束性承诺，然后再逐步严格实施，从而促进公平竞争和要素的自然流动，并克服国内规制的政策壁垒。对于资本流动等敏感性条款，则应坚持审慎的态度，在分析研究的基础上进行有管理的渐进有序的开放，并能够保障本国的核心利益。

3. 对于协定中未涉及非贸易问题，中国需进一步展开评估，明确本国对于此类贸易新规则的核心利益诉求，把握各个条款的深层次内涵。中国应主动发掘自身的利益，在 FTAs 谈判中敢于提出自己的要求，维护协定中权利和义务的平衡。例如，中国可在谈判中适时适当提出反倾销规则、自然人流动、电子商务、对外投资保护等有利于本国经济发展的新议题。同时争取更多的技术援助、合作与转让，加强能力建设，分享深层次一体化的成果。同时，对于不同的谈判对象采取不同的灵活态度，构建利益同盟与集团，最大限度争取本国的政治与商业利益。

4. 将中国在 FTA 中的非贸易问题的承诺与国内经济改革和经济结构调整相结合，通过 FTA 中的投资和服务自由化的承诺，促进服务业的发展，加速中国产业结构的优化和调整步伐。同时，与 FTA 伙伴国在投资、竞争、知识产权、环境和劳动保护等多个领域的合作，对中国来说既是挑战也是机遇，中国应合理把握。

由于自由贸易协定数目繁多，每个自由贸易协定内容是根据各缔约方的谈判实力、相互之间的敏感问题和国内外政治经济博弈而达成的，因此，可以说，大多数协定在很多非贸易问题方面都是量身定制的。为了对这些非贸易问题进行深入研究，以下对中国在 FTA 谈判中具体应对环境、劳工、知识产权、投资、竞争政策非贸易问题的对策分别进行分析。

第二部分　分论

一　中国应对 FTA 中劳工标准问题的对策

自 20 世纪 90 年代以后，全球化浪潮对劳工造成的负面影响日益增多。国际社会开始重视和关注劳工权益问题，一些国际或非政府组织（NGO）［比如：国际劳工组织（ILO）、世界贸易组织（WTO）和美国产联—劳联（AFL－CIO）］主要从国际劳工标准的角度来达到维护劳工权益的目的。WTO 多哈回合谈判中发达国家主张将国际劳工标准纳入国际贸易体系中，即在国际贸易和投资协定中写入劳工标准条款，并要求国际劳工标准在实施方面应该具有和世界贸易组织一样的权威性和强制性。由于 WTO 成员国利益难以调和，WTO 谈判陷入僵局，劳工标准纳入国际贸易体系注定无果，主要发达国家便转变策略，加快了在双边或区域自由贸易区的谈判，通过签署自由贸易协定，在双边或区域自由贸易协定中推行劳工标准条款。

那么，WTO 谈判中关于劳工标准引入国际贸易体系的争论焦点是什么？发达国家在双边或区域自由贸易协定中纳入劳工标准的发展现状如何？不同国家的自由贸易协定中呈现出怎样不同的劳工标准格局？作为美国打造高标准劳工条款的工具，TPP 谈判中劳工条款的高标准设计和主要争议是什么？中国作为最大的发展中国家，最大的出口国，劳工标准问题不仅对中国的竞争优势产生影响也关系中国在国际劳工标准规则制定中的立场和应对策略的选择，中国 FTA 实践中劳工标准呈现怎样的现状？以及中国怎样应对上述发展趋势？为系统地回答上述问题，本部分首先论证了国际贸易与劳工标准挂钩的现状，接着以美国、加拿大、欧盟为例，以比较分析的方式，具体阐述了各国自由贸易协定中劳工条款的强化发展趋势，在此基础上，重点论述了 TPP 谈判中劳工条款的高标准及其争议，最后分析中国 FTA 实践中的劳工标准现状以及中国的应对之策。

（一）自由贸易协定中纳入劳工条款已经渐成趋势

1. 国际贸易与劳工标准问题挂钩的讨论

（1）核心劳工标准的含义

国际劳工标准（ILS），一般是指国际劳工组织（ILO）公布的 188 项国际劳工公约和 199 项建议书为核心，以及其他达成的国际协议组成的完备系统，用以处理全球范围内劳工事务和与之相关联的各种社会关系的原则、规范和准则。其内容主要分为政治性和经济性两大类。前者只涉及劳工权益保护问题和劳工标准核心条款，如结社自由、禁止和废除强迫劳动、就业歧视、同工同酬、童工问题等；后者主要包括关于劳工的工资水平、工作条件和工作时间等反映与国际贸易经济利益相关的具体标准。国际劳工标准（ILS）是由国际劳工组织（ILO）确定并公布的国际劳工权益的最低标准，该标准具有一定的权威性和代表性。其中，核心内容包括：结社自由和有效承认集体谈判权利；消除一切形式的强迫或强制劳动；有效废除童工以及消除就业与职业歧视，以上四项条款也就是所谓的"核心劳工标准"。

（2）发达国家未能将劳工标准问题纳入到 WTO 框架

伴随经济全球化和贸易自由化进程的推进，由此产生一个重要结果是劳动力全球化。全球 70 多亿人口加入到全球化进程中，发达国家和发展中国家之间劳动力成本存在自然差异，特别是发达国家 10 亿人口面临严峻的就业压力，劳工权益问题越来越突出。在国际贸易领域，特别是在 GATT/WTO 法律框架下，发达国家主张将劳工标准与国际贸易建立联系，纳入 WTO 的谈判范畴，主要表现为 1996 年新加坡首届 WTO 部长宣言列入了社会条款的"核心劳工标准"，该宣言宣称：WTO 部分成员国承诺遵守国际公认的"核心劳工标准"，事实上，该主张遭到发展中国家的强烈反对，此后的 WTO 部长级会议均未再提及劳工问题。直到 2001 年召开的多哈部长级会议上，WTO 才重申了在新加坡部长级会议上达成的关于国际核心劳工标准问题的宣言，并且提及注意到国际劳工组织正在进行的关于全球化的社会影响的工作。实际上，此种表述是把劳工问题排除在了多哈回合谈判进程之外（陈志阳，2012）。尽管如此，关于劳工标准问题是否应该与国际贸易挂钩的大讨论在国际社会全面展开。

（3）关于劳工标准与国际贸易挂钩的争论

该问题讨论的焦点在于国际贸易与劳工标准之间的联系问题以及发达国家和发展中国家对该问题持有的态度。对于前者一种观点认为国际贸易与国际劳工标准之间没有必然联系，两者没有理由挂钩（经济合作与发展组织，2000）；由于各个国家自主选择劳工标准是一种最优的结果，因而就不存在社会倾销，没有必要进行统一管制，各国在劳工标准上的竞争将最终实现劳工标准的趋同（周鹏，2004），另一种观点认为国际贸易对进出口国家的劳工权益有重大影响，应该在自由贸易协定和投资协定中写入劳工标准条款（Kimberly Ann Elliott and Richard B，Freeman，2003）。对于后者发达国家认为发展中国家具有劳动力成本优势，源于执行过于宽松的劳工标准，表现为工人不享有结社自由、集体谈判力量薄弱、工资水平较低、生活和劳动环境未能得到有效保障。由此形成的出口产品竞争优势属于不公平竞争，构成劳动力倾销，也就是所谓的社会倾销（social dumping）。为此发达国家支持将国际贸易与劳工标准挂钩，对来自于发展中国家劳动密集型产品采取贸易限制措施。发展中国家认为一国经济的比较优势源于它的要素禀赋，根据生产要素禀赋理论，劳动要素相对充裕的国家，在劳动密集型产品的生产上具有比较优势。在技术水平相对落后的发展中国家一般具有廉价劳动力资源，因此，劳动力成本优势是发展中国家的比较优势，正如发达国家较高的劳动生产率一样。发展中国家并不反对劳工标准，增加劳工福利，这些都是各国经济发展的目的。但是，发达国家采取各种形式将国际贸易与劳工标准挂钩，不顾南北国家巨大差距，强力推行统一的劳工标准，其目的是削弱发展中国家的劳动力比较优势，降低发展中国家出口产品的国际竞争力。实质上是发达国家制造的一种新的国际贸易壁垒，即"蓝色贸易壁垒"。把劳工标准与国际贸易挂钩，属于新的贸易保护主义，将阻碍世界经济特别是发展中国家经济的发展，为此发展中国家反对将国际贸易与劳工标准挂钩。

2. 自由贸易协定中纳入劳工条款的趋势现状

虽然在国际贸易与劳工标准问题上发达国家和发展中国家存在明显的分歧，且主要发达国家未能成功将其纳入到 WTO 新一轮谈判之中，但是主要发达国家另辟蹊径，将多边谈判未能推动的劳工标准议题拿到双边和区域贸易协定的谈判桌上，并成功说服其自由贸易协定伙伴国，将劳工标

准条款纳入到区域和双边自由贸易协定中。自从北美自由贸易协定
（NAFTA）成功将劳工标准条款纳入协定以来，全球范围内越来越多的贸
易协定中包括了劳工标准条款，并逐渐形成一种新的趋势。

国际劳工组织一份新的报告表明：在过去 20 年，包括劳工条款的贸
易协定的数量在显著增加，统计数字显示：1995 年仅有 4 个自由贸易协
定纳入劳工条款，2005 年则上升到 21 个，2011 年则达到 47 个，到 2013
年 6 月，包含劳工条款的 58 个协定正式生效，在总计 248 个贸易协定中
比重超过 1/4。① 自由贸易协定的社会角度报告表明：自 20 世纪 90 年代
中期，涵盖"有关劳工标准"的贸易协定的数量大幅度增长，包括更多
的发展中国家之间的"南南协定"。这些贸易协定包含最低工作条件，国
家劳动法律的实施，以及监控和执行劳工标准的条款。国际劳工组织劳工
问题研究所主任雷蒙德·托雷斯说："在越来越多的贸易协定中纳入尊重
劳工标准的条款是人们日益认识到贸易自由化重要性的一种体现，应该在
就业和社会方面携手前进。"②

（二）自由贸易协定中强化劳工标准的发展趋势

1. 美国 FTA 中劳工标准强化趋势

目前，美国签署了 14 个正式生效的双边或区域自由贸易协定，③ 其
中包含劳工条款的自由贸易协定有 13④ 个，除北美自由贸易协定（NAF-
TA）以劳动合作协定形式纳入劳工条款，其余的 12 个双边自由贸易协定
均在正文中直接纳入劳工条款。

---

① 数据来源：http: //www. adsalecprj. com/Publicity/MarketNews/lang – eng/article –
67009236/Printing. aspx, lasted visited April 15, 2014。

② 同上。

③ 数据来源：美国贸易代表办公室网站（http: //www. ustr. gov/trade – agreements/free –
trade – agreements）lasted visited April 15, 2014, 14 个双边或区域 FTA 包括美国—以色列 FTA
（1985 年生效）、北美自由贸易区协定（1994 年生效）、美国—约旦 FTA（2001 年生效）、美国—
智利 FTA（2004 年生效）、美国—新加坡 FTA（2004 年生效）、美国—澳大利亚 FTA（2005 年生
效）、美国—摩洛哥 FTA（2006 年生效）、美国—巴林 FTA（2006 年生效）、美国—阿曼 FTA
（2009 年生效）、多米尼加—中美洲五国—美国 FTA（CAFTA—DR）（2006—2009 年生效）、美
国—秘鲁 FTA（2009 年生效）、美国—哥伦比亚 FTA（2012 年生效）、美国—巴拿马 FTA（2012
年生效）以及美国—韩国 FTA（2012 年生效）。

④ 数据来源：美国贸易代表办公室网站（http: //www. ustr. gov/trade – agreements/free –
trade – agreements）lasted visited April 15, 2014, 14 个双边或区域 FTA 中除美国—以色列 FTA
（1985 年生效）不包含劳工条款外，其余均包含劳工条款。

（1）美国 FTA 中劳工条款的最初形式

作为全球首个明确涉及劳工标准条款的自由贸易协定——北美自由贸易协定（NAFTA），其辅助协议《北美劳工合作协议》（NAALC）也是首次明确涉及劳工权益的贸易协议，对处理贸易与劳工标准问题作出相对详尽的规定。该协定列出 3 方签署国（美国、加拿大、墨西哥）要致力于提高的 11 项"劳工原则"，即结社自由和保护组织权、集体谈判的权利、罢工的权利、废除强迫劳动、废除童工、最低工资、工作时间和其他劳动标准、消除歧视、同工同酬、职业安全与卫生、工人的各种补偿；保护流动工人。该协议建立相对完善的争端解决机制，明确提出通过贸易制裁来保证协定义务的履行，由此可见，该协议已具备了准司法的功能。

自 NAFTA 之后，美国签署的自由贸易协定中写入劳工条款均体现组织机构、争端解决机制、制裁方式以及合作形式上与贸易或投资条款的一致性安排。同时，在 NAFTA 之后，美国自由贸易协定的演进大致分为两个阶段，以 2007 年美国新贸易政策[①]为分界点，新贸易政策实施之前，美国共签署包括美国—约旦 FTA 在内的 8 个 FTA，[②] 均遵循美国—约旦 FTA 模型。2000 年美国—约旦 FTA 中的劳工条款，首次写入自由贸易协定正文，而不是作为附件的形式。两国重申《国际劳工组织关于工作中基本原则和权利宣言及后续措施》，以及有效实施劳动法，以促进两国贸易，协定还写入最低工资、工作时间、职业安全与健康等劳工条款，这些条款都超越国际劳工组织的核心劳工标准。

（2）美国 FTA 中劳工标准的强化

在新贸易政策实施之后，美国—秘鲁 FTA 是按照该贸易政策签署的第一个包含劳工标准的 FTA，此后签署了美国—哥伦比亚 FTA、美国—巴拿马 FTA、美国—韩国 FTA 三个双边自由贸易协定。

---

① 2007 年 5 月 10 日，美国两党协议达成的新贸易政策要求美国此后谈判的所有 FTA 都必须纳入四个方面的劳工标准：缔约双方应在其法律、规则和实践中规范并维持国际劳动组织关于工作权利和原则的宣言；缔约双方不降低要求，即不得为鼓励贸易或投资而降低国内劳工标准；应该合理行使缔约双方在起诉和强制执行优先项目方面的自由裁量权；劳工问题和贸易问题适用同样的争端解决程序。

② 包括美国—约旦 FTA（2001 年生效）、美国—智利 FTA（2004 年生效）、美国—新加坡 FTA（2004 年生效）、美国—澳大利亚 FTA（2005 年生效）、美国—摩洛哥 FTA（2006 年生效）、美国—巴林 FTA（2006 年生效）、美国—阿曼 FTA（2009 年生效）、多米尼加—中美洲五国—美国 FTA（CAFTA—DR）（2006—2009 年生效）。

以美国—秘鲁 FTA 中的劳工条款①为例，从劳工标准范围、保护水平、国内实施义务、争端解决机制、制裁方式以及合作方式 6 个方面重点探讨美国自由贸易协定中的劳工条款（参见表 2—1）。

表 2—1　　　　　　　　　　**美国—秘鲁 FTA 中的劳工条款②**

劳工标准范围	承诺遵守 1998 年 ILO 关于劳动权利和原则的宣言（以下简称《宣言》）；国内劳动法应当规定《宣言》中 4 项核心劳工标准、最低工资、工作时间以及职业安全与卫生方面的工作条件
保护水平	不降低要求，即不得为鼓励贸易或投资而降低国内劳工标准
国内实施义务	缔约双方不得为了影响贸易，通过持续、反复的行动或不行动，以致不能有效实施国内劳动法；在遵守善意原则基础上，允许缔约国拥有合理的优先项目自由裁量权；缔约国不得以强制执行资源分配为由，拒绝遵守本章条款
争端解决机制	程序方面：从国家之间不同级别的磋商到依协定设立的专家组审查，同时，提交专家组解决的劳工问题没有条件要求； 场所选择方面：允许选择本协定争端解决机构或 WTO 争端解决机构
制裁方式	采取贸易制裁和金钱制裁结合方式确保缔约国强制执行国内劳动法，金钱制裁，即执行货币评估③或年度货币评估，相当于处以罚金，若被申诉方未按照裁定支付货币评估，则申诉方可直接适用贸易制裁；贸易制裁，即中止贸易减让
合作方式	合作形式：包括技术援助、联合研究项目、研讨会和专题培训会议等； 实施要求：缔约方必须采取一切适当的方式开展合作活动

①　原因是：美国—秘鲁 FTA 是按照该贸易政策签署的第一个包含劳工标准的 FTA，此后签署的美国—哥伦比亚 FTA、美国—巴拿马 FTA、美国—韩国 FTA 中的劳工标准基本复制该协定。

②　详见美国—秘鲁 FTA 第 17 条款（labor）。

③　执行货币评估（monetary enforcement assessment）最早见于美国与墨西哥和加拿大签订的劳动合作协定附件 39 第 1 条，因为以年为单位支付所以在美国与智利、新加坡、澳大利亚等签订的 RTA 中又称为年度货币评估（annual monetary assessment），指的是专家组综合考虑"缔约方依协议对被申诉方强制实施其国内劳动法的合理期待"，"被申诉方未能强制实施其国内劳动法持续的时间长度"等因素后评估出来的被申诉方每年在强制实施劳动标准方面应该支付的一笔费用。详见郑丽珍《TPP 谈判中的劳动标准问题》，载《国际经贸探索》2013 年第 9 期，第 115 页。

从美国—约旦 FTA 到美国—秘鲁 FTA 中的劳工条款约束力的演进中可以看出：美国 FTA 中的劳工条款已经比较完善，在处理劳工标准问题上的经验已经比较成熟。特别是美国新贸易政策的实施，为以后的美国FTA 中劳工条款设置了底线，将会一步步抬高美国的劳工标准。目前，美国主导的 TPP 谈判中高标准的劳工条款就反映了这一论断。

2. 加拿大 FTA 中劳工条款的强化趋势

包括北美自由贸易区协定（NAFTA）在内，加拿大共签署了 10① 个正式生效的双边或区域自由贸易协定，其中有 8② 个自由贸易协定包含劳工条款，加拿大自由贸易协定中纳入劳工条款的方式与北美自由贸易协定（NAFTA）类似，均是以劳动合作协定形式纳入劳工条款。

以加拿大—智利 FTA③ 和加拿大—秘鲁 FTA④ 中的劳工条款为例，从劳工标准范围、保护水平、国内实施义务、争端解决机制、制裁方式以及合作方式 6 个方面重点探讨加拿大自由贸易协定中的劳工条款的演变（参见表 2—2）。

从加拿大第一个签署的加拿大—智利 FTA 到具有标准式参考意义的加拿大—秘鲁 FTA 中纳入的劳工条款可以看出：FTA 劳工条款中写入的劳工标准范围在扩大，例如：体面劳动，关注移民等方面；争端解决机制在进一步健全；特别是在制裁方式上，虽然不承诺贸易制裁，只限制金钱制裁，但设立的年度货币评估数额上限在增加，实行货币评估更可能帮助

---

① 数据来源：加拿大国际贸易部和对外事务部网站（http：//www. international. gc. ca），lasted visited April 15，2014，10 个双边或区域 FTA 包括加拿大—美国 FTA（1989 年生效，作为NAFTA 的前身，后被包括墨西哥的 NAFTA 取代）、NAFTA、加拿大—以色列 FTA（1997 年生效）、加拿大—智利 FTA（1997 年生效）、加拿大—哥斯达黎加 FTA（2002 年生效）、加拿大—欧盟自由贸易协会 FTA（2009 年生效）、加拿大—秘鲁 FTA（2009 年生效）、加拿大—哥伦比亚FTA（2011 年生效）、加拿大—约旦 FTA（2012 年生效）、加拿大—巴拿马 FTA（2013 年生效）。

② 数据来源：加拿大国际贸易部和对外事务部网站（http：//www. international. gc. ca），lasted visited April 15，2014，10 个双边或区域 FTA 中除加拿大—以色列 FTA（1997 年生效）和加拿大—欧盟自由贸易协会 FTA（2009 年生效）不包含劳工条款外，其余均包含劳工条款。

③ 原因是：加拿大—智利 FTA 作为除 NAFTA 外，第一个签署的 FTA，具有借鉴意义。

④ 原因是：加拿大—秘鲁 FTA 与美国—秘鲁 FTA 在同一年（2009 年）生效实施，此后的加拿大—哥伦比亚 FTA（2011 年生效）、加拿大—约旦 FTA（2012 年生效）、加拿大—巴拿马FTA（2013 年生效）中的劳工标准基本复制该协定，同时，加拿大—洪都拉斯 FTA（2011 年 11月 5 日签署，未正式生效）和达成共识的加拿大—韩国 FTA（2011 年 3 月 11 日达成共识）中的劳工合作协定也基本复制该协定。信息来源：http：//www. international. gc. ca/trade－agreements－accords－commerciaux/agr－acc/honduras/19. aspx？lang＝eng。

缔约方改善国内劳工标准。

表 2—2　　加拿大—智利 FTA 和加拿大—秘鲁 FTA 中的劳工条款

	加拿大—智利 FTA 中的劳工合作协定①	加拿大—秘鲁 FTA 中的劳工合作协定②
劳工标准范围	规范和扩大了在 1998 年《宣言》中没有明确提出的国际劳工组织 4 个核心劳工标准	重申 1998 年《宣言》中核心劳工标准以及体面劳动；国内劳动法应当规定《宣言》中 4 项核心劳工标准、最低工资、工作时间以及职业安全与卫生方面的工作条件，还包括为移民和跨境工人提供与本国国民相同的劳动条件
保护水平	不降低要求	不降低要求
国内实施义务	缔约双方应该采取积极措施促进国内劳动法律的实施，同时要求劳工标准规定的公开，给受害人发表意见的机会	同加拿大—智利 FTA
争端解决机制	程序方面：同美国—秘鲁 FTA，场所选择方面：无规定争端解决场所	程序方面：同美国—秘鲁 FTA，提交专家组解决的劳工问题须满足的条件：与贸易相关；未能有效实施国内法；未能有效实施 1998 年《宣言》中核心劳动标准以及体面劳动；经部长级磋商未能解决。场所选择方面：同加拿大—智利 FTA
制裁方式	只采取金钱制裁的方式确保缔约国强制执行国内劳动法，设立年度货币评估数额上限，不得超过 1000 万美元/年	只采取金钱制裁的方式确保缔约国强制执行国内劳动法，设立年度货币评估数额上限，不得超过 1500 万美元/年

---

①　详见加拿大—约旦 FTA 序言以及劳工合作协定文本，信息来源：http：//www. labour. gc. ca/eng/relations/international/agreements/lca_ jordan. shtml。

②　同上。

续表

	加拿大—智利 FTA 中的劳工合作协定①	加拿大—秘鲁 FTA 中的劳工合作协定②
合作 方式	合作形式：技术援助计划、实践交流、合作科研项目和工作组等； 实施要求：要求缔约方制定劳工合作计划以及在开展计划方面进行合作，且在考虑缔约双方优先性目标的基础上，实施合作计划，还应兼顾缔约方的经济、文化、社会和法律差异	同加拿大—智利 FTA

3. 欧盟 FTA 中劳工条款的强化趋势

目前，欧盟与其他国家共签署 10 个 FTA，欧盟内部不同国家间签署 9 个 FTA，与地中海国家签署 9 个 FTA。③ 欧盟签署的大部分双边或区域 FTA 中包含社会条款，但与美国和加拿大的协定相比，这些双边或区域 FTA 通常是缺少明确性和规则基础的。

欧盟双边或区域自由贸易协定的演进大致分为两个阶段，以 2007 年欧盟与加勒比论坛国家之间签署的《欧盟—加勒比论坛国经济伙伴关系协定》为分界点，2007 年之前以欧盟—南非 FTA④ 和《科托努协定》⑤ 为例、2007 年及其之后以《欧盟—加勒比论坛国经济伙伴关系协定》（EU–CARIFORUM EPA）⑥ 和欧盟—韩国 FTA⑦ 为例重点探讨加拿大自由贸易协定中的劳工条款的演变（参见表 2—3）。

---

① 详见加拿大—约旦 FTA 序言以及劳工合作协定文本，信息来源：http：//www. labour. gc. ca/eng/relations/international/agreements/lca_ jordan. shtml。

② 同上。

③ 数据来源：欧盟委员会网站，http：//ec. europa. eu/trade/policy/countries – and – regions/agreements/index_ en. htm#_ europe，lasted visited April 10，2014。

④ 原因是：欧盟—南非 FTA 是欧盟第一个与其他国家签署的 FTA，具有基础性作用。

⑤ 原因是：《科托努协定》作为《洛美协定》的延续和发展，是非加太集团和欧盟之间对话与合作的重要机制，涉及诸如人权、民主等问题。

⑥ 原因是：在协定中单独设立"社会层面"章节，此后发展成为"贸易与可持续发展"章节，用于处理劳工和环境问题。

⑦ 原因是：发达国家之间签署的 FTA 中涉及劳工标准条款，此后，欧盟—哥伦比亚—秘鲁 FTA、欧盟—中美洲国家 FTA 中的劳工条款基本复制该协定。

表 2—3 欧盟代表性 FTA 中的劳工条款

两个阶段		自由贸易协定	自由贸易协定中的劳工条款
欧盟代表性 FTA 中的劳工条款	2007 年之前	欧盟—南非 FTA	序言部分提出双方之间的合作与发展引用劳工组织的核心劳工标准，关于"社会问题"双方只是简单声明通过社会合作对话保障"基本社会权利"
		《科托努协定》	序言提出社会发展方面的若干参考，以及国际人权条约和基本劳动权利； 协定重申双方关于国际公认核心劳工标准的承诺，确定有关国际劳工组织公约，并承诺加强合作； 双方同意"劳工标准不应适用于贸易保护主义"
	2007 年及其之后	2007 年《欧盟—加勒比论坛国经济伙伴关系协定》（EU – CARI-FORUM EPA）	重申和延伸了进入《科托努协定》的义务，在序言中提及劳工问题； 经济伙伴关系协定（EPA）单独设立"社会层面"（social aspects）章节，用以处理贸易与劳工标准问题，此后，双方进一步完善该"社会层面"章节，在协定中又单独设立"贸易与可持续发展"章节，主要用于处理贸易、劳工以及环境问题； 提供咨询和监测程序，如果问题不能通过双方协商解决，任何一方有权要求专家委员会起草一份报告提交到加勒比论坛国—欧盟顾问委员会
		2011 年欧盟—韩国 FTA	双方同意在各自国家的法律体系中争取早日实现 1998 年《宣言》中提出的国际劳工组织四个核心劳工标准； 双方明确表示通过政府协商解决贸易争端，必要时双方应征求由非政府工作人员组成的"国内咨询小组"的意见。当贸易争端发生后，贸易协定缔约国之间可成立专家组，就争端问题的解决提出意见和建议，缔约国应该重视这些意见和建议，并尽快落实实施，但这些意见和建议不具有强制性

可以看出，在 2007 年《欧盟—加勒比论坛国经济伙伴关系协定》（EU – CARIFORUM EPA）签署之前，欧盟与其他国家之间签署的自由贸易协定对劳工标准条款只作出原则性的规定，双方仅承诺通过合作方式保障"基本社会权利"，同时，双方在自由贸易协定中没有设立争端解决机制处理劳工标准争议问题。2007 年以及之后欧盟与其他国家签署的自由贸易协定，双方明确表示将重点实施国际劳工组织的"核心劳工标准"。在争端解决问题上，协定缔约国决定采取协商而非贸易制裁的方式解决贸易争端，但相应的争端解决机制尚未明确设立。

（三）TPP 谈判中劳工条款的高标准及其争议

1. TPP 谈判中的劳工标准问题

目前，美国在积极推动《跨太平洋伙伴关系协定》（Trans – Pacific Partnership Agreement，TPP）谈判，该自由贸易协定谈判，是迄今全球最高标准的区域经济合作平台，将对全球经济贸易格局和国际贸易规则产生深远影响，着力打造出一个适合 21 世纪经济发展趋势的高标准贸易协定真正样板。劳工标准问题作为 TPP 谈判的重要议题之一，谈判已历经 18 轮，在 2010 年 3 月 15 日进行的第 1 轮谈判中就被列入谈判议程；2013 年 5 月 24 日第 17 轮谈判结束，从各方对劳工标准问题的态度可以看出仍存在严重分歧；[①] 在第 18 轮和 2013 年部长级会议之前的两次首席谈判代表会议[②]中劳工标准问题谈判几乎没有进展；2013 年 12 月 10 日部长级会议谈判，包括劳工标准在内的所有谈判议题均未达成一致意见，谈判方不得不搁置原本定于 2013 年 8 月 22 日在文莱举行的第 19 轮谈判。

2. TPP 谈判中高标准劳工条款的争议

美国劳工标准建议文本的要求高于美国新贸易实施之后签署的美国—

---

① 分歧主要体现在：（1）越南整体上难以接受美国提供的高标准文本；（2）马来西亚、文莱、澳大利亚和新西兰反对美国建议文本中规定的强制执行机制；（3）新西兰坚持"P4 协定"中的劳动合作备忘录的模式，认为不应该如美国建议那样为缔约方创设完全强制执行的义务；（4）加拿大反对美国建议文本的贸易制裁（即中止减让）的强制实施方式，认为应该沿用《北美自由贸易协定》（NAFTA）项下的劳动合作模式，仅对被申诉方科处金钱制裁（即执行货币评估）。详见郑丽珍《TPP 谈判中的劳动标准问题》，载《国际经贸探索》2013 年第 9 期，第 108 页。

② 2013 年 9 月 18 日至 21 日在美国华盛顿和 2013 年 11 月 19 日至 24 日在美国盐湖城举行的两次谈判，http://www.ustr.gov/tpp，lasted visited April 15，2014。

秘鲁 FTA、美国—哥伦比亚 FTA、美国—巴拿马 FTA 和美国—韩国 FTA 中的劳工标准（郑丽珍，2014）。由于美国劳工标准建议文本的高标准，致使 TPP 谈判各方不能达成一致意见，当前 TPP 劳工标准议题谈判存在的主要分歧在于美国劳工标准建议文本不能为其他谈判方所接受，在距离第18轮谈判结束的前2天，即在 2013 年 7 月 23 日日本被允许加入谈判，① 由于日本的加入，此前 11 个谈判方②在劳工标准问题上形成的基本格局③被打破，日本从本国利益④出发，多数 TPP 谈判方所反对的美国劳工标准建议文本很有可能得到日本的支持。

TPP 谈判作为"P4 协定"的后续谈判，同时，"P4 协定"中的劳工标准可能会作为 TPP 谈判的基础性内容，在后续谈判中发挥基础性作用，我们有理由对"P4 协定"中的劳工标准作出客观性的分析，下面以"P4 协定"中劳工条款⑤为例，从劳工标准范围、保护水平、国内实施义务、争端解决机制、制裁方式以及合作方式 6 个方面重点分析（参见表2—4）。

从"P4 协定"中的劳工条款可以看出其标准是低于美国—秘鲁 FTA 中的劳工条款，不管是从劳工标准范围还是争端解决机制，特别是在制裁方式的要求方面。但是，TPP 谈判涉及 12 个谈判方的利益，主要是美国、加拿大和新西兰三个发达国家之间的博弈，因此，TPP 谈判中关于劳工标准问题的争议依然尖锐。

由于美国新贸易政策的推出，美国政府谈判劳工标准的底线不能低于此前高标准的贸易协定，当然，关于 TPP 谈判中的劳工标准的设定也有

① 信息来源：http：//www. ustr. gov/trade – agreements/free – trade – agreements/trans – pacific – partnership/round – 18 – malaysia，lasted visited April 15，2014。

② 包括美国、加拿大、新西兰、澳大利亚、新加坡、智利、秘鲁、墨西哥、马来西亚、文莱和越南。

③ 基本格局为：美国、加拿大和新西兰三个发达国家在既有劳工标准实践之间的竞争与妥协。

④ 主要体现在：(1) 日本国内具备较高的劳工标准，在 2001 年日本就批准了 ILO 公布的 8 个核心劳工公约中的 6 个，日本公会联盟（RENGO）致力于日本国内劳工标准的提高；(2) 日本作为贸易进口大国，对于 TPP 中劳工标准来削弱劳动密集型产品竞争优势的做法一般不会反对，同时，日本作为高科技行业（汽车、电子产品等）对外投资国，通过 TPP 提高缔约对方国内劳工标准，防止本国跨国公司在东道国处于不利地位，这一要求更为迫切。

⑤ 原因是：一方面，"P4 协定"中劳工合作谅解备忘录是新西兰第一个在 FTA 谈判中的涉及劳工条款的备忘录，虽然新西兰与泰国的劳工合作谅解备忘录生效较早（2005 年生效），但"P4 协定"的开始谈判时间早于新西兰—泰国 FTA；另一方面，TPP 谈判作为"P4 协定"的后续谈判，"P4 协定"中的劳工标准在 TPP 谈判中具有基础性作用。

来自外界不小的压力，国际工会联合会发表声明①要求 TPP 谈判中的劳工标准参照美国—秘鲁 FTA 模式，因此可以预见 TPP 劳工标准很有可能是美国主导下的高标准的复制。

表2—4　　　　　　　　　　"P4 协定"中的劳工条款②

劳工标准范围	共同承诺遵守 1998 年 ILO《宣言》的劳工标准，促进缔约方对《宣言》的深入理解，重申遵守《宣言》义务的实施并与国际承诺相一致
保护水平	不降低要求，即不得为鼓励贸易或投资而降低国内劳工标准；同时，强调劳工标准领域的合作不能用于贸易保护主义，即不得利用劳动法和实践实施贸易保护主义
国内实施义务	尊重缔约方的国内劳动法和优先性项目，以及制定和实施劳动法的主权权利
争端解决机制	程序方面：要求缔约方在劳工问题上采取合作、磋商的方式达成一致意见。 场所选择方面：无规定争端解决场所
制裁方式	不承诺贸易制裁和金钱制裁，采取磋商方式解决争端
合作方式	合作形式：同美国—秘鲁 FTA； 实施要求：要求缔约方除考虑优先项目和资金条件外，在双方共同确定的基础上，开展有利于双方的合作行动，行动所需资金由双方根据逐案确定

（四）中国应对不断强化的 FTA 劳工条款的对策

1. 中国 FTA 实践中的劳工标准现状

截至 2014 年 3 月 19 日，中国已签署 10 个自由贸易协定，正在谈

---

① 信息来源：http：//www. ituc – csi. org/labor – declaration – on – the, 9636？lang = en, the_ trans – pacific_ partnership_ agreement_ model_ labour_ dispute_ resolution_ chapter. pdf. lasted visited April 10，2014。

② 详见"P4 协定"中的劳工合作谅解备忘录文本，信息来源：http：//www. mfat. govt. nz/downloads/trade – agreement/transpacific/labour – mou. pdf，lasted visited April 10，2014。

判的自由贸易协定有 6 个，正在研究的自由贸易协定有 2 个。① 从已签署的 10 个自由贸易协定来看，只有其中 2 个 FTA 纳入劳工条款，即 2005 年中国—智利 FTA 附加《劳工与社会保障谅解备忘录》和 2008 年中国—新西兰 FTA 附加《劳工合作谅解备忘录》，在其余的 7 个 FTA 中，双方一般仅在序言中提及协定具有"创造新的就业机会、保护环境以促进可持续发展"的基本目标，但双方并没有设立相应的具体劳工条款。特别地，在 2013 年 7 月 6 日签署的中国—瑞士 FTA 中，中国首次在序言中写入承认良好的公司治理与企业社会责任对可持续发展的重要性，并确认双方将致力于鼓励企业遵守此方面的国际公认准则和原则。②

对于中国—智利 FTA 和中国—新西兰 FTA 均是谅解备忘录的形式纳入劳工标准，《劳工合作谅解备忘录》的签署，表明中国和新西兰不仅在自由贸易领域展开广泛合作，而且双方合作还涉及劳工领域，其中就包括劳工标准问题。协定提出双方重申作为国际劳工组织（ILO）成员国的义务，尤其是《国际劳工组织关于工作中基本原则和权利宣言及其后续措施》中规定的义务。《劳工合作谅解备忘录》的核心是合作，主要体现在双方共同关注的劳工事务、劳工领域的合作方式、经验的分享、建立磋商解决争端机制等方面，此外，双方进一步强调劳工标准领域的合作不能用于贸易保护主义的目的。从保护水平看，除中国—新西兰 FTA 劳工合作谅解备忘录规定"不降低要求，即不得为鼓励贸易或投资而降低国内劳工标准"外，其余规定均属于软法义务，由此看出在以上 2 个 FTA 中，中国只同意纳入较低水平的劳工条款。从缔约对方的角度来看，新西兰作为较高水平的发达国家，特别是"P4 协定"劳工合作谅解备忘录的签署，说明其具有高标准的劳工保护，智利虽为发展中国家，但一直积极参与

---

① 数据来源：http：//fta. mofcom. gov. cn，已签署的 FTA 包括中国内地与港澳地区关于建立更紧密经贸关系安排（CEPA）、中国—东盟、中国—巴基斯坦、中国—智利、中国—新西兰、中国—新加坡、中国—秘鲁、中国—哥斯达黎加、中国—冰岛、中国—瑞士；正在谈判的 FTA 包括中国—海合会、中国—澳大利亚、中国—挪威、中国—韩国、中日韩区域全面经济伙伴关系协定（RCEP）；正在研究的 FTA 包括中国—印度、中国—哥伦比亚。

② 中华人民共和国和瑞士联邦自由贸易协定，信息来源：http：//fta. mofcom. gov. cn/ruishi/ruishi_ xieyi. shtml，lasted visited April 16，2014。

FTA 的谈判，它已经批准了 ILO 公布的 8 个核心公约，[①] 说明新西兰和智利在 FTA 中纳入劳工条款是有经验的。与此相比，近年来中国虽在劳工权益方面取得进展，但仍存在诸多问题，例如：在双边或区域 FTA 中写入劳工条款的经验较少，此外，中国仅批准了 ILO 公布的 8 个核心公约中的 4 个[②]。中国与智利、新西兰分别签署的劳工合作谅解备忘录作为劳工条款方面的初步探索，重点还在于双方的劳工合作，其排除了在劳工标准范围、国内实施义务、争端解决机制、制裁方式等挑战较大的方面。

2. FTA 中劳工标准对中国的影响和对策

（1）FTA 中劳工标准对中国的影响

目前，中国既有 FTA 中国劳工标准实践与发达国家之间存在较大差距，FTA 中纳入劳工条款经验不足。特别是 TPP 高标准的劳工条款，如果中国将来加入 TPP 的谈判，必然面临较大压力。所以，中国必须在国际贸易与劳工标准问题上保持慎重态度，用更具有战略性的眼光看待劳工标准问题。

首先，国际贸易活动的需要。美国、加拿大和欧盟在 FTA 中纳入劳工条款始终持积极态度，原因无非是指责中国实行"社会倾销"，实行社会倾销会引发"囚徒困境"式的"竞相杀价"，造成"两败俱伤"（Srinivasan，1996；Noor，1997；Granger and Siroën，2005 and 2006；Siroën，1997 and 2012），都不利于双方的根本利益。因此，在劳工权益方面采取合作方式有助于打消对方顾虑，实现合理公平贸易，也可以改善国内的劳工状况，可以使中国劳动者基本权利得到尊重和保护。

其次，内部发展动力的需要。伴随国际贸易的发展和各国贸易政策的调整，中国劳动力成本优势正在进一步削弱，继续依靠传统廉价劳动力优势，参与日益多样化的国际贸易的路径是行不通的，社会总体生活水平的逐步改善和公民维护自身权益意识的增强，驱使中国的劳工标准逐渐提高，加强劳工权益保护是社会可持续发展的必然要求。"用工荒"的间歇

---

① 8 个核心公约包括《强迫劳动公约》（第 29 号）、《结社自由与保护组织权公约》（第 87 号）、《组织权与集体谈判权公约》（第 98 号）、《对男女工人同等价值的工作付予同等报酬公约》（第 100 号）、《废除强迫劳动公约》（第 105 号）、《就业和职业歧视公约》（第 111 号）、《最低年龄公约》（第 138 号）、《最恶劣形式的童工劳动公约》（第 182 号）。

② 中国批准了第 100 号、第 111 号、第 138 号、第 182 号，信息来源：中华人民共和国劳动和社会保障部，http：//www. molss. gov. cn/gb/zwxx/node_ 5441. htm, lasted visited April 16, 2014。

性出现，"血汗工厂"的舆论屡见报端，分析其根本原因在于劳动者权益无法得到保障。基于中国市场化劳动关系的特点，实施国内劳动法规和完善政府劳工政策，构建和谐劳工关系（常凯，2013）。

（2）中国的对策

首先，中国应该对 FTA 持开放态度，同时积极致力于 FTA 的谈判，适当时机考虑将国际贸易与劳工标准"软挂钩"，可以参考欧盟自由贸易协定中的劳工条款，坚持政府间友好协商争端解决机制，不承诺贸易制裁方式来保障劳工权益陈志阳（2014）。参考 2007 年《欧盟—加勒比论坛国经济伙伴关系协定》，在协定中逐步设立"贸易与可持续发展"章节，用于处理贸易与劳工等问题，此章节重点突出原则性承诺、务实性合作、技术性援助、公众参与度等方面，不承诺实质性的义务。竭力避免美国、加拿大 FTA 中采取的贸易制裁和金钱制裁的劳工条款。特别是伴随 TPP 和 TTIP 谈判的推进，劳工标准和绿色环境标准等问题的谈判将会加快，中国应该尽早制定自己的劳工标准问题谈判预案，制定切实可行的应对措施，未来中国企业将会面临严重的来自劳工标准和环境标准问题方面的冲击。中国应该积极投入到国际劳工标准和绿色环境标准制定过程中，以免陷入被动局面。

其次，在中国废除劳动教养制度①的基础上，待条件成熟时，适当承诺加强对劳工标准中与经济利益有关权利的保护，例如：同工同酬、工作时间和工作环境等，但对劳工权利中具有较强政治属性的公约应当采取谨慎态度，例如：ILO 公布的第 87 号公约（结社自由与保护组织权）和第 98 号公约（组织权与集体谈判权），虽然中国现行立法对结社自由与保护组织权和组织权与集体谈判权做出了相关规定，但与 ILO 公布的规定仍存在很大差距。特别是应对 TPP 高标准的劳工条款谈判，中国应当以第 87 号公约和第 98 号公约为参考，完善国内有关劳工权利的立法。

二 中国应对 FTA 中环境标准问题的对策

（一）贸易协定中环境条款的发展

1. 贸易协定中纳入环境条款的理论基础

随着全球经济一体化和贸易自由化的不断发展，贸易与环境的协调问

---

① 《中共中央关于全面深化改革若干重大问题的决定》，信息来源：http：//finance. ifeng. com/a/20131115/11093995_ 0. shtml, lasted visited April 16, 2014。

题日益突出，贸易与环境的关系也日益受到重视。许多学者对贸易与环境的关系理论进行了研究。这些贸易与环境关系理论的观点也成为各国在贸易协定中纳入环境条款的理论基础，主要表现为：环境库兹列茨曲线、"污染避难所"假说以及"波特假说"。

（1）环境库兹列茨曲线

环境库兹列茨曲线源自 20 世纪 50 年代诺贝尔奖获得者、经济学家库兹列茨的"库兹列茨假说"，在 1990 年由 Grossman 首次提出。该曲线揭示了环境质量和收入之间的倒 U 形关系：在开始阶段，一国的环境质量会随着人们收入的提高而下降，但在收入水平上升到一定阶段之后又随收入水平的增加而改善。

Grossman 和 Krueger（1995）[1]通过研究发现，当收入达到某个水平以后，构成效应和技术效应的总和将会超过规模效应，即说明贸易自由化在长期内将有助于改善环境质量；Copeland 和 Taylor（2001）[2]也研究了一国开放对外贸易的对环境质量的影响，并指出贸易自由化有利于一国加强环境保护，并且国家对外贸易开放程度越高，环境污染也就越少。

环境库兹列茨曲线表明，随着人类社会的发展，自由贸易的不断扩大最终不会导致环境的恶化，相反，环境会随着人类收入的增加而得到不断的改善。即使目前环境出现了恶化的表现，那也只是暂时的。当人类收入水平达到一定程度后，环境恶化的情况就会随之改善。因此，根据环境库兹列茨曲线，改善环境的方法并不是限制自由贸易。

（2）"污染避难所"假说

"污染避难所"假说的主要观点是：为了扩大贸易额来获取更多的经济利益并提高企业的竞争力，各国会通过降低自己的环境标准来吸引外资。如此污染企业就会进入低环保标准国家，形成产业比较优势。"污染避难所"假说由 Dua 和 Esty（1997）[3]提出，他们认为一国的肮脏产业会在本国严格的环境政策压力下向环境管制宽松的国家转移，从而发展中国

① Grossman, G. M., & Krueger, A. B. (1991). Environmental Impacts of a North American Free Trade Agreement (No. w3914). National Bureau of Economic Research.

② Copeland, B. R., & Taylor, M. S. (2001). International Trade and the Environment：A Framework for Analysis (No. w8540). National Bureau of Economic Research.

③ Dua, A. and Daniel C. Esty (1997). Sustaining the Asia Pacific Miracle：Environmental Protection and Economic Integration.

家就会因此成为"污染避难所"。这样会导致各国环保标准竞相降低，进而导致国际环保标准水平整体下降，从而造成全球环境的恶化。所以，根据这一假说，在贸易中进行环境管制是必要的。

此外，Birdsall 和 Wheeler（1993）[①] 从一个不同的角度对"污染避难所假说"进行了分析，他们探索了贸易和对外投资的进一步开放与污染密集型产业发展之间的联系。他们的研究表明，在 20 世纪 70 年代和 80 年代，一国开放度越高，其产业的清洁度就越高。因此两人得出结论，"污染避难所"存在于实行保护主义的经济体中。

（3）"波特假说"

"波特假说"认为，环境规制并不会限制自由贸易的发展，反而会促进技术革新、开发新能源和各种改善环境的技术的运用，从而提高企业的竞争力。Porter 与 Vender Linde（1995）[②] 等学者的观点是"波特假说"的主要代表，他们认为适当的环境规制对一国经济发展是有利的，可以促进企业对生产技术的创新并提高企业的生产力，从而抵消环境保护给企业带来的成本并提升企业的盈利能力。根据这一观点，在贸易协定中纳入环境保护相关规则，对国家的经济发展和环境改善都会起到很大的促进作用。

此外，"波特假说"还肯定了政府在协调贸易与环境关系中的作用。首先，企业很难充分掌握环保创新技术的相关信息，但政府在获取信息方面具有天然的优势，政府可以帮企业获取在环保技术创新或引进相关技术时需要的各种信息。其次，政府可以通过完善的环保机构、实施环境保护法律法规，帮助企业解决各种环境问题。就这一点看，"波特假说"也支持了在 FTA 中纳入环境条款的做法，各政府可以通过 FTA 中环境合作机制，提高各国处理环境问题的能力，从而改善环境并提高环境标准。

2. 环境条款的产生与发展

环境条款是随着世界商品贸易以及贸易协定的不断增加而产生和发展的。这里将对世界商品贸易及 FTA 迅速发展的情况进行阐述，并分析 FTA 中环境条款的产生及发展情况。

---

① Birdsall, N., & Wheeler, D. (1993). Trade Policy and Industrial Pollution in Latin America: Where are the Pollution Havens?, *The Journal of Environment & Development*, 2 (1), 137 – 149.

② Porter, M. E., & Van der Linde, C. (1995). Toward A New Conception of the Environment – Competitiveness Relationship, *Journal of Economic Perspectives*, 9, 97 – 118.

（1）全球贸易及 FTA 的迅速发展

第二次世界大战结束后，随着贸易自由化和经济全球一体化的发展，世界商品贸易规模不断扩大（见图 2—1）。这很大程度是受 GATT 的影响。GATT 达成于 1947 年，经过几轮旨在减少贸易壁垒的谈判，其范围已经由开始的 23 个成员扩大到世界大部分地区，并在 1994 年发展为世界贸易组织 WTO，其成员至 2014 年累计有 160 个国家。WTO 的发展是世界商品贸易不断增长的制度基础，加快了无数自由贸易区的成立。无论是双边还是区域的，FTA 的数量在过去 20 年间已大大增加（见图 2—1）。

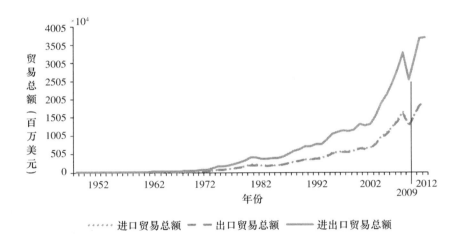

图 2—1　世界商品贸易总额 1948—2012 年

资料来源：根据 WTO 数据库世界商品贸易进出口数据计算得出。

图 2—2 体现的是 1948 年至 2012 年世界商品贸易总额的发展情况。从图中可以看出，第二次世界大战后世界商品贸易的进出口额总体呈上升趋势，且在 20 世纪 70 年代之后世界贸易规模发展迅速。特别是在 1994 年 WTO 成立以后，世界商品贸易进出口总额飞速发展。1994 年世界商品进出口总额是 8756000 百万美元，2012 年增长为 37002000 百万美元，比 1994 年增长了将近 322%。在总体上升的趋势下，世界商品贸易额在 2009 年出现了大幅度下降的情况，这主要是受 2008 年世界范围内经济危机的

影响。但 2010 年世界商品进出口额又恢复了上升趋势，且贸易量增长迅速。2009 年世界商品出口总额是 12554000 百万美元，2012 年该数值增长为 18401000 百万美元，将近 2009 年的 1.5 倍。

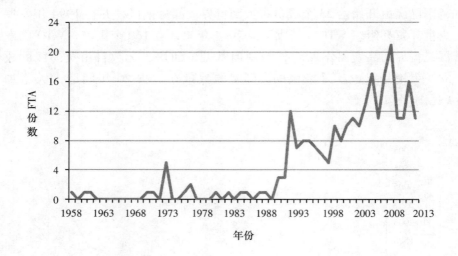

图 2—2　付诸实施的 FTA 数量 1958—2013 年

资料来源：根据区域贸易数据库实施的自由贸易协定数据计算得出。

　　图 2—2 描述了 1958 年至 2013 年 FTA 数量的发展情况。从图中可以得知，世界实施 FTA 的数量按年份呈现出波动增长的趋势。但在 GATT 达成的前 30 年间，每年达成的 FTA 的数量还是相对较少的。1958 年只有一份，1963 年至 1968 年都没有新的 FTA 达成，到 1973 年才又达成了 5 份。这是因为早期的区域贸易协定需在 GATT 范围内成立，并且这些协定要得到 GATT 的批准才行。由于这个程序的存在，很多谈判过的协定都没有得到实施，那些实施了的也一般都是没能促进贸易发展的行动。然而，自 20 世纪 90 年代起，FTA 的数量迅速增加。1993 年达成的 FTA 达到了 12 份，这要归因于 1990 年开始的 WTO 乌拉圭回合谈判对贸易政策的调整。2003 年、2008 年和 2013 年达成的 FTA 分别有 11 份、17 份和 11 份，可以看出自 21 世纪以来，FTA 每年达成的数量处于相对稳定的高水平，世界 FTA 的数量迅速增加。

（2）环境条款纳入 FTA 形成基本趋势

随着世界上商品贸易规模的不断壮大和 FTA 数量的不断增加，纳入环境条款的 FTA 数量也越来越多（如图 2—3）；并且各国在发展贸易的同时，日益认识到环境与贸易关系调节的重要性。在 FTA 中纳入环境条款已成为各国发展 FTA 的基本趋势。

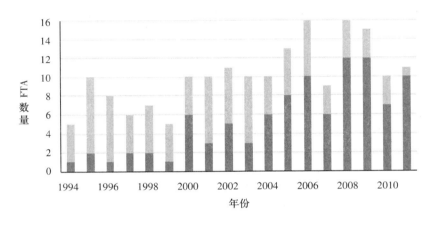

图 2—3　环境条款 FTA 中的发展情况（1994—2011）

资料来源：Colyer, D.（2012, May）. Environmental Provisions in Free Trade Agreements. In West Virginia University, Department of Agricultural Resource Economics Conference Papers（No. 123723）.

图 2—3 描述了 1994 年至 2011 年环境条款在 FTA 中的发展状况。图中显示 20 世纪 90 年代之后每年纳入环境条款的 FTA 呈波动上升趋势，越来越多的 FTA 设定了环境条款。1995 年的 1 份 FTA 中只有 1 份设有环境条款，然而在 2000 年的 10 份 FTA 中就有 6 份纳入了环境条款；从图中还可以看出，21 世纪以来每年纳入环境条款的 FTA 数量，在每年实施的 FTA 中所占的比重都比较大，且处于较稳定的水平。2006 年的 16 份 FTA 中有 10 份纳入环境条款，比重是 62.5%；2008 年该比重升为 75%，2011 年的 11 份 FTA 中只有一份没有纳入环境条款。这表明在 FTA 中纳入环境条款已经形成基本趋势。

首次设立环境条款的 FTA 是 NAFTA。NAFTA 在其主要条款中规定了环境保护相关规则，成员国之间还单独签订了《环境合作协定》，并规定由环境协作委员会来专门监督协议的履行；此外 NAFTA 还设立了美国—墨西哥边境委员会和北美发展委员会，负责资助边境活动。NAFTA 的环境条款内容比较全面、制度安排较完整，在环境条款的制定上它可以称是其他 FTA 的模范。在美国的推动下，加拿大、欧盟、新西兰、日本等国也在他们的 FTA 中纳入了环境保护规则；中国在 2013 年中国—瑞士 FTA 中也纳入了环境条款。环境条款纳入 FTA 已成趋势，将有更多国家的 FTA 涉及环境合作的相关内容。

（二）环境条款的主要内容

自 NAFTA 首次正式设立环境条款后，FTA 中的环境条款得到了广泛的发展。有的 FTA 规定适用 GATT 第 20 条一般例外条款的环境保护规则；有的在协议的导言中提到一个保护环境的目标；还有的专门设立环境章节或是单独签订环境合作协议，如 NAFTA。虽然这些环境条款表现形式多样，但在内容上可总体划分为以下几个部分：保护和改善环境的措施；有关环境问题的合作；公民参与；为实施环境条款而设立的制度安排。

各国对环境条款的重视和发展，美国表现最为突出。由于 NAFTA 的环境条款给美国、加拿大和墨西哥带来非常积极的影响，美国与其他国家签订的 FTA 也都纳入了环境条款，如美国—约旦 FTA、美国—智利 FTA、美国—新加坡 FTA 等，其中美国—智利 FTA 对环境合作方面的规定尤为详细。美国对环境与贸易协调关系的重视，推动了世界其他地区对 FTA 中环境条款的发展。所以，这里将主要结合目前美国 FTA 中涉及的环境规则，对环境条款的内容进行分类阐述。

1. 保护和改善环境

保护和改善环境条款的内容主要有：要求协议双方严格执行环境法律法规；做到在不削弱他们环境保护法的前提下吸引外资；完善他们的法律和执法；保持环境标准并促进企业的环境管理工作。例如，NAFTA 规定新的环境法律法规不能作为财产损失的理由，即如果新环境保护法影响到企业或其他组织的盈利能力，企业或其他组织不能就新法律造成的损失提起诉讼。这是 NAFTA 对保护和改善环境设立的规则。然而每个国家都有权利发展和实施他们自己的法律法规，因此一份 FTA 对一国执法不会设立强制性的规定。

2. 环境合作

环境合作一般存在于较为发达和较不发达国家之间或较发达国家之间，如澳大利亚—美国FTA。FTA通常通过制定附属条款来规定具体的环境合作方案，合作的内容主要包括以下两方面：合作提高处理环境问题的能力和合作改善环境条件。提高环境能力的合作通常表现为，协议一国或多国通过提供资源和技术支持来提高其他成员国的环保能力，以便他们能管理他们的环境、实施并完善他们的环境法律法规；帮助他们发展基础设施，比如资助他们建立实验室以测试空气和水的质量、建立监测站等。改善环境条件的合作主要包括基础设施建设，如道路、灌溉、港口、水供应设施、卫生和空气质量设施等。如NAFTA在第20、21条中规定了环境合作的相关内容，其主要的目的就是帮助墨西哥提高环境保护水平以赶上加拿大和美国。NAFTA的环境合作条款主要涉及以下五个方面内容：保护人类健康与环境、环境维持、实施法律方面的合作、环境贸易和经济、信息与公共服务范围。

3. 公民参与

FTA中的公民参与活动主要有两种形式：一是参与环境活动的计划和实施，包括获取环保需求和环境问题的信息，对环境问题进行讨论和建议等；二是公民就其政府没有实施环境法律法规进行投诉。具体事例有：通过听证会和其他公众会议的形式，允许公众选举美国—墨西哥边境的融资项目；NAFTA设立公开联合委员，以便公众能参议环境合作委员会；加拿大—智利FTA规定一国的任何公民或组织都可以就该国没有对某一特定地区、项目或相关活动实施环境法律而提出投诉；加拿大—秘鲁环境协定以及他们的FTA都有规定，如果政府没有遵守他们的自贸协定及其附属条款中的环境规则，那么两国的任何一个居民均可提交一份诉状，起诉政府的这种行为。FTA下属权威机构就会进行调查。如果发现以上起诉是有意义的，该机构在调查之后还会发表一份专题报道。政府会视具体情况做出反应，以及时纠正自己的错误。在加拿大、美国和欧盟等国，环境问题得到广泛的关注，公众有权利进行参议或建议，公民参与因此也受到了极大鼓励。

4. 制度安排

一些FTA为了能更好地实施其环境条款，专门设立了具体的工作制度。特别是那些环境条款内容广泛而复杂的FTA，其制度安排就更为细致和全面，如 NAFTA。NAFTA 在制度安排方面，设立了环境合作委员会统筹安排协议三方的环境合作事宜，委员会下另设理事会、秘书处和联合咨询委员会。其中理事会由协议三方最高环保权威代表组成，负责履行委员会的职责；理事会的决议由秘书处执行；秘书处的执行董事由委员会及其固定员工会任命；联合咨询委员会负责参议环境合作委员会及秘书处，在委员会内部保证积极的公众参与和透明度。

此外，美国—多米尼加—中美 FTA 有类似于 NAFTA 的制度安排，但几乎是由美国国家开发署提供资金，预算比 NAFTA 要小得多。其他的 FTA 中，有的会设立理事会或由一些高水平代表组成的委员会，通过实施单位来计划和监督相关的环境活动，从而实施 FTA 中的环境规则；还有的可能会在每个成员国设立一个单位或安排个人来负责协议的实施。协议一般会规定这些负责环境条款实施的机构经常开年度会议，以评审环境活动、评估活动进展和计划未来项目，如 NAFTA 规定理事会和联合资讯委员会每年至少开一次会议；协议的环境条款可能会由同一个部门来实施，以整体负责 FTA 的实施，但通常是由相对独立的机构来完成的。而各项制度安排的融资通常由各成员联手完成，如 NAFTA 协议三方分别每年负责给环境合作委员拨款 1000 万美元。在融资方面，较不发达国家可能会得到其他较为发达成员的协助。

（三）TPP 环境条款的深化与广化趋势

1. TPP 环境条款的深化趋势

TPP 环境条款的深化趋势主要表现为 TPP 环境条款内容的拟定、机构的设置等方面寻求更高的要求，而这些高要求与美国的贸易政策的新目标以及其对外 FTA 的高标准相符合。

（1）美国贸易政策的高要求

美国一直推崇"高标准和高质量"的 FTA，并且在贸易自由化和区域贸易合作的不断发展的情况下，为了确保对外贸易合作的质量，美国国会在贸易政策及相关立法方面进行了调整，并对贸易谈判以及 FTA 的发展目标提出了更高的要求。

美国注重立法在解决环境问题时的作用。根据美国宪法，国会拥有对外贸易的立法权和决策权。1974 年贸易法案授予总统与外国政府进行贸易谈判的权利，规定在总统正式向国会提交议案要求履行协议时，参众两院必须在 90 天内对该协定进行表决，且表决结果只能是通过或不通过，不允许国会对议案进行修订。美国这样设立立法程序的目的是向外国政府保证，国会授权美国政府谈判协定，并对结果做出迅速的反应。2002 年贸易法案将该授权程序更名为贸易促进授权（Trade promotion Authority，TPA）。在 2007 年 7 月 1 日 TPA 授权已到期，但美国商务代表在 TPP 谈判中继续遵循本法的条款。但在考虑到贸易伙伴的劳工标准、环境法律规制和政策透明度等影响因素，美国政府和国会在 2007 年对与外国发展 FTA 的法律条件和标准进行了调整。国会承诺在政府保证满足附加条件后继续授予其 FTA 谈判的 TPA，这些条件主要包括[1]：（1）对方国家的法律法规必须贯彻 1998 年《国际劳工组织工作基本原则与权利宣言》中规定的 5 项核心劳工标准[2]；（2）对方国家的法律法规必须符合 7 项多边环境协定[3]以及在未来通过的其他协定；（3）将违反劳工与环境标准的问题诉诸争端解决机制；（4）加强对"贸易调整援助计划"（Trade Adjustment Assistance，TAA）的财政支持。而这些要求依然会是美国政府欲达成新的 TPP 协定的先决条件。

美国对贸易立法的调整表明了美国对 FTA 质量的高标准要求，并且美国还强调了对外 FTA 的环境标准问题。结合美国在 TPP 的影响力，美国对环境标准的高要求，将会是 TPP 环境条款深化的一大推动力。

（2）《韩美自由贸易协定》的高标准

美国与 TPP 中六个国家签有 FTA，这些 FTA 中都设有一个环境章节。但这些 FTA 都是在 2007 年美国贸易立法调整之前谈判的，它们的环境条款还不能足够体现美国对今后环境条款的要求标准，所以对 TPP 的参考作用较小。然而《韩美自由贸易协定》于 2007 年 6 月签订，并于 2012 年 3 月 15 日正式生效，是美国最近完结的一份 FTA。另外韩国已积极部署与现有 TPP 成员的双边贸易谈判，很有可能会成为 TPP 的一员，美韩自由贸易区的发展体现了美国在亚太地区的政治和经济战略，对亚太区域经

---

① 盛斌：《美国视角下的亚太区域一体化新战略与中国的对策选择——透视"泛太平洋战略经济伙伴关系协议"的发展》，载《南开学报》（哲学社会科学版）2010 年第 4 期，第 70—80 页。

② 包括：结社自由、尊重集体协商、禁止强制性劳动、禁止童工、消除就业歧视。

③ 包括：《濒危物种国际贸易协定》、《蒙特利尔破坏臭氧层物质管制议定书》、《海洋污染议定书》、《美洲国家热带金枪鱼协定》、《国际湿地公约》、《国际管制捕鲸公约》、《南极海洋生物资源养护条约》。

贸合作以及谈判中的 TPP 规则有着非常大的启示作用。《韩美自由贸易协定》最能够让我们了解到美国是如何实施2002 年贸易法和2007 年更改的贸易立法新目标的，以及美国将会在 TPP 中寻求什么类型的环境规则。此外，与 NAFTA 相似，《韩美自由贸易协定》设立了较高标准的环境条款，这意味着美国在此后谈判的 TPP 环境条款标准具有被拔高的趋势。

《韩美自由贸易协定》在第20 章中规定了相关的环境内容。分10 条内容分别规定了：双方环境保护水平；达成一致的环境协议；环境法律的应用与执行程序；提高环境绩效的机制；具体的制度安排；公众参与的机会；环境合作；环境磋商和专家组程序；与多边环境协定的关系等内容。特别的，《韩美自由贸易协定》双方一致同意其附件中多边环境协定的重要性。协议规定，任何一方应该采用、维护和执行法律法规以及其他措施来履行其在附件 20 - A 中所列的多边环境协定下的义务。另外还规定，自协议生效日起，任何一方都不能通过持续或反复出现的行动或不行动，以影响双方贸易和投资方式，非有效地执行其环境法律法规或其他措施来实现多边协议下的义务。然而，协议双方同意各自保留权利检察官的自由裁量权和分配环境执法资源的决定权。因此，协议双方赞同，关于要实施环境法律法规及其他措施来履行一方在多边协议下的义务，如果其作为或不作为是为了合理、有力、善意行使这种自由裁量权或分配这种资源，一方仍符合上述规定。

《韩美自由贸易协定》的环境章节涉及了环境保护、环境合作、公民参与以及制度安排的广泛的环境条款内容，且对这些条款的拟定、环境机构的设置等方面都有较高的要求和标准。从上文的分析可知，《韩美自由贸易协定》的高水平会拉高 TPP 环境条款的要求，至少 TPP 的相关规则不会低于现有的环境条款设置。结合美国对贸易立法的新要求以及《韩美自由贸易协定》环境条款的内容，

2. TPP 环境条款的广化趋势

TPP 环境条款的广化趋势主要表现在对现有环境问题的解决能力和应对更多环境挑战这两个方面。以往的 FTA 对很多环境议题进行了探讨，如 NAFTA 对环境标准、透明度、环境污染和保护、环境合作以及补贴等方面做了明确规定。但有的环境问题在协议各国之间仍然没有达成一致的解决方案，如非法木材贸易和渔业补贴问题；同时贸易的发展带来了新的环境挑战，如环境商品、环境非关税壁垒、环境服务、气候变化和能源补

贴等；在 TPP 对自身的高要求以及各成员共同的努力下，这些环境难题和新挑战很可能会在 TPP 中找到解决方案。

（1）解决以往未解决的环境问题

①非法木材贸易

大量的非法木材贸易给世界森林和生态系统带来了毁灭性和不可挽回的影响，所以解决非法木材贸易问题一直是国际合作努力的方向，但各国还未就该问题达成高度的一致。TPP 各成员可借助这次机会发展一系列规则，以支持森林保护并阻止在相关地区的非法贸易。

美国在 2008 年《莱西法案》修正案中对非法木材贸易做出了相关规定，这为 TPP 对非法木材贸易的规则提供了法律基础。《莱西法案》的修正案不仅禁止《濒临灭绝野生动植物国际公约》中的本土非法木材贸易，还禁止在别国砍伐并进口到美国的非法木材贸易。木材是否是非法砍伐的要根据所砍伐国家的法律而定。根据《莱西法案》的修正案，进口商应按要求申报木材的价值和数量，植物的名称和原产地。

《莱西法案》的修正案提出了解决非法木材贸易的新方法，即各国要根据原产地的法律来决定是否存在非法采伐。这样的规定使得国际上关于哪些植物群种处于濒危状态形成公认的理解。如此，在要求 TPP 各成员国履行包括《濒临绝种野生动植物国际贸易公约》在内的那些多边贸易协定义务的同时，就可把这种"国际公认"作为 TPP 各成员在决定哪些木材应该受到保护时的一个共同起点。另外，《莱西法案》修正案规定进口商负责向美国海关申报木材类型和出口国家，并对故意虚假申报承担刑事处罚，以激励了进口商进口合法采伐的木材。

要减少非法木材进入美国市场就要减少非法采伐的商业动机。解决非法采伐问题，关键不在制定更好的森林保护法，关键是木材出口国能否严格实施其现有的法律。事实上，各国从 20 世纪 80 年代就开始了监管采伐工作，但非法采伐现象却在不断增加。面对这样的情况，美国已开始与其他国家寻求新的国际合作，强调要对非法采伐进行交换信息，并要加强这些国家执法机构的能力。例如，美国和印度尼西亚设立了《谅解备忘录》，双方海关一致同意要分享木材产品贸易的信息，并在影响木材产品贸易的执法上进行合作。

2009 年《亚太地区非法采伐和贸易倡议》成功达成，该倡议包括了除新西兰除以外的所有亚太地区的 TPP 成员国和西半球的 TPP 成员国。

此外，2011 年 APEC 成立了非法采伐和相关贸易专家小组，负责寻找应对非法木材贸易的对策。因为很多 APEC 成员即是 TPP 成员，所以他们在非法木材贸易上形成的规则将为 TPP 解决非法木材贸易提供制度基础。

②渔业补贴

解决渔业补贴背后不可持续的鱼类开采问题，是 WTO 多哈回合谈判的重要议题之一。在 2005 年香港部长级会议上，WTO 成员同意"加强渔业补贴管制，禁止那些引起产能过剩和过度捕捞的渔业补贴"。《香港宣言》也指出，考虑到重点地区优先发展、减少贫困、生计以及食物安全的问题，在实施渔业补贴政策时应给予发展中国家和最不发达国家适当有效的特殊和差别待遇。遵循这一原则，WTO 开始发展一系列针对渔业补贴的特殊规则，并取得了一些进展。但各成员之间仍还存在很大的分歧。最终 WTO 谈判小组主席在 2007 年传阅了一份草案，该草案中包含了一条禁令，禁止那些对已经出现过度捕捞的鱼类资源会造成不良影响的渔业补贴，但涉及渔业管理和享有特殊与差别待遇的国家可免责。

WTO 中谈判到的渔业补贴议题很可能会在 TPP 谈判中结束。因为 TPP 是包含发达国家和发展中国家在内的混合体，渔业补贴对不同国家来说代表了不同层次的利害关系。TPP 谈判的成功将会意味着各国在各自利益的权衡中找到了平衡。对于那些有着有效的渔业管理制度以及认为捕鱼并非是重大经济问题的国家来说，渔业发展的重点是可持续性和渔业保护。相反的，一些国家则担心那些补贴规则会限制他们渔业的发展。因为渔业对他们而言通常是食物、就业和经济增长的一个重要来源，如依赖渔业资源的日本。在现行 TPP 谈判中，一些国家要求设立一则允许小规模渔业补贴的例外条款。由此看来，渔业补贴问题不一定要以发达和发展中国家这条线来区分，应根据不同国家的经济状况来定。在 WTO "渔业之友"谈判小组中，包含 TPP 成员中的发达和发展中国家，如美国、澳大利亚、智利、新西兰和秘鲁，他们都支持在适当的免责条款下严格管制渔业补贴。相反的，对于重视渔业发展的日本和韩国，他们通常会反对限制渔业补贴。

（2）解决更多的环境挑战

TPP 中的环境条款将不会是 TPP 能影响环境的唯一方式。随着贸易自由化的发展，新 TPP 规则可以加强并帮助实现一系列的环境目标。

贸易自由化的发展给服务供给者提供了更多的竞争机会，促使他们提高自己的技术、改善自己的产品和服务，从而可以推动 FTA 成员经济增长模式的转型，帮助成员国实现由重工业向低碳环保的服务型工业转移，为成员国带来更多高效和环保的生产过程。所以在各国共同努力下，TPP 通过提供相应的商品、服务和投资，可以实现促进环境商品和服务贸易、减少环境商品贸易壁垒、应对环境变化等新目标。

①环境商品

环境商品贸易的发展可以加强环境保护工作并有助于减少温室气体的排放，而环境商品关税是阻碍环境商品贸易的一大壁垒，从而各国有必要减少环境商品的关税。特别是对于 TPP 中的发展中经济体，他们的平均关税高于发达经济体，减少环境商品关税给他们带来的环境利益会更加显著。因为发达国家对环境商品的关税已经很低，所以进一步减少这些关税对激励企业发展环境商品的作用不大，也就不能很好地提高他们的环境标准。

在 2011 年 APEC 火奴鲁鲁会议上，TPP 发布了一个关键目标大纲，其中包括要消除对商品和服务贸易的关税和非关税壁垒。如果将所有商品的关税都降为零，那 TPP 就不必单独考虑降低环境商品的关税。但如果 TPP 没有达到这一目标，那 TPP 仍应优先考虑实现环境商品的关税减免。

WTO 多哈回合一直在谈判环境商品关税减免问题，但各成员未能达成一致意见。在 2012 年海参崴举办的 APEC 峰会上，APEC 各成员就 54 项环境商品的关税减免达成一致，承诺到 2005 年底将这些商品的关税减至 5% 或者更少。这是一个突破性的进展。然而这 54 项环境商品是有限的，TPP 应努力争取实现更多环境商品的关税减免。

然而，要在 FTA 中确定减少哪些环境商品的关税并非易事。定义一种环境商品很大程度上要取决于它的最终用途。尤其是在环境变化的情况下，商品生产和处理的方式很大程度上就决定了他们温室气体的排放周期。例如在美国，电力部门产生温室气体排放的 40%，商业和工业部门大约排放 20%。很多国家开始管制商品的温室气体排放周期。美国就制定了可再生燃料标准，该标准要求在美国出售或进口到美国的燃料中需含有特定数量的可再生燃料。美国还根据燃料的温室气体排放周期定义了四种可再生燃料。德国和英国等欧盟国家则颁布了一些法律，以便根据不同的温室气体排放周期管制再生能源和运输燃料。

根据以上分析可知，TPP 应根据商品温室气体排放周期或生产过程来考虑怎么定义环境商品。在这些商品上削减关税会强有力地激励行业采用低碳型生产过程，从而能最好地减少温室气体排放。

此外，为了减少环境商品的贸易壁垒，以便得到更好的环境效果，各国应严厉执行其环保法规。因为在一个完全竞争性市场上，企业没有动机去做法律要求之外的事情。然而降低关税能减少企业遵守环境保护法的成本，从而环境商品关税的减免会有利于各国改善环境的执法。另外，关税的减免还可以降低绿色技术的贸易成本。企业则可以利用这种机会提高技术水平并减少温室气体的排放，从而履行企业的社会责任。

②环境商品贸易的非关税壁垒

环境商品的非关税壁垒是发展环境商品和降低贸易成本的一大障碍，主要表现为技术性法规、标签、标准、合格评定程序等。比如能效标签在能源部门的使用。

能效标签被应用在从洗衣机到电脑的各种商品上，它们已经成为告知消费者购买和激励行业生产更多高能效产品的一个关键手段。各国已经开始着手协调他们的标签计划。例如，澳大利亚和加拿大等 TPP 国家将他们的能效标签作为"美国能源之星计划"① 的基础。然而，TPP 中其他的一些发展中国家并没有这样做，并且发达国家之间对标准的严格度和不同能源测试程序的规定也不尽相同。由此看来，TPP 要统一各国的技术法规标准还存在相当大的余地。如果统一的是最高标准，那么环境收益也会是最大的。

在 TPP 中达成承诺，各成员方使用共同的标准和标签来提示消费者特定商品的环境效益，将能有效减少成本并增加这些商品的贸易量。如果 TPP 成员考虑对那些使用低碳生产过程的产品给予税收优惠，那么标签就是能让海关官员和消费者识别这些产品的一个好方法。还有一些比较普通的非关税壁垒，如知识产权保护不足、缓慢而昂贵的海关手续等。多哈回合也正在谈判这些议题，其中海关问题已经取得了较好的进展。TPP 也为减少这些非关税壁垒做出了努力，如在协议中承诺减少释放商品通关的时间；为提高海关程序的透明度和效率，在网上公开海关程序。

TPP 各成员除了重申他们在 WTO《技术性贸易壁垒协议》（TBT）中

---

① Energy Star，于 1992 年由美国能源部和美国环保署共同启动，旨在更好地保护生存环境和节约能源，开始于电脑产品，现已纳入家电、电子产品、照明等 30 多类产品。

的承诺之外，还会做出一些追加承诺，以鼓励成员国制定统一标准，从而开发出高能效的技术方法。此外，制定统一的合格评定程序，可以避免在每一个 TPP 成员市场进行重复测试的需要，从而可以减少贸易成本。

非关税壁垒往往具有隐蔽性，企业通常很难判断他们是否存在或以什么形式存在。这些壁垒对中小企业来说尤其棘手，因为他们无法支付高额成本来控制这些问题。提高技术性法规和标准的透明度，增加利益相关方评论的机会，会有助于 TPP 各成员避免那些具有歧视性或阻碍贸易发展的规则。因此，《韩美自由贸易协定》中一系列技术性壁垒的透明度承诺，很可能会被列入 TPP 中。这些承诺包括允许个人参与标准制定过程，同时允许他们对所提议的新标准和法规发表评论和意见。

③环境服务

环境服务是建设低碳环保经济社会的一个关键因素。例如电力场和太阳能设备可以产生再生能源，但这需要有工程师来设计并运行这些设备，并且可再生能源供应链的下游端是亟须服务来驱动的。风力发电设备的建设，在营销、销售、融资、物流以及风力公园的操作与维护的各个环节都需要专业人才。

随着环境问题的发展和变化，相关技术也在不断地发展与进步。世界各地的政府正在支持研发一系列新技术，而这些新技术也会需要新的技能来实现与操作，这就会产生相关的服务需求。如环境和温室气体减排技术的部署将有赖于环境部门之外的各种服务；一个风电场的发展则需要有咨询、通信、物流和融资等各项服务，以便完成项目的设计、融资和执行工作。由此看来，为加快解决各项环境问题和加强环保能力，TPP 应努力减少服务贸易的壁垒，以促进环境服务贸易的发展。

④能源与气候变化补贴

如今温室气体减排问题已是全球关注的热点，其关键是要从可再生能源和核能中开发出低碳能源。TPP 各成员已经实行了一系列的可再生能源补贴计划。例如美国在其 29 个州设有可再生能源配额制；澳大利亚设有一个可再生能源目标，即截至 2020 年其 20% 的电力将来自可再生能源，同时澳大利亚政府还支持开发太阳能以及碳捕获和储存技术。另外，TPP 各成员还大力资助研发绿色能源，如 2009 年美国在《美国复苏和再投资法案》中将开发清洁能源的支出由 2007 年的 178.95 亿美元调整为 2010 年的 371.60 亿美元。

然而在制订能源补贴计划时，应考虑到 WTO 的《补贴与反补贴措施协议》（SCM）。SCM 规定了各成员对补贴的使用，其中包括禁止性补贴条款和可诉讼的补贴条款。可诉讼的补贴是指 FTA 成员对其他成员的利益造成不利影响或严重妨碍另一成员利益的补贴措施。TPP 在指定能源补贴政策时，应考虑 SCM 的相关规定，并应保持与 WTO 的一致性。所以解释补贴的意义就变得很重要。

⑤矿物燃料补贴

国际能源署估计 2010 年矿物燃料补贴价值会超过 4000 亿美元。在不改革的情况下，其价值到 2020 年将增加到 6600 亿美元。政府鼓励清洁能源是为了弥补现有市场的扭曲。正如《20 国集团协议》决定逐步淘汰低效率矿物燃料补贴。

此外，政府为了应对国际市场的竞争，会给予企业气候补贴，以抵消国内碳价格对能源密集型出口企业的影响。例如欧盟通过允许自由分配许可证，已经抵消其总量限制与排放交易系统对企业的影响；澳大利亚也减轻了碳价格对其能源密集型出口工业的影响。

WTO 关于气候变化和能源补贴的限制性，应该会在 TPP 中得以解决。TPP 应努力将其成员扩展到所有 APEC 经济体的范围。TPP 中达成的协议很可能就是 WTO 补贴规则改革的基础。

TPP 可能会采取的一个方法就是发展一系列不可诉讼的补贴。SCM 第八条列出了一系列不可控告的补贴，其中有研发补贴以及为适应新环境所要求的资助。美国经济学家威廉·诺德豪斯提议说，任何不可诉讼的补贴都应按照《京都议定书》中所列的政策进行定义，并要求这些补贴应与 WTO 中的非歧视性和透明度准则一致。另一种方法是让各国证明所使用的补贴是符合 GATT 第 20 条例外条款的，该条款允许了为减少温室气体排放而采取措施的例外情况。①

此外，TPP 还应提高补贴的透明度，为各成员提供各种补贴的信息，特别是那些难以识别的补贴项目。SCM 要求 WTO 各成员向组织报告他们的补贴情况，但真正会报告的补贴则很少，这很大程度上是因为缺乏对违

---

① Meltzer, J. (2014). The Trans – Pacific Partnership Agreement, the Environment and Climate Change. Trade Liberalisation and International Co – operation: A Legal Analysis of the Trans – Pacific Partnership Agreement, Edward Elgar.

规行为的制裁。TPP 则要求各成员以标准格式报道其补贴情况，并对违规者进行制裁，从而提高补贴的透明度。

（四）TPP 环境条款谈判进程中的障碍

环境标准问题是 TPP 核心议题之一，TPP 的环境章节包含了广泛的环境议题。虽然这些内容已完成基本框架，但是各成员国之间目前针对环境条款仍在不断进行协商，且仍未取得进展。各国不同的环境标准和不同的利益诉求使得一些环境规则尚未达成一致，TPP 环境条款的谈判仍然面临诸多障碍，具体体现在以下几个方面：

1. 各国环境标准差距大

现 TPP 的 12 个成员国经济发展水平差距较大，各国环境标准差距也大，实现 TPP 环境条款的高标准性面临困难。目前参与谈判的 TPP 国家既有美国、日本、新加坡、新西兰等发达国家，也有马来西亚、越南、墨西哥、秘鲁等发展中国家；同时既有美国这样的超级大国，也有文莱这样的小国和越南这样的新兴经济体。各国国内环境法律体系差异大，环境标准不统一。对于那些环境标准较低的发展中国家来说，目前很难满足 TPP 的高标准；此外，各国经济水平的差异致使各国的利益诉求也不一样，在环境商品与服务贸易方面的要求也不一样。而美国在完整的环境法律体系的支撑下，会根据自身需求对 TPP 环境条款提出更高的要求。美国在开始参与谈判时就表示，美国国会将不接受任何没有强有力的劳工和环境措施的 TPP。在 TPP 签订的初期，新加坡、新西兰、文莱、智利四国在协议正文以外就专门设立了附件，规定了有关劳工和环境的谅解备忘录。但该附件规定的环境规则较弱，并且没有明确执行机制。随着 TPP 规模的扩大以及美国的加入，其环境章节的内容涉及范围更广且标准更高，满足这些条款对于发展中国家仍是个挑战。

从前景来看，在协议各方的共同努力下，TPP 协定很可能就环境问题提出明确的指导原则，同时制定完整的环境合作机制，以帮助各成员能够尽快获得具备实施高标准环境条款的基础条件。

2. 相关环境规则争议大

目前 TPP 谈判各方分歧最大、最具挑战性的领域是知识产权、竞争、环境、劳工标准等章节。各成员国对相关环境规则的争议大，要达成广泛的一致仍有困难。

在 TPP 环境章节的谈判中，美国主张所有谈判方承诺履行 7 个多边环境协定下的义务，涉及濒危野生动植物、消耗臭氧层物质、船舶污染、湿地、南极海洋生物、捕鲸、金枪鱼等领域。但目前只有《濒危野生动植物种国际贸易公约》和《关于消耗臭氧层物质的蒙特利尔议定书》两项公约是 TPP 谈判成员全部都有参加的多边环境协定，这离美国提出的目标还有很大差距，很难达成共识。

同时，美国要求赋予 TPP 环境条款法律效力，主张对环境管制采用贸易制裁的方式，具体条款包括承诺不能以影响各方贸易投资为由削弱或降低环境保护法律、法规或其他方式；确保利益相关方可向主管当局请求调查违反环境法的行为，并依据法律对此类请求给予适当考虑；确保司法、准司法或行政程序能够对违反环境法的行为给予制裁或救济等。而这些条款应该具有多大的法律约束力是目前各国争议最大的问题。尤其是，如果各成员国对多边环境协定的承诺也具有法律约束力，那么他们在 TPP 中就要正式参与多项条约，而这些条约对他们的经济可能会带来很大的冲击，可能是它们永远都不愿意参与的。

另外，就 TPP 谈判的争议来看，环境规则的争议是各成员国最具争议的问题之一，目前各国在环境条款谈判上尚未取得实质性的进展。

（五）TPP 环境条款对中国的影响及中国的对策

1. 中国 FTA 中环境条款发展现状

（1）中国 FTA 发展概况

目前中国正与五大洲的 31 个国家和地区建立 18 个贸易协定。其中，已签署的 FTA 有 12 个，涉及 20 个国家和地区，分别是中国与东盟、新加坡、巴基斯坦、新西兰、智利、秘鲁、哥斯达黎加、冰岛和瑞士的 FTA，内地与香港、澳门的更紧密经贸关系安排（CEPA）以及大陆与台湾的海峡两岸经济合作框架协议（ECFA），除了与冰岛和瑞士的 FTA 还未生效外，其余均已实施，且实施良好；正在商建的 FTA 有 6 个，涉及 22 个国家，分别是中国与韩国、海湾合作委员会（GCC）、澳大利亚和挪威的 FTA，以及中日韩 FTA 和《区域全面经济合作伙伴关系》（RCEP）。另外，中国正在研究的 FTA 有两个，分别是中国—印度 FTA 和中国—哥伦比亚 FTA，目前中国已完成了与印度的区域贸易安排（RTA）联合研究，且正与哥伦比亚等开展自贸区联合可行性研究；此外中国还加入了

《亚太贸易协定》。①

　　在中国已签署的 FTA 中，《中国—东盟 FTA》是中国同其他国家商谈的第一个 FTA；中国—东盟自贸区也是中国目前建成的最大自贸区，其成员包括中国和东盟十国，② 涵盖 18.5 亿人口和 1400 万平方公里的面积。协议双方于 2002 年 11 月 4 日签署了《中国—东盟全面经济合作框架协议》，正式启动了自贸区建设的进程。根据协议规定，双方将在 2010 年建成中国—东盟自贸区。随后双方又相继签署了自贸区《货物贸易协议》《服务贸易协议》和《投资协议》；相互实施了全面降税，致使双方贸易量迅速增加。与《中国—东盟 FTA》相似，中国对外 FTA 的内容主要涉及货物贸易、服务贸易、关税减免、投资等方面；对劳工标准、环境保护等内容涉及较少。

　　商务部国际经贸关系司负责人指出，2013 年是中国对外开放的重要的一年，自贸区战略加快实施。继 2013 年 4 月 15 日签署的《中国—冰岛 FTA》之后，2013 年 7 月 6 日《中国—瑞士 FTA》也成功签署，进一步深化了中国同欧洲国家的经贸往来；中韩自贸区也进入了实质性谈判，中日韩自贸区谈判也全面展开，提出要打造中国—东盟自贸区升级版的构想；此外，为顺应全球经贸发展新趋势，商务部于 9 月正式批准设立"中国（上海）自由贸易试验区"，这是全面深化改革和扩大开放的重要举措。为建设面向全球的高标准自贸区网络，2014 年商务部将以周边为基础，加快推进中韩自贸区谈判、中澳自贸区谈判、中日韩自贸区谈判、《区域全面经济伙伴关系协定》谈判、中国—海合会自贸区货物贸易谈判、中国—东盟自贸区升级版谈判。如此便可以进一步扩大对外开放，并能释放更多制度红利，最终达到以开放促改革、促发展、促创新的目的。

　　（2）中国在 FTA 中纳入环境条款的情况

　　在中国已签订的 FTA 中，环境条款的内容大多比较简单宽泛；特别是在 2010 年之前签署的 FTA，很少在正文部分涉及环境保护方面的内容。但纵观中国近几年签订的 FTA，其中涉及的环境相关内容在不断深化和发

---

　　①　数据来自中华人民共和国商务部网站。
　　②　东盟 10 国：文莱、印度尼西亚、马来西亚、菲律宾、新加坡、泰国、柬埔寨、老挝、缅甸、越南。

展。2013 年 7 月 6 日签订的《中国—瑞士自由贸易协定》设立了"环境问题"章节，第一次将环境相关内容以独立章节形式列入了中国 FTA 中。这是中国 FTA 环境条款的新突破。

中国在 2010 年之前签署且涉及环境保护相关内容的 FTA，主要是在合作条款和例外条款中做出环境合作的一般规定。如 2005 年 11 月 18 日签署的中国—智利 FTA 第十三章"合作"条款第 108 条"劳动、社会保障和环境合作"规定，"缔约双方应该通过劳动和社会保障合作谅解备忘录和环境合作协定增强缔约双方在劳动、社会保障和环境方面的交流和合作"。① 2008 年 4 月 7 日签署的中国—新西兰 FTA 在第十七章例外条款中规定了相关环境保护的一般规则，"双方理解，并入本协定的 GATT 1994 第二十条第（二）项及 GATS② 第十四条第（二）项采取的措施可包括为保护人类、动物或植物生命或健康所必需的环境措施，并入本协定的 GATT 1994 第二十条第（七）项适用于保护生物及非生物的不可再生自然资源的措施，但这些措施的实施不应构成恣意或不合理的歧视手段，或对货物或服务贸易或投资构成变相的限制"。③ 随后 2008 年 10 月签署的中国—新加坡 FTA、2009 年 4 月签署的中国—秘鲁 FTA 以及 2010 年 4 月签署的中国—哥斯达黎加 FTA 在"例外"章节中也有相似的规定。

2013 年中国成功签署了两份 FTA，分别是中国—冰岛 FTA 和中国—瑞士 FTA，这两份 FTA 在环境保护的内容上都有新的发展。中国—冰岛 FTA 在第 96 条"劳动和环境保护"条款中规定，"双方将根据《中华人民共和国国家环境保护总局与冰岛共和国环境部环境合作谅解备忘录》进一步加强沟通与合作"。④ 中国—冰岛 FTA 是继中国—智利 FTA 之后第二份签订环境合作调解备忘录的。而中国—瑞士 FTA 在环境条款内容上取得了突破性的进展。第一次将"环境问题"作为独立章节列入协议正文，该章节规定了双方在环境方面合作的目标、方式、资金安排等内容，重申了双方对以可持续方式促进经济发展和不断提高环境保护水平的意愿。双方一致认为，在实践中通过削弱和降低国内环境法律、法规、政策

---

① 《中华人民共和国政府和智利共和国政府自由贸易协定》，2006 年。
② GATS：General Agreement on Trade in Services，服务贸易总协定。
③ 《中华人民共和国政府与新西兰政府自由贸易协定》，2008 年。
④ 《中华人民共和国政府和冰岛政府自由贸易协定》，2013 年。

等已规定的环保标准来鼓励贸易和投资是不合适的，同时，环保标准不应被用作贸易保护主义目的。双方还同意加强合作，以促进有利于环境的货物、服务和技术的传播。

根据上述中国 FTA 发展历程以及 FTA 中环境条款的内容可知，中国早期 FTA 中纳入环境条款的情况较少，协议主要涉及的是货物贸易、服务贸易、关税减免、投资等内容。然而随着中国自贸区的不断增加，FTA 相关环境保护内容也在逐步增加并完善。但中国—瑞士 FTA 是目前中国唯一一份包含了比较完整的环境条款的 FTA。相比美国、欧盟、智利等国家，中国 FTA 环境条款的发展是远远不成熟的。

中国在 FTA 中纳入环境条款的情况较少，且在 2013 年才取得突破进展，这与中国具体国情是相符的。首先，中国目前仍属于发展中国家行列，不可避免地会在 FTA 中以发展贸易为重，所以对环境保护的内容较少；其次，与美国等发达国家相比，在对外发展 FTA 时中国没有一个完整的环境法律体系做依托且环境保护标准偏低，从而对环境条款的实施能力较弱，所以在建立自贸区的初期不倾向于考虑环境条款；再者，中国部门与部门严格区分的政府机构设置使得环境条款谈判能力较弱，影响了 FTA 中环境条款发展。中国负责环境保护的环保局和负责贸易的商务部之间有严格区分，在涉及对外环境问题谈判时，两个部门相互配合程度不佳，因此中国相对缺乏在 FTA 中直接进行环境条款的谈判能力，从而影响了中国 FTA 中环境条款的发展。

然而，贸易自由化和中国对外贸易发展的大趋势要求中国在未来 FTA 中发展更多更全面的环境条款相关规则，这意味着未来 FTA 的谈判在环境保护方面将对中国提出更高的要求。考虑到中国发展环境条款经验不足的情况，中国在与贸易伙伴开展贸易合作时，应充分考虑贸易伙伴现有 FTA 中环境条款规则对本国可能的影响，并及时采取应对措施。

2. TPP 环境条款对中国的影响

虽然中国目前还没有参加 TPP 的谈判，TPP 环境规则对中国没有直接的影响，但 TPP 涉及多国，且其中有许多国家与中国已经发展了 FTA 贸易伙伴关系，所以 TPP 中环境条款可能会通过其成员网间接作用于中国。

（1）TPP 环境条款的发展会增加中国 FTA 中环境保护的压力。

自美国 NAFTA 签署实施以来，世界 FTA 的环境条款不断得到发展和完善。许多国家在发展对外 FTA 时越来越重视环境与贸易的协调关系。

在美国的带动下，很多国家在其 FTA 中也纷纷加入了环境条款的内容。TPP 便是一个很好的例子，其涉及成员广泛，且环境条款要求高。TPP 环境条款的成功实施将会对世界各国在环境保护上的合作产生更是深远的影响。中国也不例外。

目前将环境与贸易挂钩已成为世界贸易的大潮流，在这样的大潮流下，很少会有空间允许中国仍以传统的方式谈判签订与其他国家的 FTA。2004 年智利和 2007 年新西兰在与中国进行 FTA 谈判时，都主动要求针对环境保护问题进行谈判，并且中国—智利 FTA 和中国—新西兰 FTA 最终都列入了环境保护相关内容。所以，在各国对环境条款日益重视的情况下，中国在发展 FTA 时会面临更多环境合作的压力。而 TPP 的环境条款会加强这种影响。TPP 是新一轮有着更高开放性和标准的 FTA 谈判，其成员签署的高要求环境条款，也意味着中国可能会面对未来贸易伙伴更高标准的环境合作要求。

（2）TPP 环境条款会成为中国加入 TPP 的门槛。

正如前文所分析的，TPP 是具有高开放性和高标准要求的 FTA，其环境条款具有深化和广化趋势。所以相比以往 FTA 中环境条款的内容，TPP 会有着更多更高的要求。而这些高要求就会成为中国参与 TPP 谈判的条件。根据上文中讲述的中国 FTA 环境条款发展现状可知，中国发展环境条款内容的经验少，到 2013 年才第一次在协议正文中列入独立的环境章节；且中国对 FTA 环境条款谈判能力较弱；与美国等发达国家相比，中国国内环境保护标准偏低，环境法规不完善；这些因素的存在和 TPP 的高标准会使得 TPP 环境条款成为中国加入 TPP 谈判的门槛。

（3）TPP 环境条款设定的规则会冲击中国与亚太国家 FTA 的相关合作。

TPP 中的环境条款与各国之间的贸易合作是息息相关的。TPP 环境章节要求各成员国承诺履行 7 个多边环境协定的义务，涉及濒危野生动植物、消耗臭氧层物质、船舶污染、湿地、南极海洋生物、捕鲸、金枪鱼等领域；且在非法木材贸易和渔业补贴等方面，TPP 正在就新的规则达成一致。这些贸易新规则的确立，势必会影响着亚太地区 TPP 成员之间在相关产品下的贸易制度与方向。目前 TPP12 个成员国中有许多都与中国有着紧密的贸易合作关系，且其中四个已与中国建立自由贸易区，这些国家相关商品在贸易制度和方向上的改变，对中国会造成贸易转移的影响。此外，虽然中国与现有TPP成员之间的FTA不一定会涉及TPP的环境保护规则，但也不能排除未来各国对中国贸易合作提出相似的要求。

另外，美国主导的TPP谈判主张高标准的环境保护规则，正间接地为亚太地区国家或区域的FTA谈判树立新的范式，各国之间未来FTA谈判的环境条款也将因此被拔高。TPP如果最终达成并发挥影响力，将提高以后中国在亚太地区拓展自由贸易伙伴的难度，特别是中国与发达国家之间的经贸合作。如果TPP的环境条款被未来的FTA伙伴所参考，中国将被要求参加更多的协定，开放更多的市场，这对中国未来缔结FTA也是不利的。

3. 中国的应对措施

从上文的分析可以看出，TPP顺应了贸易与环境挂钩的趋势，它的标准也代表着未来双边和多边FTA谈判的潮流。对于FTA环境条款发展尚不成熟的中国来说，TPP环境条款的达成将会对中国造成各种影响。中国应同时从国内和国外两方面着手，准备应对TPP环境条款带来的挑战。结合中国的实际情况，其具体的应对措施可以如下：

首先在国内方面：

（1）推动环境标准与国际接轨。要顺应TPP环境条款的深化和广化趋势，并达到未来FTA伙伴对环境条款的新要求，首先中国应提高国内环境保护标准，推动环境标准与国际接轨。一方面，中国应努力健全国内环境法律体系，这一点可以从完善环境保护法、建立健全的环保执法机构以及加强环保执法人员培训等方面着手；另一方面，中国应努力参与国际环境标准的制定，发挥积极作用并体现自身利益，以争取主动。

（2）完善国内机构设置，提高环境条款谈判能力。从中国在FTA中纳入环境条款的现状可知，中国需完善国内机构设置，明确相关机构对环境条款谈判的权利和义务，避免在谈判时出现商务部和环保局合作低效率的情况。具体做法可以是：在商务部设立环境合作谈判专业小组，专门负责FTA中环境条款的谈判事宜；设立独立的国际环境合作机构，由其负责管理FTA中环境条款谈判及实施等工作。

其次在国外方面：

（1）加快与TPP发达成员签署双边FTA，为顺利进入TPP创造条件。

目前TPP的12个成员中，已经有三分之一的国家与中国签署了双边FTA，它们是新西兰、智利、新加坡和秘鲁。此外，文莱、马来西亚和越南与我国都是中国—东盟自贸区成员。而美国、加拿大、墨西哥、日本尚未与我国签署或谈判过双边FTA。如前文所分析的，TPP环境条款设定的规则会冲击中国与亚太国家FTA的相关合作，并可能会成为中国加入TPP的门槛，因此中国应加快与TPP发达国家自由贸易区的发展进程，尽量降低TPP环境条款对中国贸易转移的效应以及中国参与TPP谈判的难度。具体工作可以从以下两方面努力：首先应重新开始与澳大利亚双边FTA的谈判，争取早日签约；其次应尽早开始与加拿大商谈自由贸易区的建设。澳大利亚与加拿大是TPP中的发达成员国，与他们达成双边FTA，有利于我国加入TPP。

（4）积极参与TPP环境规则谈判，争取主动。TPP对以往FTA中涉及的环境议题提出了新的标准，以往没能解决的环境问题在本次谈判中很有可能得以解决；同时TPP还涉及气候变化，环境商品，环境服务和相关能源补贴等新的环境挑战。这些议题的提出与解决，意味着新的贸易规则在亚太区域的确立，而是否有参与到环境议题的谈判中不仅关系到一国在协议中的地位，还关系到一国的国际影响力；此外，正如前文中提到的，TPP环境规则的确立会影响亚太地区与中国的经贸合作和FTA的发展。所以中国应当适时加入TPP环境规则的谈判进程中，以减少贸易转移效应的损失，并成为新环境规则制定的参与者和谈判者，争取主动权，从而提高中国的国际地位；这样也可以推动中国环境标准与国际接轨、加快国内体制改革、改善环境法律体系和提高国内环境保护标准。

三　中国应对FTA中的知识产权问题的对策

据统计，自1995年WTO的贸易有关知识产权（TRIPS）协议实施后至2014年2月，向WTO通报的245个RTA中，有174个协定中含有知识产权条款，其中仅有16个条款是在1994年之前签订。随着发展中国家在WTO体制下的崛起与努力，WTO通过了有利于发展中国家解决公共健康问题的《多哈宣言》，也挫败了发达国家试图再次通过WTO体制提高知识产权保护标准的意图。但国际知识产权规则的制定权仍掌握在经济发展雄厚的发达国家手里，他们通过场所转移，在双边自由贸易协定、反假冒贸易协定及跨太平伙伴关系协定中，继续推行知识产权保护的高标准——TRIPS – Plus 标准。

（一）WTO 框架下的知识产权保护难以满足美国的需要

1. TRIPS 协定难以满足美国知识产权保护的需要

乌拉圭回合谈判导致 TRIPS 协议的缔结是南北国家互相妥协的结果，缔结时就呈现出偏向性，违背了利益平衡的价值目标。一方面南北国家之间的妥协，发达国家为获得知识产权的高水平保护和促使多边贸易谈判成功，开放了本国的农产品和纺织品市场，同时考虑到南北科技水平差距，TRIPS 为发展中国家设置了弹性条款和过渡期安排等优惠条件；另一方面发达国家之间也存在矛盾与妥协，如欧共体为获得酒类原产地名称权而放弃了保护作者的精神权利，美国扩展了专利客体范围却要承认例外条款和强制许可。随着各国经济实力的非对称发展，这种妥协和让步不能再维护各国利益的平衡，发展中国家要承担沉重的实施负担，发达国家也认为弹性规定和潜伏期安排损害了其知识产权利益，TRIPS 所掩盖的利益冲突需要重新来平衡。虽然在 TRIPS 协定下，知识产权保护客体范围扩大了，保护标准提高了，执行力有了提升，形成了统一的知识产权国际规则，但美国等发达国家希望推行更高的保护标准：第一，TRIPS 协定中的弹性条款和过渡期安排留给了发展中国家过多的优惠，没够达到预期的保护标准。第二，最惠国待遇原则扩大了发达国家对发展中国家的让步，发展中国家享受一些没有必要的优惠待遇，这对美国来说是一种浪费的利益。第三，TRIPS 的主要任务更类似于一个贸易工具，而不是一个创新工具。20世纪 90 年代以来高新技术快速发展，技术进步催生出更高标准的知识产权保护需求。技术创新对美国的生产做出了极大贡献，新技术如纳米技术、生物技术、数字通信技术等在贸易中所占比重日益增加，美国科学技术在全球领先，是最大的知识产权输出国，TRIPS 不能有效保护这种高知识含量的贸易模式。

2. 发展中国家在 WTO 体制下的崛起

随着发展中国家力量的崛起，同时不满足于 TRIPS 协定所确定的知识产权保护标准，试图对其重新解释、补充或者修改，在 WTO 多边体制制衡机制下团结一致，形成一股抵抗发达国家独断专行的强有力的力量，逐步改变着 WTO 体制格局，震慑着发达国家。

在 2001 年 11 月 14 日，WTO 第 4 次部长级会议通过的《部长宣言》，将（1）TRIPS 协议与公共健康（2）TRIPS 协议与生物多样性公约的关系（3）TRIPS 协议与传统知识与民间文学的保护等多项与发展中国家利益息息相关的问题被纳入新一轮的多边贸易谈判——多哈回合谈判议题中。并在 2003 年 8 月 30 日，世贸组织总理会通过了包括《执行〈TRIPS 协议与公共健康宣言〉第 6 段的决定》和总理事会主席"关于《执行〈TRIPS 协议与公共健康宣言〉第 6 段的决定》的声明"在内的法律文件，目的在于通过规定有关专利药品强制许可的弹性条款解决发展中国家和最不发达成员所遭遇的公共健康危机。即允许引用强制许可条款生产有关专利药品，维护国内人民生命安全和国家利益。2005 年，WTO 第六次部长级会议上通过了《香港宣言》，允许生产制造能力薄弱的国家可获得利用强制许可生产的药品。以上取得的成就表明在 WTO 框架下，发展中国家作为一个整体力量正释放强大力量来打破由发达国家一手操控的国际知识产权秩序的局面。

此外，在 WTO 体制下，发达国家之间也出现了矛盾和分歧，坎昆会议失败的重要原因就是欧美对地理标志的分歧。同时面对发展中国家在 WTO 体制内的崛起，发达国家意识到短期内 WTO 已不是其推行知识产权保护高标准的理想场所，因此发达国家开始寻求场所转换，转向双边或区域谈判。

3. 发达国家利益诉求

处于知识经济时代的发达国家，知识经济发展迅速，技术因素在贸易中所占的比重上升，研发资本大量投入及市场扩张等促使发达国家加强知识产权保护。

（1）对于发达国家来说，TRIPS 协议的现有知识产权保护水平及范围显然是不足。知识经济发展迅速，网络数字技术、生物技术、多媒体技术新科技和新领域的层层涌现，发展惊人。以生物技术为例，根据安永公司 2014 全球生物技术行业报告，生物技术发展成熟区域（美国，欧洲，加拿大和澳大利亚）产生的收入约为 988 亿美元，较 2012 年增长了 10%，但几乎所有的增长都来自 17 家美国"商业领袖"型企业（定义为年收入超过 5 亿美元的公司）。

表2—5 商业领袖企业与其他企业生物技术发展状况（单位：10亿）

	2013 年	2012 年	变动额	变动比
商业领袖型企业				
收入	61.8	54	7.9	15%
研发投入	14.4	11.5	2.9	25%
净利润	12.9	12.1	0.8	7%
市值	473.3	271.3	201.9	74%
员工人数	76185	67610	8575	13%
其他企业				
收入	10.1	9.8	0.3	3%
研发投入	8.9	8	1	12%
净利润	−10.3	−7.6	−2.7	35%
市值	159.8	90	69.7	77%
员工人数	33367	32329	1038	3%

数据来源：安永公司2014全球生物技术行业报告。

（2）获得由知识产品带来的技术差距和转让费。知识发展，技术先进，研发投入及人才的培养，使得发达国家在得天独厚的环境下，专利发明数量急剧增长。如图2—4所示，根据WIPO的统计数据，在1995年至2013年期间，美日德三国PCT之和总量稳步增长，占全球比例一直保持在60%左右。可见，美日德等发达国家是专利发明主要国，在专利方面有着不可动摇的优势。

据日本银行统计，2013年4月至2014年1月，日本企业知识产权贸易收支实现了1.223万亿日元盈余，实现同比倍增。其中，日企著作权、商标权收入为1600亿日元，同比增长40%，动漫企业知识产权收入也增长显著。日本经济面临巨额贸易赤字之下，知识产权贸易收支盈余可在一定程度上减轻日本经济负担。

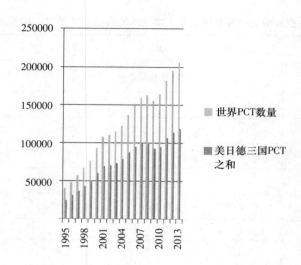

图2—4　1995—2013年美日德三国PCT申请数量概况
数据来源：根据WIPO网站资料整理。

（二）美国FTA谈判中知识产权条款的强化

1. 自由贸易协定中知识产权条款的分布情况

据Raymundo Valdés and Maegan McCann最新统计，RTA中含有知识产权规定的数量和比例都在增加。截止到2014年2月，向WTO通报的245个RTA中，有174个协定中含有知识产权条款，所占比例由2000年之前的不足40%增加到80%，到2009年的92%。FTA成为签订知识产权协定的主要载体，多半是由发展中国家与发达国家缔结。可见，随着国际合作的发展，知识产权保护逐步受到重视，同时知识产权保护中出现的TRIPS – Plus条款更是引人注目。

2. 美国FTA中的知识产权标准的强化

据美国代表贸易办公室统计，迄今美国已与20多个国家或地区签订双边贸易协定，其中促进贸易协定（TPA）有3项，自由贸易协定有17项，已经开始生效的有19项。在TRIPS协议后美国签订的双边贸易协定具体情况如下：

由表2—7可见，从时间上看，在TRIPS协议后，美国加快了双边贸易协定的签订，12年之内与17个国家签订了双边贸易协定。从签约对象来看，多是发展中国家，且地域分布集中，以美洲国家为主，涉及西亚北非部分国家。从内容上看，美国签订的双边协定多以专门形式在不同章节不同程度地涵盖了知识产权保护要求。而这些知识产权条款在总体结构、章节安排及保护内容与 TRIPS 协议相类似。在总体结构上，有四大部分组成，分别是：序言和总则、具体知识产权保护标准、知识产权执法和过渡期及其他。

第一，商标权方面。（1）商标注册范围。TRIPS 协议第 15 条规定只要满足显著的可视性，即可注册。美国 FTA 中普遍有超越 TRIPS 协议规定的趋势，允许把非可视性标志如声音、气味作为注册商标加以保护①。美 FTA 对商标类型进行细分，包括服务、集体、证明类型甚至包括地理标志。② 商标注册的例外情况与 TRIPS 协议一致。（2）驰名商标的保护。美国 FTA 规定无论驰名商标是否已经注册，均可进行跨类保护，令未注册的驰名商标也可以受益于反淡化保护。美 FTA 中均有类似条款，无论该驰名商标是否注册，巴黎公约第六条之二，适用于与驰名商标所标示的商品或服务不相同、不类似的商品或服务上。美国与智利、阿曼、韩国 FTA 中以列举方式允许各缔约方拒绝或取消对驰名商标或地理标志的注册。美国与约旦、新加坡、智利 FTA 中要求各缔约方在最低程度上遵守《关于驰名商标条款的联合宣言》（1999 年）。（3）商标保护期。美 FTA 普遍将商标保护期限延长至 10 年，除美智 FTA、美新 FTA 及美约 FTA 未作规定外。（4）商标注册程序。美 FTA 中普遍要求缔约方尽最大努力批准、加入《商标法条约》和《商标国际注册马德里协定》，并据此修改国内法，统一贸易伙伴商标注册程序。在对货物和服务分类时，美智 FTA、美阿 FTA、美巴 FTA 及美秘 FTA 倡导缔约方以《尼斯协定》为依据。美国与韩国、澳大利亚、秘鲁、阿曼 FTA，建立商标电子申请、审查、注册和维持系统，允许公众访问该系统电子数据库，改进 TRIPS 协议中规定的商标注册方式。美与智利、秘鲁、巴林、澳大利亚 FTA 中要求以书面或电子形式提供拒绝注册说明，书面形式提供异议或撤销决定。

---

① 美国与新加坡、巴林、哥伦比亚、澳大利亚、阿曼、秘鲁、摩洛哥、韩国 FTA 要求缔约方不得以视觉可感知作为商标注册的条件。澳大利亚、阿曼、巴林、哥伦比亚、韩国、摩洛哥、秘鲁 FTA 要求在商标注册时，不能拒绝声音或气味。在智利与新加坡 FTA 中只分别规定了声音和气味商标。

② 美国与智利、哥伦比亚、澳大利亚、哥伦比亚、秘鲁、巴林、哥伦比亚、新加坡 FTA 规定应把集体商标和证明商标纳入商标类型中，美与澳大利亚、韩国、阿曼、智利、巴拿马、约旦、新加坡、哥伦比亚、巴林、秘鲁 FTA 中规定把地理标志纳入商标保护客体范围给予保护。

表 2—6   关于知识产权协定相关统计状况

	1995 年前	1995—1999	2000—2004	2005—2009	2009 年后	总数
类型						
CU	3	1	1	0	0	5
EIA	1	0	0	0	0	1
FTA	6	6	15	19	14	60
PSA	1	0	0	0	0	1
CU&EIA	3	0	0	1	1	5
FTA&EIA	2	3	21	45	31	102
PSA&EIA	0	0	0	1	0	1
缔结成员						
发达国家之间	3	0	0	2	0	5
发展中国家或转型经济体之间	2	3	14	30	19	68
发展中国家/转型经济体—发达国家	6	7	22	30	22	87
发展中国家/转型经济体—发达国家—LDC	0	0	0	2	2	4
发展中国家/转型经济体—LDC	5	0	1	1	3	10
备忘						
含 IP 条款的 RTA 数量	16	10	37	65	46	174
不含 IP 条款的 RTA 数量	24	23	9	11	4	71
总 RTA 数量	40	33	46	76	50	245

资料来源：Raymundo Valdés and Maegan McCann，2014，"Intellectual Property Provisions in Regional Trade Agreements"，World Trade Organization Economic Research and Statistics Division，Sep.，p. 9。

表 2—7　　　　　　　　后 TRIPS 时代美国 FTA 知识产权概况

序号	国家	生效日期	类型	IPR 形式	条/款数量
1	约旦	2001 年 12 月 7 日	FTA	第 4 条	29
2	智利	2004 年 1 月 1 日	FTA	第 17 章	12
3	新加坡	2004 年 1 月 1 日	FTA	第 16 章	10
4	澳大利亚	2005 年 1 月 1 日	FTA	第 17 章	12
5	摩洛哥	2006 年 1 月 1 日	FTA	第 15 章	12
6	多米尼亚	2006 年 3 月 1 日	FTA	第 15 章	15
7	哥斯达黎加	2006 年 3 月 1 日	FTA	第 15 章	15
8	萨尔多瓦	2006 年 3 月 1 日	FTA	第 15 章	15
9	危地马拉	2006 年 3 月 1 日	FTA	第 15 章	15
10	洪都拉斯	2006 年 3 月 1 日	FTA	第 15 章	15
11	尼加拉瓜	2006 年 3 月 1 日	FTA	第 15 章	15
12	巴林	2006 年 8 月 1 日	FTA	第 14 章	11
13	阿曼	2009 年 1 月 1 日	FTA	第 15 章	29
14	秘鲁	2009 年 2 月 1 日	TPA	第 16 章	14
15	巴拿马	2011 年 10 月 21 日	TPA	第 15 章	13
16	韩国	2012 年 3 月 15 日	FTA	第 18 章	12
17	哥伦比亚	2012 年 5 月 15 日	TPA	第 16 章	14

资料来源：美国代表贸易办公室网站。

第二，版权及相关权利。（1）版权与邻接权方面。美 FTA① 中延伸复制权范围至临时复制权，含电子形式的短暂存储。美 FTA② 中将传播形式由 TRIPS 协议中的无线扩展至有限。强化权利人范围，使其在未授权情形下或者境外授权的情形下，有权授权或拒绝其作品、表演和唱片的原件或复印件进口到本国。（2）保护期限方面。美国 FTA 自 2001 年后，在 TRIPS 协议提供 50 年保护期基础上延长至 70 年的保护期。美国与智利、巴拿马、约旦、澳大利亚 FTA 规定表演者或录音制品者若为另一国的居

① 详见美国与秘鲁、智利、新加坡、摩洛哥 FTA。
② 详见美国与澳大利亚、摩洛哥、韩国、阿曼、巴拿马、智利、秘鲁 FTA。

民，仍可以享有本章规定的权利，且任何其他成员承认的作品或录音制品在首次出版 30 天内均被认为在本领土内首次出版，美韩 FTA 中未规定具体天数。（3）技术保护措施。美 FTA① 中较为普遍地涉及有效技术保护措施内容，这超越了 TRIPS 协议规定。例如美国与秘鲁 FTA16.7.4 中规定有效的技术措施是指技术、设备或者组件，它们正常运行下能够控制对作品、表演、录音制品等的访问，或者能保护版权以及相关权利。并以举例方式规定其例外除图书馆、档案馆、教育机构或公共广播非商业实体外的，任何为商业利益或私人利益从事以下活动：（a）故意或者应当知道，未经许可规避技术措施；（b）散发、生产、进口、向公众发放、提供设备、产品、组件或者提供服务，这些物品或服务符合下列情形之一的：①以规避有效技术措施的目的，进行宣传、促销或交易，②为了商业目的或者使用，而不是主观规避有效技术措施，③主要目的是方便规避有效技术措施，应受到制裁。美新 FTA 中规定，在版权保护期限届满后，权利人应有权控制数字作品的获取和分发及他人对作品的访问。

第四，专利保护方面（1）专利保护范围：TRIPS 协定未对专利定义详解，仅说若具有新颖性、创造性即为专利客体。部分美 FTA② 中规定缔约方应对在所有技术领域的发明创造，包括程序创新和具有应用工业能力，不论是产品还是加工工序，授予专利保护。部分美 FTA③ 中把"独创性""工业实用性"分别等同于"非显而易见""有用性"。虽然条款内容有差别，但毫无例外地扩大可专利保护范围。部分美 FTA④ 中把产品新用途新方法、动植物品种、人类及动植物的治疗方法纳入专利范围，而 TRIPS 协定第 27 条第三款明确排除在外。（2）专利保护期限：虽然美国 FTA 与 TRIPS 协议规定一致，对专利产品提供 20 年保护期，但美 FTA⑤

① 美国与秘鲁、智利、巴拿马、摩洛哥、韩国、澳大利亚 FTA。
② 美国与约旦、巴林、秘鲁澳大利亚、智利、新加坡 FTA。
③ 美国与澳大利亚、秘鲁、智利、巴拿马 FTA。
④ 美国与阿曼 FTA 中将治疗疾病的新方法和新用途纳入专利范围。美国与巴拿马、秘鲁 FTA 中规定未对动植物实施专利保护的缔约方，应在协议之日起，尽最大努力提供保护。美智 FTA 只要求对新植物品种给予保护，通过在协议生效 4 年内完善立法的方式。美国与摩洛哥 FTA 中明确将动植物品种纳入专利保护范围。
⑤ 美国与摩洛哥、阿曼、新加坡、澳大利亚签订的 FTA 中不合理延误行为是指缔约国在申请日后 4 年或审查后 2 年才授予专利的行为。而在美国与秘鲁、智利、巴拿马 FTA 中则分别是 5 年和 3 年。

中另行规定，若在专利授予程序中有不合理延误，缔约方应延长专利保护期限（包括药品专利）。（3）强制许可与平行进口：美与新加坡 FTA 突破 TRIPS 协定，将强制许可的范围限制在紧急情况、反垄断补救、非商业性公共需要等国家紧急情况范围内。关于平行进口，TRIPS 协定未做强制性规定，美 FTA[①] 允许专利权人行使专利权，通过合同或其他限制手段，限制缔约国平行进口的权利。（4）药品及化学品实验数据保护。美与智利、摩洛哥、新加坡 FTA 中引入美国国内药品专利链接制度，规定药品注册管理部门不得给未获得专利授权的仿制药品注册专利。TRIPS 协议对数据提供保护的前提是防止实验数据的不正当使用，而美国与新加坡、巴拿马、阿曼、智利 FTA 在此基础上则对实验数据和药品提供专有独享期，药品为 5 年，实验数据为 10 年。（5）美国 FTA 普遍还出现了对携带卫星和电缆信号的加密节目进行保护的规定。

此外，专利章节对专利权利人权利、专利申请、异议和撤销及例外情形，及专利公开披露做了详细规定，其中美新 FTA 中禁止在专利授权前提出异议。

第五，知识产权执法方面。（1）民事和行政程序及补救。美国 FTA[②]中，司法机关有权要求侵权人向权利人支付：（a）足以弥补侵权人遭受的损失；（b）至少在盗版和商标侵权案件中，权利人利润应计入赔偿范围之内。计算赔偿金[③]时，用零售价格或其他合法方式计算权利人提交的被侵权物品或服务的价值。涉及作品、表演和录音制品等版权侵权或商标盗版情况下，建立可供权利人选择的预付赔偿机制。败诉方支付包括诉讼成本和律师费在内的全部费用。（2）边境措施方面。美国与韩国、摩洛哥 FTA，申请人要向海关部门提交足够说明侵权行为的信息，以便能合理辨认侵权货物，但不足够的信息不应成为阻碍救助行为的借口。美国FTA[④] 中有扩大适用对象现象，允许对进出口、在途品、自由贸易区的伪造或易混淆的商标侵权或盗版商品启动边境措施。（3）刑事程序及补救

---

① 美巴 FTA、美新 FTA、美摩 FTA 及美澳 FTA。

② 美国与韩国、约旦、摩洛哥、新加坡、智利、阿曼、秘鲁 FTA。

③ 美摩 FTA 中 15.11.7 中规定更加严苛的赔偿方法，规定在专利侵权案件中，司法机关可按发现或评估的损害赔偿价值的三倍向侵权人索取，特殊情况除外。在美国与约旦达成的《关于知识产权保护问题的备忘录》要求，约旦将把对商标和版权侵权的刑事罚金提高到大约 9000 美元。

④ 美国与智利、秘鲁、巴林、韩国、新加坡 FTA。

措施。自美约 FTA 始，缔约方对故意进口假冒或盗版商品、达到商业规模的故意假冒商标或商标盗版案件实施刑事处罚。而美澳 FTA、美摩FTA、美阿 FTA 中规定即使不是故意假冒商标、版权及相关权，但在有关唱片、计算机程序拷贝、文件、影视作品复印件及假冒文件上使用假冒商标以及已使用的任何类型或特征的标识或包装的行为，缔约方仍应提供刑事程序和处罚。在刑事救济方面除了监禁、罚金以及没收或扣押或销毁侵权商品及工具外，规定了可以没收侵权行为所得财产。

（三） TPP 谈判中知识产权保护的高标准

跨太平洋伙伴关系协议是由美国主导、涵盖范围广、谈判标准高的覆盖亚太地区的自由贸易协定，美国把其称为 21 世纪自由贸易协定新范本。知识产权保护客体方面，涉及专利、版权、商标、地理标志、互联网域名及药品数据等，执法规则方面更是严格于此前的相关规定。TPP 协议的出台对国际知识产权保护发展方向起到示范作用。

第一，商标及相关权利方面。（1）商标保护范围及保护期限。与多数美 FTA 规定一致，对具有声音和气味的标志给予注册，把集体标志、认证标志及地理标志纳入商标保护范围，将保护期延长至 10 年。在驰名商标方面，驰名商标保护范围扩大到不相同或不相近的商品或服务商标上。（2）商标注册程序方面。规定缔约方要保证申请人拥有答辩商标注册权，质疑初审决定权及诉讼最终注册驳回权；利害关系人可以对商标提出异议及撤销权；不得要求以商标许可备案作为确认许可的有效性的条件。用书面形式呈现异议或撤销的决定及理由、商标注册电子系统、货物和服务分类与上节美 FTA 规定一致。（3）域名相关规定。TPP 解决商标网络空间盗版问题，第一，缔约方应根据由国际互联网域名及代码分配合作中心（ICANN）所制定的"统一域名争端解决规则"所规定的原则，提供域名解决争端程序。第二，缔约方还应建立并提供准确可靠的域名注册人联系信息数据库。

第二，专利保护条款方面。（1）保护范围及保护期。TPP 将具有新颖性、创造性和实用性的产品和加工工序纳入专利保护范围。另外对即使没有增加产品功效的已知产品的新形式、方法等给予专利。规定成员可对以下客体授予发明专利：（a）植物、动物，（b）动植物生产的生物工艺，（c）动物或人的诊断、治疗方法或外科手术方法，（d）图表、计划、开展心理过程的规则和方法、数学方法、软件、审美创造、艺术或文学作品。专利保护期限与提供药品及化学实验数据保护期的内容与美 FTA 一致。（2）专利申请、异议及撤销程序。第三方可在专利授予前及授予后提出异议。Article QQ. E. 5 规定专利例外情形，（a）与专利正常使用不抵触，且考虑到专利权人合法利益（b）监管审查例外（c）试验使用例外（d）其他未经授权例外。Article QQ. E. 14 缔约方应对在申请过程中不合理的耽误延长专利保护期限。这种不合理的延误至少包括自申请日后四年才发行该专利或两年后才开始审查该专利。另外对专利申请、撤销异议程序、出版专利申请、权利穷竭做出规定。（3）传统资源保护。TPP 意识到传统知识、传统资源及生物多样性对社会和经济发展的重要性。允许各缔约国应依据他国国内法使用遗传资源及衍生品。各缔约国在使用他国遗传资源、传统知识时应：（a）获取事先知情同意，（b）获得事先知情同意或获得拥有所有权的土著居民或当地居民的批准，（c）资源惠益共享。遗传资源、传统知识及传统文化会对现有知识产权保护体系做出有效评估，并且知识产权保护系统将为保护遗传资源、传统知识及传统文化提供一种可能。

第三，版权及邻接权方面。（1）版权保护范围及期限：版权保护范围、版权及邻接权权利人权利及发行权的安排与美 FTA 内容一致。专利保护期内容基本上照搬了美国版权法中有关著作权及相关权保护期限的规定。（2）权利管理信息。Article QQ. G. 13—14 规定，权利管理信息包括能识别作品、表演、录音制品、作者、表演者、录音制品者以及与作品、表演、录音制品相关的权利所有者的信息，也包括使用作品、表演、录音制品的合同条款以及任何能代表以上信息的数据和代码。成员规定任何个体有以下行为将会受到条款 16.9.5 规定的处罚：（a）故意删除或更改任何权利管理信息，（b）明知权利管理信息已被无授权地更改，仍散布或为了散布引进权利管理信息，（c）明知权利管理信息已被无授权地删除或更改，仍广播、传播、散布、提供、为了散布而引进相关作品或复制品。除了非盈利图书馆、档案馆、教育机构、非商业性公共广播实体，任何个体只要为了获取商业利益、个人经济利益而自愿地参与以上活动均属于刑事犯罪。出于执法、情报、基本安全或其他相似政府目的，而有政府雇员、代理人或合同缔约方所采取的合法授权行动，缔约方可以对权利管理信息的例外和限制作出限定。

　　另外，对表演者可以禁止和许可情形、技术保护实施范围及例外情况、邻接权实体内容相关定义，相关权利、例外和限制、权利穷竭及集体管理做出相关规定。

　　第四，知识产权执法条款方面。（1）民事程序和救济方面。禁令措施适用于出口货物。至少在版权及商标侵权中，损害赔偿包括侵权人所受损失和侵权人获得的营利。专利侵权案件中，侵权人向权利人支付其所受损失的三倍赔偿金，与美摩 FTA 规定一致。TRIPS 协议只允许在刑事诉讼中扣押货物，而 TPP 允许在民事措施对侵权货物进行扣押。可对已认定的假冒和盗版物品进行销毁。司法机关有权对不遵守判决的任何当事方采取罚款或拘押处罚措施。败诉方承担侵权人诉讼费及权利合理律师费。（2）边境措施方面。规定放行的申请可以按照权利人要求期限但不超过五年，或从申请日起不少于一年，或不超过受版权或相关商标有效保护期，三者中的较早者为准。权利人信息披露规定，遵守缔约方有关隐私和保密国内法情形下，主管机关要向权利人提供不限于以下信息的内容：货物品名与数量、进出口人、收托运人及货物生产商的名称和地址及货物原产地。（3）刑事程序及补救措施方面。不同于 ACTA 的是，TPP 明确将不存在经济动机的侵权盗版活动纳入商业规模范围。对故意进口假冒或盗版商品的非法行为进行刑事处罚。禁止对有关唱片、计算机拷贝程序、文学作品及电影进行未授权的复制活动。可扣押与没收与侵权活动有关的任何资产。未明确保留排除商业渠道这一措施。（4）数字环境下的执法措施：针对在数字环境下发生的商标、版权及相关权的侵权行为。包括侵权救济和震慑侵权措施；政府部门不得使用未经授权的计算机盗版计算机软件。此外，明确网络服务提供商的责任及有关例外情形。

（四）FTA 中知识产权保护强化对发展中国家的影响

1. 削弱发展中国家在 TRIPS 协议项下的差别和待遇

　　TRIPS 协议是发展中国家和发达国家利益妥协的结果。考虑到发展中国家的经济发展水平和社会环境状况，TRIPS 协议中有三种条款为发展中国家保留了一定的自主立法和选择空间的自由权。一是以《与贸易有关的知识产权协议》序言、第 7 条、第 8 条、第 66（2）条为内容的平衡条款，二是以第 6 条、第 27（3）（b）条、第 31 条及第 39（3）条为内容的含义模糊的"开放条款"。三是例外条款，包括第 13 条、第 17 条、第

30 条关于版权、商标、专利权例外条款。而在 TRIPS – Plus 协议中，这些具有灵活性的条款被删减，具体有：（1）限定制强制许可情形，规定了只能在反垄断的救济、国家紧急情况下、出于公共需要的非商业性的三种例外情形下，发行强制许可。（2）禁止平行进口。例如美 FTA 中规定允许专利权人行使专利权，通过合同或其他限制手段，限制缔约国平行进口的权利。（3）缩短 TRIPS 协议有关过渡期，TRIPS 协定分别给予发展中国家和最不发达国家 5 年和 10 年的保护期，但在自由贸易协定中，美国分别针对不同国家的不同知识产权领域规定了不同过渡期，期间范围从 6 个月到 3 年不等。此外，TRIPS – Plus 协议中超越 TRIPS 协议的有关规定，将生物和地理标志等纳入知识产权保护范围、对有关技术转移和技术援助条款规避及较长时间的数据排他期等，同时忽略发展中国家有关对传统资源保护的要求。这些 TRIPS – Plus 条款严重剥夺了发展中国家在 TRIPS 协议项下应享有的权利，减少了发展中国家和最不发达国家在 TRIPS 协议项下的特殊待遇和差别，缩减发展中国家运用 TRIPS 协议下的变通性，限定发展中国家经济发展的自由选择空间，限制发展中国家的技术革新、转让和传播，危害发展中国家公众健康、营养、环境及食品安全，严重的话，影响到发展中国家对经济和社会发展至关重要的领域。

2. 削弱发展中国家的反抗能力

随着发展中国家的日益团结及谈判能力增长，发达国家越来越意识到其不能继续在 WTO 体制内，借助其在国家贸易领域的话语权一意孤行地推行其合意的知识产权规则。具体表现在西雅图会议、坎昆会议的失败、多哈会议上将与发展中国家有关的公共健康、地理标志、生物多样性及传统资源保护纳入谈判议题，及通过的《TRIPS 协议与公共健康》。因此发达国家转移场所，采取各个击破发展中国家方式，表现形式就是与发展中国家签订大量的双边自由贸易协定，双边自由贸易协定中，发达国家可尽情针对不同发展中国家采取不同措施，威逼利诱，使发展中国家接受发达国家指定的知识产权规则。或者通过连横的方式，屏蔽发展中国家的反对，只在"志同道合"的发达国家之间签订，如 ACTA，只是利益相关的发达国家之间的谈判，摒弃发展中国家，试图制定发达国家主导的知识产权保护协议，且由发展中国家无条件实施。或者通过合纵的方式，将少数发展中国家纳入发达国家预置的谈判体系，如 TPP，纳入少数预置谈判发展中国家在一定程度上易受发达国家的影响。而在谈判内容上，发达国家以市场准入、技术援助为诱饵，采用议题切割的方式，使得发展中国家过多地接受只对发达国家有利的议题，而规避了有关传统知识、遗传资源的内容。

总之，发达国家采取的多种手段，目的就是瓦解和分化发展中国家集团，削弱发展中国家的反对及抗争，使之全盘接受由发达国家知识的知识产权规则。如果发展中国家一味地接受，不但使得之前抗争取得的努力被淡化，并且还会限制自身的发展权。

3. 加剧知识产权保护与健康权冲突

TRIPS – Plus 协定中对限制平行进口与缩减例外情形规定，明显与 TRIPS 协议，尤其是《多哈宣言》所确定的原则和精神相冲突，加大了发展中国家获得强制许可并实施生产的难度。延长药品专利保护期、对药品试验数据的专权保护期，药品专利链接制度等内容，加大国家对药品、诊断方法和实验数据的保护力度。一方面药品专利持有人拥有了国家赋予的垄断地位和相应的产品定价权。消费者被迫在超过边际生产成本的价格购买知识产品，创新者因此获得了垄断租，而这个"租"实质上为消费者盈余向创新者盈余的转移，属社会总盈余的内部再分配。而由此将产生的社会"无谓损失"即为垄断成本。由西方国家研发的抗丙肝药物 Sovaldi（sofosbuvir）在美国的售价高达 12 周疗程 8.4 万美元。而无国界医生组织援引研究结果称，事实上这些药物的生产成本很低，只是药价的很小一部分。sofosbuvir 的生产成本仅为每个疗程 68—136 美元。2014 年 3 月，Gilead 公司宣布与埃及政府合作，将 sofosbuvir 药物为期 12 周的疗程总费用降低到 900 美元。即便这样，如果为埃及的每一位 HCV 病毒感染者提供药物，埃及的公共卫生系统将为此支付 45 亿美元。另一方面，限制了仿制药的市场准入，使得仿制药企业生存更加艰难，发展中国家的仿制药企业数量骤减，药品价格上升。使得已取得强制许可的国家在制造专利药品时，仍需经过药品专利人同意和药品监管部门的批准注册，阻止了药品制造能力缺乏或不足的发展中国家进口药品和以可支付得起的价格购买药品。

4. 加剧知识产权保护与经济发展权冲突

第一，增加知识产品引进费用，影响发展中国家技术发展

对于与知识产品，发达国家是知识产品的出口国，发展中国家是知识产品的进口国。过度知识产权保护，一方面，加强知识产权权利人垄断地

位，延长其垄断利润期限，降低向发展中国家转移技术的积极性。一方面，增加了发展中国家引进知识产品的费用，使发展中国家付出更大经济发展成本，降低企业产品市场竞争力，减少产品在国际市场上生产和销售数量，导致产业萎缩。总之，知识产权的过度保护，降低了知识产品溢出概率和扩散质量及数量，使多数发达国家收益，制约发展中国家模仿及创新技术的发展，遏制发展中国家经济发展。以美国为例，2012 年美国知识产权使用费接受额是 1241.82 亿美元，知识产权支出额是 398.89 亿美元，差额 842.93 亿美元。而发展中国家和最不发达国家的知识产权使用费基本是逆差。

表 2—8　　　　2010—2012 年最不发达国家知识产权收入支出状况

（单位：百万美元）

	2010 年	2011 年	2012 年
知识产权使用费接受额	14.13	51.42	29.04
知识产权使用费支出额	102.45	99.81	73.83
两者差额	−88.32	−48.39	−44.79

数据来源：世界银行网站

第二，加重发展中国家的知识产权实施成本

通过法律手段强制实施知识产权保护本身是昂贵的，它耗费大量社会公共资源保护私权。一国往往需要为此组建相应实施队伍，招募人员，完善国内知识产权相关管理执法和司法体系，甚至成立专利法院等来保障实施。世界银行统计到，印度尼西亚自 1999 年至 2003 年，在改进知识产权管理框架活动中投入金额高达 1470 万美元。

第三，导致知识产权保护权利滥用，扭曲正常贸易

过度知识产权保护扭曲正常贸易，导致知识产权保护权利滥用情形，扭曲国际正常贸易。"专利蟑螂"的一时盛行就是专利权利滥用的典型案例。"专利蟑螂"是指从个人或破产公司手中低价购买专利，伺机发动专利侵权诉讼，勒索巨额赔偿获得生存的群体。1990 年至 2010 年间共有 5000 亿美元的财富流失，创新发明也有所下滑，而这一切的元凶都是"专利蟑螂"。过去 4 年，相关诉讼造成年均 800 亿美元财富流失。《财富》杂志 100 大公司的专利权诉讼案件中，2007 年第四季度涉及"专利蟑螂"的约占七

成；高科技领域更是高达八成。冲出国门的中企成为海外"专利蟑螂"的最爱。业内人士估算，深圳战略性新兴产业每年需向"专利蟑螂"支付 15 亿美元许可费用。2012 年华为和联想分别摊上 13 起由"专利蟑螂"发起的诉讼，2013 年上半年，华为又深陷 15 件相关诉讼。中兴通讯相继遭到 HPL、WIVA 等"专利蟑螂"发起的恶意诉讼，又被 Vringo① 盯上，发起全球诉讼攻势，步步紧逼。"专利蟑螂"大行其道，增加我国高新科技企业的运营成本，严重削弱中企海外拓展能力，危害性不容小觑。

（五）中国应对 FTA 中知识产权保护强化的对策

1. 中国 FTA 中知识产权发展现状

（1）中国 FTA 知识产权发展现状

目前，中国已与 20 个国家和地区签订了 12 个自贸协定，分别是中国—东盟 FTA、中国—新加坡 FTA、中国—巴基斯坦 FTA、中国—新西兰 FTA、中国—智利 FTA、中国—秘鲁 FTA、中国—哥斯达黎加 FTA、中国—冰岛 FTA、中国—瑞士 FTA，内地与香港地区、澳门地区的更紧密经贸关系安排（CEPA），大陆与台湾地区的海峡两岸经济合作框架协议。这些均已实施。

在这 12 个已签订的自贸协定中，《内地与港澳关于建立更紧密经贸关系安排》，以及中国—东盟 FTA、中国—巴基斯坦 FTA、中国—新加坡 FTA 中均无知识产权内容，大陆与台湾的海峡两岸经济合作框架协议（ECFA）只是单纯提到加强知识产权合作，并未作出相关详细规定。如表 2—9，只有一半的自贸协定中含有知识产权条款。

（2）中国 FTA 中知识产权条款主要内容

2005 年 11 月签订的中国—智利 FTA 中，明确指出地理标志按缔约方国内法律法规，以与 TRIPS 协议规定一致的方式进行保护。关于边境措施的规定也是在 TRIPS 协议的范围之内进行。

2008 年 4 月签订的中国—新西兰 FTA 中，以单独章节对知识产权保护作出规定。在知识产权保护实体上，遗传资源、传统知识及民间传统保护仅用一句话提及，只是倡导缔约方采取适当措施提供保护，却为规定硬

---

①   Vringo 是一家美国专利运营企业，在 2012 年 8 月从衰落的诺基亚以 2200 万美元购买超过 500 项电信基础设施专利，之后转型为主要通过发动专利侵权诉讼而生存的公司。

性的详细的具体实施条款。可见，关于传统知识保护的提法只是在表面看似超出 TRIPS 协议，但实质上却为超越 TRIPS 协议规定。

2009 年 4 月签订的中国—秘鲁 FTA 中，对关于知识产权的规定较为全面，结构布局较为合理。在遗传资源、传统知识和民间艺术方面，较中国—新西兰 FTA 详细，提出一些建议，鼓励建立 TRIPS 协定与《生物多样性公约》的联系、进一步商讨遗传资源披露来源地和事先知情原则。地理标志与边境措施的有关要求，在整体上与 TRIPS 协议一致。

2010 年签订的中国—哥斯达黎加 FTA，在知识产权保护实体上，关于地理标志、遗传资源、传统知识和民间艺术、边境措施的规定与中国—秘鲁 FTA 规定大致相似，未超越 TRIPS 协议。

2013 年 4 月签订的中国—冰岛 FTA，关于知识产权保护的只有四条：总则、国际公约、合作信息与交流、对话与审议，未涉及知识产权实体和执法规则。在国际公约方面，虽然对 TRIPS 协议并入四大公约以外的条约的重申，但因是双方已加入的，并不像 TRIPS – Plus 协定要求对方加入之前未加入的国际公约，故不存在 TRIPS – Plus 协定现象。

2013 年 7 月中国—瑞士 FTA 中，关于知识产权的规定，不论在布局方面还是内容上，更接近于国际模式和范本。（1）在知识产权执法方面，将边境措施的实施对象由 TRIPS 协议中的进口货物扩展至进出口货物，由假冒和盗版行为扩展至侵权专利权、工业品外观设计、商标权或版权行为。在民事措施中，损害赔偿方面，TRIPS 协议规定侵权人应支付给权利人"适当"赔偿费，而本协定则要求侵权人支付"足以"补偿的权利人损失的费用。在确定损害赔偿额时，考虑到实际损害，或建立公平授权费用机制。（2）在知识产权实体保护上，在版权及相关权利方面，在遵守 TRIPS 协议基础上，要求按照 WPPT 公约对视听表演和录像制品提供保护。细化作者权利人享有的权利，不论是否已转让，作者有权反对任何影响其名声或声誉的修改、歪曲、篡改或其他贬损行为。在商标方面，重申了《WIPO 关于驰名商标保护规定的联合建议》和《WIPO 关于在因特网保护商标权以及各种标志的其他工业产权的规定的联合建议》。专利方面，将 TRIPS 协议未明确规定的生物技术和草药纳入保护范围，工业品外观设计方面，若该工业品符合实用艺术作品，应当对其提供版权保护，并不少于 25 年。而 TRIPS 协议却未对其做出相关规定。在未披露信息方面，超越 TRIPS 协议规定，要求对未披露数据或其他数据，提供 6 年保护

表 2—9　　　　　　　　　　中国 FTA 中关于知识产权相关状况

已签订自贸协定	出现形式	相关内容
内地与港澳更紧密关系安排	无	无
中国—东盟	无	无
中国—巴基斯坦	无	无
中国—智利	第三章第 10、11 条；第三章第 110 条	地理标志、与边境措施有关的要求；知识产权合作
中国—新西兰	第十二章	定义、原则、总则、联系点、通知与信息交流、合作与能力建设、遗传资源传统知识及民间传说磋商
中国—新加坡	无	无
中国—秘鲁	第十一章	一般规定、遗传资源、传统知识与民间文艺、地理标志、与边境有关的特别要求、合作与能力建设
中国—哥斯达黎加	第十章	原则、一般规定、遗传资源传统知识与民间文艺、知识产权与公共健康、技术创新与技术转让、边境措施、联络点、地理标志、合作
中国—冰岛	第六章	总则、国际公约、合作信息与交流、对话与审议
中国—瑞士	第十一章	知识产权、定义、国际公约、告知与信息交流、知识产权与公共健康；版权及相关权利、商标、专利、遗传资源和传统知识、植物新品种保护、未披露信息、工业品外观设计、地理标志；知识产权的取得与存续；中止放行、检察权、责任声明与等价担保、民事救济、临时措施与禁令、刑事救济；产地标记与国名。

资料来源：中国自由贸易区服务网。

期限，禁止他人依赖或参考。（3）同时增加了 TRIPS 协议中未有的知识产权保护实体，增加了对遗传资源和传统知识、植物新品种的保护。遗传资源和传统知识方面，关于遗传资源来源的指出、提供虚假来源信息的处罚，多是依据各国国内法进行；鼓励建立 TRIPS 协议与《生物多样性公约》的联系。这些规定可看出，缔约方有加强对遗传资源和传统知识保护的意向，但却未做硬性明确规定。关于植物新品种保护，纳入了《国际植物新品种保护公约》，并以列举的方式，规定受保护的行为及例外情况。

2. 中国 FTA 中知识产权条款分析

（1）中国 FTA 中知识产权条款存在的问题

中国 FTA 知识产权条款经历了从无到有，从一笔提及到逐步完善深化的过程。中国 FTA 知识产权保护虽然取得了良好开端及发展，但还存在一些问题：（1）从结构布局上看缺乏系统化，条款安排不合理。比如中国与东盟 FTA 无知识产权部分，中国与智利 FTA 以条款的形式出现，中国与秘鲁 FTA 以章节形式出现；中国与新西兰、哥斯达黎加签订的 FTA 中混乱安排实体性和程序性规则；（2）从内容上看，表述不够严谨，且缺少必要条款。比如，中国与新西兰 FTA 中的"遗传资源、传统知识和民间传说"和中国—秘鲁 FTA 中"遗传资源、传统知识与民间文艺"表述不一致；却多数 FTA 中缺少关于知识产权执法等必要条款。（3）从协调性来看，FTA 内部某些条款不够一致。例如，中国—新西兰 FTA 中，该协定投资章节和知识产权章节对知识产权定义既不相同也不同于 TRIPS 协议规定的定义。

总之，中国 FTA 中知识协定尚未形成统一范本，这对我国参与和开展国际知识产权合作活动极为不利，因此，我国应积极完善我国 FTA 知识产权规则。

（2）中国 FTA 中 TRIPS - Plus 条款的分析

在现有 FTA 中，只有在中国—瑞士 FTA 中出现了少量的关于知识产权内容 TRIPS - Plus 条款。从内容来看，TRIPS - Plus 条款涉及实体保护范围中版权、专利、商标、工业品外观设计和未披露信息；涉及执法规则中的民事措施和行政措施及相应救济，出现了国际知识产权 TRIPS - Plus 部分特征。同时增加 TRIPS 协议未涵盖的实体保护，如植物新品种、遗传资源和传统知识保护。从数量来看，中国 FTA 知识产权中超越 TRIPS 协议的条款数量并不多，远远不及美国 FTA 中的数目。从质量上来看，重在对已有条约的遵守，较少规定具体规则，可操作性不强。如在规定传统资源时，给双方留下很大政策空间，规范较为随意，不具强制力和约束力。不像美国 FTA 中规定的明确具体苛刻，尤其是在执法方面。从趋势上来看，中国 FTA 中出现的 TRIPS - Plus 条款在整体上遵从了国际知识产权发展路线，然而并不意味着这些规定超越了目前中国国内的立法保护。

3. 中国 FTA 谈判中应对 TRIPS - Plus 协定对策

据中国自由贸易服务区统计，目前中国正在同 23 个国家进行 9 个自由贸易协定谈判磋商，依次是中国与韩国、挪威、澳大利亚、斯里兰卡和海湾合作委员会（GCC）的自由贸易协定；和中日韩自由贸易协定、中国与东盟自由贸易协定（"10 + 1"）升级谈判、《区域全面经济合作伙伴关系》（RCEP）协定和中国—巴基斯坦自贸协定第二阶段谈判。

（1）立足国情，明确 FTA 知识产权谈判基准

第一，以本国国情为出发点。我国处于社会主义初级阶段，面临着知识产权保护意识薄弱，市场机制不完善，技术基础比较薄弱，尤其是高新技术领域等问题。发达国家的历史经验表明，处于发展阶段时期的国家，过高的知识产权保护对经济的发展是不利。因此在面对发达国家不顾发展中国家实际经济水平和社会状况的一刀切的推动 TRIPS - plus 标准的情况下，我们应该保持清醒的头脑，牢记任何知识产权保护标准和强度都必须以国情为基础而不能超越，切记知识产权强保护给国家和社会带来的负面效应。在推动 FTA 知识产权发展时，要以我国的社会、经济、技术和产业各自独特的发展现状为基础，在国家总体目标政策的指导下，因地制宜地制定适合其发展需求的知识产权政策。

第二，以 TRIPS 协议为基准。对于中国来说路径选择是提供与 TRIPS 协定要求的最低保护标准相一致的知识产权保护，但是不要超过最低保护标准①。中国应充分利用 TRIPS 协议给予的弹性条款和灵活政策，游走在 T RIPS 协定外生给定的发展路径的边缘，尽力选择与其自身内生化的发展路径相切的交汇点。

第三，以比较优势资源为契机。

中国是世界上最大的发展中国家，地域辽阔，历史悠久，使得中国拥有者丰富传统知识和遗传资源。近年来，生物海盗的猖獗行为，使我国传统知识、遗传资源的流失触目惊心。在国内，对有关传统知识和遗传资源的法律法规进行梳理和整理，建立一整套完善的传统知识和遗传资源保护体制，不断探索保护传统知识的切实有效的立法模式和实践方法。在国际上，加强同境遇相同的国家合作，提高我国知识产权谈判能力，同时以此

---

① 沈国兵：《Trips 协定下中国知识产权保护的核心难题及基准》，《财经研究》，2008，（10）：50.

为契机，提高中国在知识产权其他实体谈判中的国际分量，使国际知识产权规则朝着有利于发展中国家的方向发展。

（2）统一范本，制定合适的 FTA 知识产权战略

第一，加强对知识产权及经济发展的研究，为制定 FTA 知识产权战略提供数据支撑。我国应积极建立良好的评估和咨询机制，专门研究知识产权保护与经济发展之间的关系，通过量化为我国 FTA 知识产权的谈判提供良好数据依据。

第二，加强对他国知识产权和国际知识产权公约的借鉴，构建和完善我国知识产权范本，尽量做到在形式和内容上与国际知识产权规则接轨，便于我国今后在参与和开展国际知识产权活动中，维护本国利益。

第三，中国应积极了解发达国家在推行知识产权强保护时采用的策略，密切关注知识产权发展实时动态，加强对现有公约的研究，进而推测知识产权未来发展趋势。在进行 FTA 谈判中，我国可以事先做好设定和预测，谨防跳入发达国家知识产权陷阱。

（3）加强合作，参与并开展国际知识产权活动

第一，加强同发展中国家的团结

在国际层面上，我国应积极联合团结发展中国家，进行南南合作，反对不合理知识产权条款，支持合理知识产权条款，抵抗知识产权霸权主义，积极参与国际知识产权规则的制定，扭转发展中国家自二战以来的知识产权谈判格局和利益分享时的不公平现象。注重研究发达国家国家之间的分歧与矛盾，例如美欧之间著名的地理标志之争，出现了"新世界"与"旧世界"两大阵营的对峙，美国与欧盟为获得支持者，开始积极拉拢与其情况相似的国家，其中不少是发展中国家（美国拉拢中美与南美发展中国家，欧盟拉拢中欧与亚洲发展中国家）。因此发展中国家可以积极运用发达国家之间的分歧之争，维护自己的利益。

第二，加强同非政府组织的知识产权合作

我国要积极行动起来大力支持一些同情发展中国家的非政府组织的活动。如知识产权咨询评估机构、行业协会、国际组织、区域组织等。为了给非政府组织有效参与创造有利条件，在尽快协助其建立区域性网络的同时，也需要特别注意确保 FTA 知识产权谈判的透明度。这样，不但发展中国家的区域性知识产权合作与协调进程将得到非政府组织的推动，而且，非政府组织还可以充分参与到同一区域的发展中国家与发达国家之间

的知识产权谈判进程中，从而进一步增强发展中国家的谈判实力。

四　中国应对 FTA 中的竞争政策问题的对策

随着 WTO 和自由贸易协定（双边、多边和区域）的发展，尤其是自由贸易协定的迅猛发展，关税以及非关税壁垒已经降低到了一个非常低的水平，对贸易自由化的影响大大降低。此时，国内政策和法规对自由贸易的潜在阻碍越来越明显。另外，贸易谈判的重点已从原来的主要关注消除关税和扩大产品市场扩展到服务、知识产权、投资和竞争等领域。由于外国产品和公司的进入，许多国家面临新的挑战如跨国公司的反竞争行为、国际卡特尔。随着世贸组织多哈回合谈判陷入僵局，各国开始由多边谈判转向双边谈判。特别是欧美等西方主要发达国家正在通过区域自贸协定积极推动新的贸易政策和标准，其中就包括竞争政策议题。实践表明，越来越多的区域自贸协定单独设立了竞争章节。主要包括禁止反竞争行为；保障竞争执法程序正当性和透明度；授权垄断和国有企业规范；竞争政策合作等内容。根据 WTO 提供的数据，截至 2014 年 1 月 31 日，世贸组织接到 583 份 RTA（区域贸易协定）通报，正在生效的协定包括 377 份，其中有 118 个协定规定了竞争政策条款。

自贸协定中的竞争政策条款反映了各国的竞争法理念，是竞争政策国际协调的组成部分，对既有的自贸协定竞争政策条款进行分析有利于把握国际竞争法的发展，为我国未来自贸协定谈判更好地参与竞争政策的国际合作和协调奠定基础。

（一）自由贸易协定中的竞争政策

1. 主要自由贸易协定中的竞争政策分析

尽管各个国家的目的不同，经济发展水平也不同，但是许多国家都希望将竞争政策纳入贸易协定中。一开始是借鉴经济合作与发展组织建议书中的模式，主要采用的方式是通知、信息交换、协调和咨询。最近一些年，在起草双边合作协定中采用更广泛的合作方式。研究中发现从简单的采用国内竞争法到加强积极礼让的合作甚至争端解决方面的合作，不同协定中的竞争政策在具体内容方面有所不同。一些贸易协定中包含一般责任条款，要求成员国针对反竞争行为采取措施，如采用国内竞争法。但是在对具体的竞争标准和规则采取更广泛的合作方面却没有具体的规定，其实就是要求各个成员国采用共同的竞争法和程序。通过研究现有的自由贸易协定，可以深刻理解这些协定，给予经济政策制定者一些有用的指导。基于此种原因，我们将选取几个具有代表性的经济协定对其内容作简要的概述和分析。

（1）北美自由贸易协定

北美自由贸易协定于 1994 年 1 月 1 日生效，包括美国、加拿大、墨西哥三个成员国。协定涉及贸易的许多方面如市场准入、国民待遇、政府采购、投资、服务和竞争。北美自由贸易协定为缔约国未来经济增长建立了坚实的基础并且成为实施贸易自由化的一个有价值的典范。为了制止反竞争行为抵消贸易自由化所带来的利益，协定在竞争政策方面单独采用了一章对其进行规定。

协定的第 15 章包括了 5 个具体的竞争相关性条款。1501 条主要规定了与禁止反竞争商业行为有关的采用和执行。1502、1503 条涉及的是垄断和国有企业，规定成员国间在反垄断法实施方面的合作措施和程序；1504 条是关于建立贸易与竞争工作组的，为解决涉及竞争法、政策与贸易间的关系问题提供建议；1505 条对影响协定范围方面的术语做出了定义。

北美自由贸易协定中的竞争条款适用于反竞争行为，但是对于反竞争行为没有做出明确的规定，定义的模糊性和抽象性使得执法活动还要依赖于各国国内法。此外，关于管理国有垄断企业行为方面的例外情况，协定没有说明实质性竞争规则和反托拉斯规则，只是规定各方要有这方面的规则，没有详细规定具体措施。

北美自由贸易协定要求各方不仅要有竞争规则和反托拉斯规则，而且要求各方应该确保这些规则能够得以实施。协定规定了协商和合作的范围，也有通知和信息交换方面的条款。但是在信息交换方面规定的不是很详细，因此在保密、信息交换方面不可能有任何的约束力。

北美自由贸易协定规定主要采用自愿协调的方式解决争端，这其实意味着该协定不具有强制性。

整体而言协定中没有具体列明竞争规则的内容，因此在国内法的实质内容方面有很大的波动。北美自由贸易协定中没有统一的竞争措施，在没有任何竞争法标准作为参考的情况下，规定各方主要使用国内反托拉斯法，这种情况下如果各国国内反托拉斯法有冲突的话，就很容易造成竞争政策执行方面的冲突。

（2）日本—新加坡新时代经济合作协定

这个协定在 2002 年 11 月 30 日生效。这个协定旨在促进和加强贸易自由化，为经济活动提供稳定的环境，目标是通过双方间的合作加强双方间的经济关系。这个协定包含了贸易的许多方面如货物贸易、服务、投资、知识产权、政府采购和竞争。协定的第 12 章竞争政策部分内容很简短。这主要是因为在新加坡签订该协定的时候还没有国内竞争法。在协定中纳入竞争条款是为了解决反竞争行为，加强在反竞争行为领域的合作以促进双方间贸易和投资，加强市场的有效运行。

协定的第十二章详细列明了各种竞争相关条款，第十二章 103 条规定各方可以根据他们所适用的法律和规则对反竞争行为采取措施。同时规定如有必要双方可以自由评估、改善或采用法律法规有效的管理反竞争行为。104 条是关于双方在管理反竞争行为方面加强合作的。关于合作程序方面的细节在实施协定的第 5 章有具体规定。这一章的目的主要是关于实施基本协定 104 条提到的合作条款和 105 条的争端解决机制的。第 105 条主要是关于争端解决机制的，规定本协定中提到的争端解决机制不适用于此条。也就是说日本—新加坡自由贸易协定中没有关于竞争政策方面的争端解决机制。

实施协定的第 5 章详细分析了合作的内容和程序。主要包括双方的通知程序、信息交流、技术服务、信息利用方面的条款和条件、刑事诉讼方面信息的使用、第 5 章的适用范围、通信和协商。

因为日本同新加坡签订自由贸易协定时新加坡没有竞争法，所以在竞争政策方面的规定都是概括性的规定。基础协定的 12 章和实施协定的第 5 章中的竞争条款适用于影响双方贸易和投资流动的反竞争行为。然而却没有对反竞争行为做出定性，因此使得执法活动非常困难。与合作（通知和信息交流）有关的竞争条款的范围因为部门豁免受到限制。这些条款只适用于电信、电力和天然气部门，其他的部门则不受这些条款的限制。

和大部分自由贸易协定一样，在新加坡—日本新时期经济伙伴关系中的竞争政策在本质上也不具有约束力。积极礼让和消极礼让也没有范围。协定中没有任何条款要求新加坡必须制定一部国内竞争法或者要求调整各自法律以使其相互协调。双方可以在其认为必要的时候使用自由裁量权去采用和改变法律和规则，因此非限制规则和与信息交流有关的保密条款给予了双方忽略该条款的自由裁量权。

关于争端解决机制，105 条规定本协定中提到的争端解决机制不适用于此条，也就是说日本—新加坡自由贸易协定中没有关于竞争政策方面的争端解决机制。

（3）美国—新加坡自由贸易协定

美国—新加坡自由贸易协定是双方于 2003 年 5 月 6 日在华盛顿签署的，于 2004 年 1 月 1 日生效。这是美国与亚洲国家签订的第一个自由贸易协定。美国—新加坡自由贸易协定涉及货物方面的市场准入、服务、投资、政府采购、知识产权以及劳动者权益和环境方面的合作。为了确保反竞争商业行为不会限制双边贸易和投资，双方同意将与禁止、执行和合作有关的竞争性内容作为贸易协定的一个独立的章节。具体的竞争条款在协定的第 12 章有详细叙述。

美国—新加坡自由贸易协定的第 12 章非常详细，涉及了竞争法的很多方面。在协定中规定这些条款不仅可以禁止私人反竞争行为，而且可以限制国有企业的反竞争行为。协定允许双方在反倾销方面运用 WTO 规则。12 章 12.2 条为禁止反竞争行为提供了详细的规定。12.3 条详细列出有关指定垄断机构和国有企业方面的规定。12.4 条规定双方应该在竞争问题方面加强合作和协调以使竞争法和竞争政策对自由贸易区产生进一步影响。12.5 条详细列明了与透明度和信息交换有关的条款。12.6 条规定一方在另一方提出要求时应当就该章节下的具体问题展开协商，该方应该对另一方的问题给予全面系统的考虑，这意味着消极礼让的运用。此外，该条款也规定如果新加坡已经或计划采取措施去调查国有企业的反竞争行为，那么新加坡应该将调查的步骤、申请强制执行判决程序和结果及时通知美国。12.7 条规定双方对于 12.2、12.4 或 12.6 条也就是反竞争商业行为、合作、协商下产生的争端问题不必援引争端解决机制，也就是说美国—新加坡自由贸易协定中没有关于竞争政策方面的争端解决机制。12.8 条对涵盖的实体、投资等及其影响范围做了相应的解释。

美国—新加坡自由贸易协定第 12 章的竞争条款适用于反竞争商业行为，然而在该协定中没有对反竞争行为做出定义。允许双方在各自的竞争领域运用自己的竞争法，但没有详细列明和阐述相关措施。这个协定中禁止反竞争行为的目的是提高与贸易有关的消费者福利和经济效应而不涉及贸易问题。

协定对双方在竞争政策的合作方面进行规定，但是针对如何进行合作并没有详细说明，只是概括性说要开展合作。

在建立和管理指定垄断机构和国有企业方面，这一章做了详细的讨论。尽管协定要求双方指定垄断机构和国有企业的行为不能与协定下各方的责任相冲突，但是要求新加坡采取更多的措施。例如，在购买和销售国有企业的货物和服务时，新加坡采取的行动仅仅是出于商业考虑，不能采取排他性行为和反竞争行为以限制竞争对手，不能在非商业领域采用投票权以影响国有企业的决定，不能对这类企业施加有效地影响，最终消除总财产所有权。协定规定关于这类企业，新加坡应该提交一份详细的综合的企业年报，标明政府所拥有的股份、优先股和投票权，详细说明企业中政府官员名称和头衔，每年的收入和总资产。这主要是因为在签订自由贸易协定时新加坡还没有相应的国内竞争法。

协定的适用范围扩大到了通知、协商，以及信息交流。在指定一垄断机构时要求双方尽可能地提供书面通知。一方在另一方的要求下应该公开强制措施以及关于国有企业、指定一垄断机构、豁免和禁止反竞争行为的措施。但是作为一种商业行为，价格歧视却没有清楚的包含在本章中，所以协定的适用范围受到限制，政府采购也在该协定范围之外。本章允许部分内容适用协定下的争端解决机制。美国—新加坡自由贸易协定中竞争条款的法律性质表明了协定中存在软条款和硬条款。协定规定到2005年1月新加坡要颁布施行有约束力的竞争法，但是在协调竞争方面却没有规定。

（4）美国—韩国自由贸易协定

美国—韩国自由贸易协定是美国和韩国签订的贸易协定。谈判自2006年2月2日开始在2007年4月结束。自由贸易协定包括贸易的许多方面如服务、国民待遇、政府采购、投资和竞争政策。将竞争相关性条款包含在协定中是为了提高经济效益和消费者福利。到目前为止，这是唯一一个包含与消费者福利有关的竞争政策的协定。

协定第16章涉及的是与贸易有关的竞争问题。16.1条对竞争法和反竞争商业行为做出了详细的规定，规定各方应该在竞争法和竞争政策方面加强合作。16.2条涉及的主要是指定一垄断机构方面的问题，但是规定这条不适用于政府采购。16.3 条主要是与国有企业有关的条款，规定各方建立和维持国有企业的条件。16.4 条规定了 16.2 条和 16.3 条的适用范围，规定如果基于正常的商业考虑垄断企业和国有企业可以在相同的或不同的市场征收不同的价格。16.5 条主要是关于透明度的。16.6 条是与消费者福利有关的条款。16.7 条主要是关于协商机制的，明确规定要加强双方间理解以解决本章下的问题。16.8 条是关于争端解决机制的，规定各方对于源自 16.1、16.6、16.7 下的问题，不必求助于协定中的争端解决机制。16.9 条对本章中使用的术语进行定义。

第 16 章包含了许多竞争相关性条款。与美国签订的其他的双边贸易协定一样，这个协定中也包括与国有企业、垄断和透明度有关的条款。在执行活动中，协定允许双方相互间进行援助、咨询、通知和信息交流，然而协定适用的范围仍然是限于公开的可利用的信息。这意味着任何机密信息可以不向对方揭露。

（5）澳大利亚—新西兰更紧密经济关系贸易协定

澳大利亚—新西兰更紧密经济关系贸易协定是管理双方间经济关系的主要工具，于 1983 年 1 月 1 日开始生效。该协定是在一系列澳大利亚和新西兰早期的优惠贸易协定的基础上建立起来的，包括 1966 年的新西兰和澳大利亚自由贸易协定。在 1983 年订立该协定时，两个国家间的竞争体制差别十分明显，澳大利亚法律与美国法律更接近，新西兰法律主要参考英国法律。为了加强经济体系中的竞争，1996 年新西兰实施了一套新的与澳大利亚竞争法体系更为接近的法律。这也有助于两国在取消反倾销方面进行协商。在澳大利亚颁布新的证据法和新西兰法委员会检验证据法改革的背景下，为确保澳大利亚和新西兰适用法的兼容性，尤其是在业务记录和辅助证据方面，协定规定两国间可以进行协商。

该协定不仅仅是一个自由贸易协定，它几乎包含了澳大利亚和新西兰贸易和经济关系的所有方面，可以说该协定是目前世界上最全面最有效的双边贸易协定。和其他涉及货物和服务的基础双边贸易协定一样，该协定是在检疫、关税、运输、管理、产品标准和贸易法问题方面加强合作的主要媒介。澳大利亚—新西兰更紧密的经济关系贸易协定的主要目标是通过消除贸易障碍促进公平竞争以扩大自由贸易。像先前我们讨论的其他贸易协定一样，该协定也用一个独立的章节介绍竞争条款。

该协定中的竞争相关条款很少，主要涉及的是进出口限额、关税配额、贸易扭曲因素、协商审查以及反倾销几个方面。协定第 5 条禁止对产于另一方成员国的货物征收关税和实施进口限额。协定第 12 条涉及的是贸易扭曲问题，要求成员国在这方面采取正确的措施。协定第 22 条对审查和协商机制做出规定以确保该协定能够得到满意的实施。第 4 条与反倾销有关，规定自竞争法实施日起，不应该对产于其他成员国的货物征收反倾销税。

澳大利亚—新西兰更紧密经济贸易关系协定是一个十分重要的协定，该协定剔除了反竞争条款。通过对协定的分析可以发现两个国家试图通过各种法律（如商业法）的协调以实现深度的融合。协定中规定对反竞争行为采取协商、信息交流（主要适用于保密条款）和通知等的范围。协定也授予了双方广泛的调查权。双方认为一国侨民可以接受另一国竞争当局的询问并被要求对此种询问做出回应。在 1994 年，竞争当局间在双边合作和协调方面达成协定以减少法律运用方面的不一致性，而在大多数情况下没有法律条款对此做出要求。

在这个协定中竞争政策的执法机构不具有强制力，这就说明该协定不具有强制性。此外，国内竞争法和区域竞争法具有同等的地位，容易造成法律适用方面的冲突。

（6）欧盟—墨西哥自由贸易协定

这个协定是在 2000 年 7 月 1 号生效的，是拉美国家与欧盟 15 个成员国签订的第一个贸易协定。这个协定给予了欧盟国家优先进入北美自由贸易区这个不断扩大的市场的权利。同样的，这个协定也为墨西哥提供了一个有着 5 亿欧洲消费者的广阔的市场。这个协定包含了贸易方面的许多内容如货物贸易、市场准入、政府采购、知识产权、合作以及竞争政策。这个自由贸易协定的宗旨在于增强经济活力、创造就业、促进投资、增加形成战略联盟可能性等。

但是双方也预料到了自由贸易所来的益处可能被私人反竞争行为所扭曲。为了保证这种益处不会被像私人贸易障碍这样的反竞争行为所削弱，双方将竞争政策相关条款、协调和合作机制纳入自由贸易协定中。在协定附录 15 中规定了更具体的竞争规则。本质上，这种机制的目的是为了加强双方在各自领域中竞争法执行方面的合作和协调；在竞争政策的任何领域提供双方认为有必要的相互援助；实行恰当的法律以消除反竞争行为，从而避免其对经济和贸易发展所带来的不利影响，同时也消除这种反竞争行为给第三方所带来的不利影响；加强双方间合作和交流以澄清各方在实施竞争法方面的差别。

尽管欧盟和墨西哥的竞争管理当局是主要的执行机构，负责自由贸易协定中竞争政策部分的实施，但是在双方的管理当局中没有其他的机构负责该协定。因此，在协调竞争法的活动中自由贸易协定中包含的条款起到了主要的指导作用。

该协定没有用单独的一章阐述竞争政策，而是在附录15的第二章中包含了与竞争政策合作和协调有关的条款。第三条主要关于通知的。规定一方的竞争管理当局应当将其执法活动告知另一方的竞争管理当局，并且要求这种通知要足够详细，这样可以让另一方进行评估。第四条列出了几种竞争管理当局间互换信息的类型，对双方的竞争管理当局在各自领域收集相关数据做出了规定。第五条对双方竞争管理当局结合具体的案例协调双方的执法活动做出了规定。第六条规定当一方在另一方领域内的利益被损坏时双方可以进行协商。第七条主要是关于冲突避免的。第八条是关于信息保密的，规定协定下的任何信息交流应该符合双方的保密法规定。第九条涉及的是技术合作，规定双方间应该提供技术服务，这样可以相互借鉴经验加强对竞争法和竞争政策的实施。

附录15第二章的竞争条款适用于一方竞争法定义下的应该接受处罚的反竞争行为并要求实施者采取补救措施。按照各自的竞争法，这些条款适用的反竞争行为包括限制性协议和协同做法、市场支配地位的滥用、合并、收购等这些加强企业市场主导地位的对共同市场或大部分市场上有效竞争产生重要影响的行为。协定同时禁止国家对企业提供的几种特定类型的援助，因为通过国家援助特定的企业或保护特定的市场会扭曲市场竞争或对其产生潜在威胁。墨西哥竞争法禁止垄断行为，防止其损坏和妨碍竞争，同时也禁止随意生产、加工、分配和销售货物和服务。这些行为本质上是通过横向协议以实现限价、限制产出、市场划分等目标。墨西哥竞争法也禁止捆绑销售。

协定规定如果一方的执法活动与另一方有关，那应该将其执法活动通知另一方。如果与限制竞争有关的执法活动影响了另一方，也应该通知另一方。如果有必要应该将其在另一方领域的行为并且包括在另一方领域搜集信息的行为通知对方。然而机密性条款和缺乏法律约束力的条款给予了缔约方自由裁量权。规定如果双方认为在遵守协定时损坏了双方的利益，可以忽略协定。

欧盟—墨西哥自由贸易协定允许双方在反倾销方面使用 WTO 条款。在 1995 年到 2004 年期间墨西哥对欧盟采取了三次反倾销措施，欧盟对墨西哥采取了一次。协定同时包括了涉及争端解决机制的条款。争端解决条款规定争端解决机制约束双方并且包含协定的各个方面。然而 Marsden 和 Whelan 在 2005 年的研究中表明：在欧盟—墨西哥自由贸易协定下的规定几乎不可能对所谓的违背附录 15 的做法做出制裁，并且讨论中的争端解决程序并不适用于附录 15.

在欧盟—墨西哥自由贸易协定中没有任何的条款要求双方调整自己的法律，这就意味着对竞争法的协调没有做出任何的要求。对于像墨西哥这样的发展中国家，协定没有要求其调整或制定自己的法律以使其与协定中的条款相一致，这可能就是发展中国和发达国家签订双边协定的一个结果。这一章也没有规定免税的范围。

（二）自由贸易协定中竞争政策的主要内容比较分析

通过对上述六个贸易协定中竞争条款内容的研究可以发现，竞争政策的内容主要包括采用和执行、协调和合作、反竞争行为、非歧视、透明度、反倾销、争端解决机制、特殊和差别待遇八个方面。以下是对这六个协定中竞争政策内容的比较分析。

1. 采用和执行

这是自由贸易协定的一个重要的特点。国内竞争法的存在对在自由贸易协定中纳入竞争条款十分重要，这为缔约国对反竞争行为采取措施提供了法律依据。不同的协定关于采用和执行的具体标准不同，一些协定只是宽泛的提到缔约国要采用措施来处理反竞争行为，如北美自由贸易协定只是要求各方采取措施禁止反竞争行为；日本—新加坡新时代经济合作协定、欧盟—墨西哥自由贸易协定规定双方根据各自适用的法律采取措施。而一些协定中则要求采取具体的措施，如美国—新加坡自由贸易协定要求建立竞争管理机构，要求新加坡到 2005 年 2 月要在国内颁布竞争法；美国—韩国自由贸易协定要求双方应该建立一个或几个机构负责竞争法的执行。澳大利亚—新西兰自由贸易协定对此则没有规定。

2．协调和合作

竞争条款的另一个重要方面就是关于竞争问题的合作与协调问题，这方面的主要内容包括通知、磋商、信息交流、积极礼让和消极礼让。缔约国都意识到了通知、磋商、信息交流等措施对解决竞争问题的重要性，在协定中对协调和合作都有规定，只是在具体的规定方面有所不同。北美自由贸易协定对协调和合作只是进行了简要的说明；日本—新加坡新时代经济合作协定对通知、信息交流以及反竞争行为方面的合作进行了详细的规定；美国—新加坡自由贸易协定对于协调竞争政策方面只有非常简短的规定；美国—韩国自由贸易协定对磋商进行了详细的规定；澳大利亚—新西兰自由贸易协定则对协商和审查做出了具体规定；欧盟—墨西哥自由贸易协定对这方面的规定最为具体，对通知、信息交流、磋商、执法活动的协调都进行了详细的规定。

3．反竞争行为

反竞争行为主要涉及以下几个方面：分割市场的协议和固定价格的协议、滥用市场支配地位、企业间的并购行为以及国有企业或国家垄断。尽管所有的贸易协定中的竞争条款通常是针对反竞争行为的，但是这些条款的内容和涉及的范围却不同。美国—新加坡自由贸易协定、美国—韩国自由贸易协定对于垄断和国有企业进行了详细的规定，而日本—新加坡自由贸易协定只是进行了笼统的规定，规定各方根据各自适用的法律对反竞争行为采取措施，北美自由贸易协定没有规定具体的标准和规则，欧盟—墨西哥自由贸易协定、澳大利亚—新西兰自由贸易协定对此则没有规定。许多贸易协定没有对反竞争行为的定义进行具体详细的说明，这使得执法活动非常困难。本书所选定的6个自由贸易协定对此都没有详细的说明。相比之下，有一些贸易协定如加勒比共同体则详细指明反竞争行为并要求各方在其领域内禁止反竞争行为。值得注意的是，美国自由贸易协定中对于垄断和国有企业进行了详细的规定，而美国也打算将这些规定纳入到其正在谈判的跨太平洋伙伴协定（TPP）中。

4．非歧视

这一条款要求缔约方以非歧视的方式实施竞争法和竞争政策。所有的自由贸易协定都含有非歧视性贸易条款，然而只有很少的协定规定了特定的非歧视性条款，如北美自由贸易协定规定国有企业不应该对其他投资采取歧视待遇；此外一些协定对价格歧视规定了一些例外情况，如美国—新加坡自由贸易协定规定基于正常的商业考虑，价格歧视不违反文本规定；美国—韩国自由贸易协定规定基于正常的商业考虑，垄断企业和国有企业可以在相同或不同的市场上征收不同的价格。其他的一些协定对于非歧视贸易条款则没有明确的规定。

5. 透明度

透明度是必不可少的促进措施，这方面的条款与相应的 WTO 方面的条款紧密相连，如关税与贸易总协定的第 10 条款。许多协定都明确是参考 WTO 中的相关规定的。1994 年的关税与贸易总协定的第 10 条要求各成员立即公布进出口方面的法律法规、司法裁决、行政裁决以及所有的影响国际贸易政策方面的双边协定，这样有助于贸易商熟知这些规则。这些法律法规必须以统一的、公平的、合理的方式执行。在本书分析的 6 个协定中只有美国—新加坡自由贸易协定以及美国—韩国自由贸易协定对此进行了详细的规定，这说明美国对透明度十分关注。

6. 反倾销

反倾销与竞争政策的关系一直是新贸易协定讨论的问题之一，目前在这一领域，区域性解决办法与多边预期的解决方法或 WTO 规则下的解决方法有很大的差别。传统的反倾销税被当作是解决垄断者在一国国内利用其垄断的市场力量将当地企业排挤出市场并制定掠夺性市场价格的一种方法。在一些贸易协定中缔约方可能会取消反倾销税，典型的就是澳大利亚—新西兰更紧密经济关系贸易协定。对于竞争政策中的反倾销，各国持有不同的态度。反对最强烈的是美国，美国认为反倾销与竞争政策无关，反对制定新的竞争政策代替现有的反倾销协定，所以在美国签订的自由贸易协定中的竞争政策不涉及反倾销。本书所选取的美国签订的协定中都不涉及反倾销。

7. 争端解决机制

大多数贸易协定都考虑到了争端解决问题，但几乎所有的协定都将竞争相关性条款排除在正式的争端解决机制的范围之外，也就是说竞争政策没有约束力。相比欧盟而言，美国所签订的自由贸易协定中的争端解决机制大都涉及了实质性条款。本书选取的协定中美国—新加坡自由贸易协定、美国—韩国自由贸易协定、北美自由贸易协定都涉及了实质性条款。此外，日本—新加坡新时代经济合作协定也涉及了实质性规定。澳大利亚—新西兰更紧密经济关系贸易协定则没有涉及争端解决机制。

8. 特殊和差别待遇

在特殊和差别待遇中，技术服务、能力建设、过渡时期是与竞争政策非常相关的条款。这种类型的条款主要是针对发展中国家和最不发达国家的。一些协定在一般或特殊豁免条款中采用灵活承诺的形式如非互惠条款。在本书所选取的协定中欧盟—墨西哥自由贸易协定、日本—新加坡新时代经济合作协定中涉及特殊和差别待遇，主要是针对技术服务的。规定双方间应该提供技术服务加强在竞争法和竞争政策方面的执行力度，但是却没有对技术服务进行详细的叙述。相比之下，美国—新加坡自由贸易协定、北美自由贸易协定、美国—韩国自由贸易协定中却没有包含技术援助条款。我们可以看出欧盟、日本比美国更加注重技术服务。

对上述几个典型的自由贸易协定的竞争政策的具体内容进行分析，我们发现可以将自由贸易协定分为两大类：美国模式和欧盟模式。据此我们将对欧盟模式和美国模式进行比较。因为欧盟—墨西哥自由贸易协定、美国—新加坡自由贸易协定在内容方面更详细、更具有代表性，因此选择这两个协定作为代表，对欧盟模式和美国模式进行比较，找出两者间的差异。

美国—新加坡自由贸易协定更多关注的是透明度、垄断、国有企业和争端解决机制，都涉及实质性条款：12.3条对于指定一垄断机构和国有企业提供了详细的规定；12.4条对透明度进行了详细规定；12.7条对争端解决机制进行了规定。虽然在该协定中对合作和协商也做出了规定但并不详细。12.7条有软条款和硬条款之分，规定反竞争行为、合作、磋商下产生的问题不必援引争端解决机制，而透明度、垄断、国有企业方面的条款却可以援引争端解决机制。12.7条进一步表明了美国模式更加注重透明度、垄断、国有企业。

相比之下，欧盟—墨西哥自由贸易协定更多关注的是协调与合作、技术服务。附录15的第二章详细规定了适用于竞争政策合作和协调有关的条款以及技术合作条款：第3条详细规定了通知方面的条件、内容，以及一些特殊情况；第4条详细列出了几种竞争管理当局互换信息的类型；第5条、第6条分别对执法活动的协调以及协商做出了详细的规定；第9条详细规定了技术援助的内容。协定中虽然也规定了争端解决机制，但是争端解决程序并不适用于附录15。此外，对于机密性条款，协定规定如果在遵守协定时损坏了双方的利益，可以忽略该协定。因此我们可以看出欧盟模式更注重协调与合作、技术服务。

因此，我们可以总结出结论即欧盟模式更多关注的是协调与合作、技术服务。而美国模式更多的是关注透明度、垄断、国有企业和争端解决机制方面的实质性条款。此外在研究中我们也发现自由贸易协定中的竞争条款许多属于软条款，没有法律上的约束力。以上只是简要介绍了出现在自由贸易协定中的部分内容，并不是每个协定都包括这些内容，具体情况根据协定的不同而不同。

（三）竞争政策发展面临的挑战

将竞争相关问题包含在复杂的贸易协定如自由贸易协定中，缔约国必须要处理好各种问题。对协定制定者来说如何能遵守和执行协定中的规定、如何能协调好具体章节中竞争条款和竞争章节中竞争条款的内容，如何保证各方的有效合作将成为比较严峻的挑战。以下将具体论述这三方面挑战。

1. 遵约机制

将竞争条款包含在自由贸易协定中的一个主要的原因是为了解决反竞争行为引起的问题，以促进贸易自由化。这种做法首先要经过国内竞争管理当局的审查。一个广泛认可的国际审查标准是竞争管理当局在履行其职责时不应当受政治和其他方面的影响。这就提出了一个问题即如何在没有干扰国家竞争管理当局独立性的情况下在自由贸易协定下解决反竞争商业活动。另外，一个不同但却相关的问题是缔约方能够在多大程度上遵守竞争章节中的竞争相关性条款或具体章节部分中的竞争相关性条款。

对美国而言，解决这些问题比较容易。美国签订的自由贸易协定主要依赖于国家竞争法和竞争管理当局的执法活动。在执行竞争相关性条款方面引发的问题和争端可以由双方进行讨论解决。相比之下欧盟面临的任务则比较艰巨。欧盟通常要对可能会对贸易产生影响的反竞争行为进行描述，这里包含的一个隐含的假设就是国家竞争管理当局能够追踪这些行为并能消除这种反竞争行为。但事实上欧盟对外签订的协定中强调一种可能性即竞争管理当局不能禁止这种反竞争行为，并且这些行为会对缔约国间的贸易产生持续性的影响，因此欧盟国家直接强调竞争和贸易间的关系问题并且考虑国内竞争法在执行方面可能受到的一些限制。在这种情况下，因为这些竞争管理当局没有权利在紧要时刻直接调查反竞争行为，所以他们必须依赖于贸易领域的典型工具，也就是恰当的方式。尽管没有明确的规定什么是恰当的方式，但是可以假定，这些措施与自由贸易协定其他部分中规定的补偿和再平衡措施相似。因此，正如一些协定要求的那样，这些措施应该是平衡的并且是在最低程度上干扰协定的执行。同时这里存在一个问题即如果一方认为这些措施不能完成这些要求或者认为他们与国际惯例法的习惯做法相反，那么在争端解决条款下这些措施反过来是否会被质疑，自由贸易协定中没有提及这个问题。

自由贸易协定中的竞争条款通常被明确的排除在协定的争端解决机制之外。在大部分情况下竞争条款没有对缔约方做出具体的要求，对此我们可以假设这种情况反映一种认知，即在竞争管理当局决定给定的行为是否是反竞争行为时，自由贸易协定中的争端解决条款不应该对其进行干预。其他可能的解释包括主权问题以及竞争政策对于特定的伙伴国来说是一个新的领域。在关税与贸易总协定背景下，一些当局提出这样的问题，即在某些特定的情况下，缔约方是否应该对反竞争行为对其他方产生的消极影响负责。所谓的非违反投诉是指控诉这些措施不会与协定中的条款相冲突但是会产生无效影响或直接或间接损害另一方的利益。在自由贸易协定中是否可以对非违反投诉进行考虑首先依据的是这些投诉在协定的争端解决部分中是否被允许。其次也取决于对措施这一术语的解释。例如，一方在其竞争法下提供大规模的豁免是否可以被称之为措施或者在争端解决条款下如果反竞争行为发生在国内竞争法没有涉及的领域又会如何，自由贸易协定或关贸总协定对此没有进行规定。

2. 具体章节和竞争章节中竞争条款的协调

在自由贸易协定中包含更多更全面的竞争条款会引发竞争条款彼此之间的协调问题。在同一个协定中，这些条款可能出现在竞争章节中，也可能出现在具体章节中。此外，横向协议也可能对竞争条款产生影响。

在涉及特定行业的具体章节中，大多数与竞争相关的条款是以 WTO 规则为基础订立的。在 WTO 中，它们与一般竞争条款的协调问题并不存在，因为在这一领域没有全面的多边协定，这一问题主要是针对自由贸易协定的。在自由贸易协定中竞争仅仅被当作解释实施国民待遇的一种目的或一种手段，因为在涉及特定行业的具体章节中的条款与包含在竞争章节中的义务没有相同的范围，所以这种关系问题也不存在。相似的结果、特定的措施被排除在涉及特定行业的具体章节的禁令外并且这些措施被用于解决反竞争商业行为，那么这种关系也不存在问题。

其他义务（如采取或维持正确的措施以阻止电信服务行业中主要的供应商的反竞争行为）可能引发一些问题。尤其是当竞争章节而不是涉及特定行业的具体章节被排除在协定的争端解决程序外时，如果一方没能够采取正确的措施以禁止反竞争商业行为，那么另一方是否可以求助于协定下的争端解决机制或者是否应该首先使用竞争章节下提供的各种可行性措施，也就是竞争当局间的协商，很少有协定对这一问题做出规定。一个例外就是美国—新加坡自由贸易协定，该协定在电信服务章节中包含了冲突解决规则，规定如果在电信服务章节和其他章节中出现不一致的情况下，以前者为准。

如果在协定的服务贸易章节中包含以服务贸易总协定第九章协商为基础的条款，那么竞争章节和其他章节中竞争相关条款间的关系问题也应该被强调，以防止服务提供者采用限制竞争的反竞争商业行为。竞争章节中的此类条款可能不如协商条款详细。原则上，如果他们不包含相互冲突的要求的话，两套条款可以同时使用。然而，如果它们是按照绑定的方式制定的，那么即使是这样也可能发生服务贸易章节中的条款受协定中争端解决程序支配的情况。如果自由贸易协定中不同的竞争条款共存的话，为了避免在协定适用和解释时产生困难，一些自由贸易协定提供了解决方法。

横向责任之间（如协定中包含的透明度或法定程序或条款）的关系更加明显，因为横向责任原则上适用于协定覆盖的所有的部门和程序，例如，公开的法律、规则和行政裁决的通用程序主要是适用于竞争行为。在一些协定中竞争章节包含更加具体的责任。美国—韩国自由贸易协定就是这种情况，该协定规定对违反竞争法的行为进行审查和补救，然而，在透明度章节中的横向责任仅仅规定各方应该建立司法性的、准司法性的或者行政法庭和程序以审查协定中包含的问题。

由此，我们可以得出结论，竞争政策各章节之间的不协调问题是个重要的问题，它还关系到执行和司法解释问题，因此做好各章节之间的协调十分必要。这一问题将来可能会得到进一步强化，因为在自由贸易协定中会包含越来越多的竞争相关性条款。谈判者需要去确认重叠部分和潜在的冲突以及探索其有用性，在适当情况下，明确说明不同章节协调问题以及协定解释和应用规则。

3. 有效的合作机制

正如上面指出的，在竞争政策方面加强合作的问题日益突出，因此越来越多的自由贸易协定包含与竞争问题有关的合作条款。但是对于谈判者而言，在决定如何拟定竞争条款方面却面临许多的问题。

首先，合作的主要目的是什么。如果协定关注的是消除反竞争商业行为对贸易自由化带来的不利影响的话，那么合作的主要目的应该是克服国内竞争法在跨境反竞争行为方面的不足。一些有助加强有关当局间相互合作的方式，如通知另一方感兴趣的案例，信息交流，协调当局间的行为活动，提供积极的或消极的礼让等是首先应该采取的方式。在另一种情况下，如果合作主要是用于提高一方对另一方在竞争体制、经验和实践交流或在建立有效的竞争体制方面提供技术援助或能力建设，那么条款的重点和措辞是不同的。

其次，在合作中谁是主要的参与者。为了增加消除跨境反竞争行为的可能性，应当首先加强竞争管理当局间的合作。因为大多数国家的竞争管理当局是相互独立的，因此在他们之间有必要有一种共识并且当局应该对贸易负责。竞争管理当局也可以使用在自由贸易协定中提及的工具，因此在大多数的谈判中国家竞争管理当局负责竞争条款。这些当局也可能负责技术服务和能力建设。事实上许多自由贸易协定在他们的合作条款中明确提及了竞争管理当局。

再次，在自由贸易协定的竞争章节中包含广泛的合作条款是否总有意义。实行优惠贸易协定是一种迹象，表明双方间已经存在大量的贸易流动和经济合作或者这种状况可能得到进一步的加强。通常来讲，这种说法赞成将竞争条款包含在自由贸易协定中。与此同时也有一些人认为对于不同种类的伙伴国家应采取不同的方法。一方面，即使是在自由贸易协定成员国间也会因为各种各样的经济联系优势导致对跨界反竞争活动的影响产生不同的分析。另一方面，各方的经济发展水平或者经济体制方面的差别以及不同的法律传统对谈判的结果也可能产生不同的影响。对于这些所有的问题，各方可能倾向于变换协定中合作条款的内容。他们也可能通过设定一定的基本要求，采取渐进的方式来解决这些问题，并且这些要求在协定生效时是有效的。当处于危机中的任何一方改善其竞争体制或者经过几年合作后双方建立了更深程度的相互信任的话，各方可能会达成更广泛的合作。

最后，对于合作是否会有一些限制。在解决国际卡特尔和跨国反竞争行为方面有效合作的主要障碍是国家保密和机密法律。大多数国家的此类法律禁止竞争管理当局互换相关信息和文件。在自由贸易协定的竞争章节经常清楚的规定一方不必提交与国内竞争法相冲突的信息和文件。尽管越来越多的国家已经起草法律允许竞争管理当局在特定的条件下互换保密信息，但是只有在极少数的情况下，协定对此有所约定。

（四）中国应对自由贸易协定中的竞争政策的对策

目前中国已经签署了12个自由贸易协定，涉及20个国家和地区，其中明确含有竞争章节的有2个，即中国与冰岛、瑞士自贸协定。正在谈判的自贸协定有8个，涉及23个国家。此外，中国完成了与印度的区域贸易安排（RTA）联合研究，同时，正在与哥伦比亚等开展自贸区联合可行性研究。就目前FTA中竞争政策的发展趋势来看，中国正在谈判和研究的自由贸易协定将会更多地涉及竞争政策条款。

1. 中国FTA中的竞争条款的发展现状

（1）中国—冰岛FTA中的竞争政策条款和特点

中冰自贸区于2006年12月初启动，经过六轮谈判，《中国—冰岛自由贸易协定》于2013年4月16日在北京签署，并在2014年7月1日正式生效，这是我国与欧洲国家签署的第一个自由贸易协定，也是首个明确涉及竞争章节的协定。

中国与冰岛自由贸易协定的第五章第六十二条是关于竞争规则的，涉及的内容主要是信息交流、协商与合作、争端解决。

协定规定各缔约方承诺适用各自竞争法，消除反竞争行为。在符合各自法律以及保密规定的前提下，双方的合作包括信息交流等内容。这就限制了协定适用的范围。缔约国竞争执法机构应就与竞争章节相关的事宜开展合作和协商竞争章节项下的任何争议应通过缔约方之间协商解决，任何一方均不得诉诸至协定项下的争端解决机制，这意味着该协定不具有约束力。

中冰FTA竞争政策条款的特点：第一，考虑到中国《反垄断法》对垄断行为有明确定义，为了维护本国法律权威，避免概念冲突，中冰FTA

竞争章节明确说明了反竞争行为的不利影响，但并没有规定哪些行为属于反竞争行为，也没有制定具体的限制反竞争行为的措施。第二，该协议的竞争章节对享有特殊或排他性权利的经营者同样适用。第三，竞争章节对缔约方经营者的管制相对宽松，不得对其创设具有法律约束力的义务。第四，该协议规定在竞争政策上适用本国国内竞争法，对于非机密性规定双方进行信息交流等内容。第五，为了有效促进协定的实施，协定规定缔约执法机构就与竞争章节有关的事宜开展合作和协商。第六，双方就与竞争有关的争议无关于争端解决机制，与竞争有关的事宜双方未能达成一致意见或存在冲突时，应通过协商的方式解决。

（2）中国—瑞士 FTA 中的竞争政策条款和特点

2011 年 1 月 28 日，中瑞自贸区谈判正式启动，经过九论谈判，2013 年 7 月，《中国—瑞士自由贸易协定》签署，于 2014 年 7 月 1 日正式生效。

中国与瑞士自由贸易协定的第十章第十条是关于竞争规则的。其主要内容是缔约双方执法机构在反竞争行为方面应开展合作和协商。

协定规定对于反竞争行为缔约双方适用各自竞争法律，竞争章节适用于缔约双方所有经营者，缔约双方执法机构在反竞争行为方面应开展合作。协定同时规定如果缔约一方认为，某种行为继续对贸易产生第一款所述的影响，该方可以要求在联合委员会进行协商，以促进该问题的解决。但协定中规定竞争章节不对缔约双方的经营者创设任何具有法律约束力的义务，也不干预各自竞争执法机构的执法独立性，争端解决机制不适用于本章节，这表明该协定不具有约束力。

中瑞 FTA 竞争政策条款的特点：第一，中瑞 FTA 竞争章节沿用了中国《反垄断法》垄断行为的表述，但是为了维护中瑞两国国内法律权威，避免概念冲突，对于反竞争行为缔约双方使用各自竞争法律，并没有对限制竞争行为制定共同的惩罚措施，也没有具体规定哪些行为属于反竞争、限制竞争行为。第二，对根据法律法规享有特殊或排他性权利的经营者仍然有保护倾向。第三，中瑞两国竞争执法机构的执法具有独立性，缔约方不得相互干涉。第四，为了促进缔约方 FTA 中竞争法的有效实施，双方竞争执法机构之间相互合作，尽管这种合作属于浅层次的合作。第五，在双方发生争议的时候不是自行协商，而是求助于联合委员会争端解决机制。第六，中瑞 FTA 第十五章是关于争端解决的条款，其各项条款在关于竞争的第十章并不适用。

中瑞 FTA 的成功签署促进了中国与欧洲的联系，瑞士也在中国未来进入欧洲主要市场进程中充当了重要的"桥梁"作用。此外，中瑞 FTA 是中国签署的第二个涉及竞争章节的自贸协定，中国将以此为契机，加快自贸协定中竞争政策的完善和发展，进一步推动中瑞、中欧之间自由贸易合作。通过中瑞 FTA 中竞争政策合作实践和经验，未来，中国将与更多的国家和地区签署包含竞争政策的自贸协定。

目前在中国对外签订的自由贸易协定中只有中国与冰岛和瑞士签订的自由贸易协定中含有竞争政策，这是中国在自由贸易协定中引入竞争政策的一个良好的开端。我们可以看到中国越来越重视自由贸易协定中竞争政策的国际合作，正积极加强自由贸易协定中竞争政策的国际合作。我们可以预测在未来达成的自由贸易协定中会有越来越多的协定包含竞争政策，并且内容也会越来越详细。

2. 中国与美国、欧盟自由贸易协定中竞争政策内容比较

中国、美国和欧盟自由贸易协定中竞争政策内容相似的部分有两个方面。在采用和执行的具体标准方面，通常只是规定缔约方适用各自竞争法，消除反竞争行为，并没有详细列明具体的措施。在争端解决机制方面都考虑到了争端问题，但都将竞争相关性条款排除在正式的争端解决机制的范围之外。

与美国、欧盟对外签订的自由贸易协定中的竞争政策内容相比，中国对外签订的自由贸易协定中的竞争政策内容无论是内容范围还是内容深度都不足。

（1）中国和欧盟在这方面的差异主要体现在协调与合作、特殊和差别待遇两个方面。在协调与合作方面欧盟规定得比较具体全面，欧盟—墨西哥自由贸易协定对这方面的规定非常具体，对通知的前提条件和内容、信息交流的类型、协商的前提条件和做法、协调执法活动时应考虑的因素都进行了详细的规定。而中国则比较片面宽泛，没有详细具体的规定。中国与冰岛自由贸易协定规定在符合各自法律以及保密规定的前提下，双方就与竞争章节相关的事宜开展合作和协商，合作包括信息交流等内容；中国与瑞士自由贸易协定缔约双方执法机构在反竞争行为方面应开展合作。如果缔约一方认为，某种行为继续对贸易产生第一款所述的影响，该方可以要求在联合委员会进行协商。欧盟对外签订的自由贸易协定中一般会包

括特殊和差别待遇。在欧盟—墨西哥自由贸易协定中这方面的内容主要是针对技术服务的，协定规定双方间应该提供技术服务以加强在竞争法和竞争政策方面的执行力度，中国对外签订的自由贸易协定中并不包含这方面的内容。

（2）与美国的差异主要体现在对垄断、国有企业、非歧视性条款、透明度方面。美国对外签订的自由贸易协定中一般对垄断、国有企业有非常详细具体的规定。北美自由贸易协定第 15 章 1502 条对垄断运行的条件，1503 条对维持和建立国有企业进行了详细规定；美国—新加坡自由贸易协定 12.3 条详细列出了对垄断企业和政府企业的规定；美国—韩国自由贸易协定 16.2 条、16.3 条对私有企业和国有企业的垄断行为进行了详细的规定。中国与冰岛自由贸易协定、中国与瑞士自由贸易对此则没有规定。

美国签订的自由贸易协定中一般会包括特定的非歧视性条款，如北美自由贸易协定规定国有企业不应该对其他投资采取歧视待遇；此外一些协定对价格歧视规定了一些例外情况，如美国—新加坡自由贸易协定规定基于正常的商业考虑，价格歧视不违反文本规定；美国—韩国自由贸易协定规定基于正常的商业考虑，垄断企业和国有企业可以在相同或不同的市场上征收不同的价格。中国对外签订的自由贸易协定中的竞争政策内容则不涉及特定的非歧视性条款。

美国对透明度十分关注。美国—新加坡自由贸易协定第 12.5 条详细列明与透明度和信息交流有关的条款；美国—韩国自由贸易协定在 16.5 条中规定一方提出要求时另一方应该提供一些相关信息，并详细规定了该信息的性质和类型。在这方面中国对外签订的自由贸易协定一般并不涉及。此外，美国对外签订的自由贸易协定一般对竞争章节中使用的术语进行定义，而这些术语最终会影响协议的范围，中国则没有对这些术语进行解释。

（3）中国与美国、欧盟在竞争政策实施方面面临的共同挑战

事实上除了竞争政策内容方面的异同外，中国、美国、欧盟在竞争政策实施方面也面临共同的挑战，这些挑战在前文曾详细介绍过，即将竞争相关问题包含在复杂的贸易协定如自由贸易协定中，缔约国必须要处理好各种问题。对协定制定者来说主要的挑战来自三个方面：如何能确保缔约国遵守和执行协定中的规定，如何能协调好具体章节中竞争条款和竞争章节中竞争条款的内容，如何保证各方的有效合作。合理解决这些问题对竞

争政策的有效实施至关重要。

3. 中国在竞争政策方面的应对策略

（1）加强 FTA 中竞争政策合作

目前中国已经建立起较为完善的竞争管理体系并积极参与竞争问题的国际合作，但是起步较晚，在国际上的话语权并不高。此外，在中国对外签订的自由贸易协定中涉及竞争政策的协定不多，只有和冰岛、瑞士签订的自由贸易协定中含有竞争政策，并且相比其他发达国家而言其内容不全面，条款也不够详细，远远落后于发达国家，因此加强国际间的合作十分必要。加强国家间合作的主要方式就是通过自由贸易协定进行。在自由贸易协定中纳入竞争政策要考虑以下几个问题。

第一，在选择国家时要考虑该国是否有竞争政策，这一方主要考虑的是发达国家。因为发达国家已经建立起了完善的竞争政策体系，而许多发展中国家处于起步阶段甚至没有竞争法。与发达国家合作可以使我国从两个方面受益：执法活动方面的合作和技术服务。典型的例子就是巴西不断从与美国签订协定的双边合作中受益。通过与发达国家签订协定达成的技术援助条款可以帮助发展中国家不断完善其竞争政策。

第二，要选择与我国贸易关系密切，贸易量大的国家。这主要是因为大多数能够对本国产生较大影响的反竞争行为是伙伴国企业采取的。

第三，竞争政策各章节之间的不协调问题是个重要的问题，它还关系到执行和司法解释问题，因此做好各章节之间的协调十分必要。在适当情况下，明确说明不同章节协调问题以及协定解释和应用规则。在合作方面可以在条款中明确规定由国家竞争管理当局负责竞争条款、技术服务和能力建设，结合两国的具体情况制定相应的合作条款，可通过设定一定的基本要求，采取渐进的方式来进行。当局间可以通过通知另一方感兴趣的案例，加强信息交流等方式加强竞争管理当局间的合作，在特定的条件下可以互换保密信息。最后要考虑到争端解决机制。将争端解决机制纳入自由贸易协定的主要目的是确保伙伴国可以更好地遵守自由贸易协定中所达成的竞争政策条款。但到目前为止，除了欧盟之外，其他国家的自由贸易协定都没有统一的可适用的具有绝对管辖权的竞争法，因此只能以协商的方式解决争端。此外对于我国来说，竞争法不成熟，执法经验不足，因此不适合在协定中规定超国家的竞争法。一个切实可行的方法是在涉及竞争政策争端时采用积极礼让的原则。

第四，在自由贸易协定竞争政策内容方面可以合理借鉴欧美经验。考虑到我国竞争政策体系刚刚建立还不完善，自由贸易协定中竞争政策内容较少，条款也不够详细。在透明度、垄断、国有企业方面我们可以借鉴美国模式，在协调与合作、技术支持、非机密信息交流方面可以借鉴欧盟模式。要考虑一些特殊情况达成特殊待遇条款。自由贸易协定中特殊待遇条款广泛用于发达国家与发展中国家签订的自由贸易协定中，主要有技术支持条款、过渡期条款和例外条款。技术支持方面主要是通过人员培训、双边竞争政策会议和信息交流来获得。过渡期条款主要是在竞争政策主管机构、竞争规则的实施、涉及国有企业和产业政策方面的规定、竞争力薄弱的产业等方面争取一段过渡时期。例外条款主要是将农业、能源和关系到我国经济命脉的极其重要的产业排除在竞争政策之外。我国在对外签订自由贸易协定时要积极争取这种特殊待遇。

（2）完善国内竞争法

在完善国内竞争法过程中首先是完善国内竞争法的内容，在这方面主要是借鉴国外的竞争法，在实践中结合案例不断完善我国的竞争法。在竞争法内容方面主要是注重国有企业、企业间并购、滥用市场支配地位、补贴等。在这几个方面中国面临的问题比较多，应该是我们关注的重点。政府的反竞争行为也应该是竞争法关注的一个焦点，对于这种反竞争行为要做到两点：关注事前规制措施的开展；关注事后规制措施的完善。此外，竞争法中条款要规定的足够详细，这方面主要是在以后的执法过程中不断地结合实际案例进行完善。总体来说，在完善竞争法方面一个比较可行的方法就是借鉴欧盟的竞争法，因为欧盟已经建立了较为完善的竞争法，具有多年的实施经验，并且欧盟与中国同属于成文法。

在执法活动方面主要是制定相应的实施细节和配套规定，制定一套切实可行的有效执行竞争法的正式行政程序。行政程序主要包括立案、调查和最终裁决，这样可以使执法活动能够真正保障自由竞争。针对具体违法行为制定行政指南，建立事前磋商程序。在正式调查程序和非正式调查程序之间合理分配执法力量，并确定配置力量的标准。这一方面主要也是借鉴国外经验并在实践中不断完善。

在执法机构方面要建立一个独立的具有权威性的反垄断执法机构。我国《反垄断法》的执法部门有3个，目前来看具有一定的合理性，但是多部门执法必然会存在一定的冲突。长期来看还是要建立一个独立的具有权威性的执法机构来负责竞争法的实施。

反垄断法较强的专业性和技术性要求我们必须要有一批高素质的执法人员，因此我们要加强对执法人员的培养，可以组织各种培训活动、交流会等，也要让执法人员在实践中不断学习。另外在人才培养方面我们可以与国外发达国家进行合作，加大对人才的培养。

在执法经验方面一方面是在实践中增加执法人员的执法经验，另一方面也是通过与国外执法机构进行经验交流学习国外的执法经验。

此外，相关部门也要宣传竞争法法律法规，重点对政府官员、企业界人士进行法律培训，提高其在竞争法方面的法律意识。同时也要广泛收集有关违法行为的信息对外公布。建立意见征询制度，对咨询者的询问尽快答复。

在竞争法的实施过程中应当记住的是竞争法保护的是竞争的机会和过程，而不是竞争者，这一点至关重要。

③我国自贸协定需形成竞争问题谈判策略

在 FTA 中引入竞争政策条款已经是国际社会尤其是西方发达国家的普遍实践，也将会成为我国未来自贸协定谈判难以回避的现实问题。我国未来谈判的自贸区协定中，如何处理竞争政策条款面临的挑战是需要进一步研究的课题。我国应研究制定自己的竞争政策谈判范本，尽快形成我国对外的竞争政策谈判的顶层设计，应对未来与欧盟、美国的谈判。更重要的是，FTA 谈判不能仅局限于宣誓性、原则性的规则，应注意用更精细的条款维护自身利益，加强对复杂竞争规则尤其是我国竞争法律文件中没有的规则的分析论证，明确自身核心利益与谈判态度，如是否要接受"积极礼让"条款，如何应对谈判方提出的使我国竞争立法与外国趋同的要求，应如何完善我国的竞争执法听证制度，加强竞争执法的透明度等。

此外，国有企业问题是目前 TPP 谈判中最具争议的问题。美国主导的 TPP 谈判中其主张规范国有企业竞争行为，实现"竞争中立"。总结现有的欧美 FTA 中的国有企业条款主要包括：成员国要保证国有企业与成员国的 FTA 义务一致的方式行事；在货物与服务的交易过程中遵循商业性原则；在协定涵盖的货物贸易、服务贸易、投资等领域内规定非歧视待遇不能有反竞争性的协议存在；成员国不得干涉国有企业的经营和决策等。上述国企相关条款构成了我国国企发展改革的外部法律环境，需要我们在国企改革过程中予以认真对待。

五 中国应对 FTA 中投资规则的对策

以美国为代表的发达国家曾多次努力建立一个综合性全球投资协定，但都未能成功。早在乌拉圭回合谈判中，美国就意图在 WTO 框架下制定综合性的全球多边投资协定，因为发展中国家的联合反抗与抵制而未能如愿，仅达成几个与投资有关的协定，如《与贸易有关的投资措施协定》（TRIMS），《与贸易有关的知识产权协定》（TRIPS）和《服务贸易总协定》（GATS）。然而美国没有放弃，又另谋出路。1995 年，美国竭力主张在 OECD 内部谈判多边投资协定（MAI），其目的是希望在比较容易达成一致意见的发达国家内部形成高保护标准的投资协定。然而事与愿违，经过三年的努力，长达 144 页的 MAI 草案因法国的否决而告终。几乎在同时，美国于 1996 年极力将投资议题纳入到 WTO 框架内，成为"新加坡议题"之一。由于发展中国家强烈反对，2003 年坎昆部长会议上，投资议题再次被排除在多哈回合谈判议题之外。

（一）国际投资协定在全球范围内呈现碎片化发展趋势

目前，在国际投资方面尚不存在一个全球性的多边投资协定，规范全球投资流动的法规呈现碎片化状态——截至 2013 年底，全球投资体制由近 3240[①] 个国际投资协定（IIAs）所构成，这些协定由约 2800 多个 BITs（双边投资协定）和 350 多个 FTAs（自由贸易协定）的投资章节构成。因此，研究自由贸易协定中的投资规则必须与双边投资规则和多边投资规则紧密联系在一起共同研究。

全球范围来看，几乎每个国家都是一个或多个 IIAs 的成员，全球国际投资协定呈现出由众多的双边投资协定和自由贸易协定构成纵横交错的 IIAs 网络。

---

① UNCTAD IIA ISSUES NOTE, No. 5 July 2013. "TOWARDS A NEW GENERATION OF IN-TERNATIONAL INVESTMENT POLICIES: UNCTAD'S FRESH APPROACH TO MULTILATERAL IN-VESTMENT POLICY – MAKING", http://unctad. org/en/pages/newsdetails. aspx? OriginalVersion-ID = 576&Sitemap_ x0020_ Taxonomy = Investment and Enterprise; #607; #International Investment A-greements（IIA）; #20; #UNCTAD Home. 2014 – 2 – 15 访问。

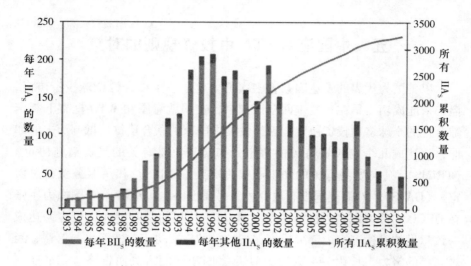

图2—6 1993—2013 年国际投资协定的数量

数据来源：World Investment Report 2014，http：//unctad. org/en/PublicationsLibrary/ wir2014_ en. pdf，p. 24，2014 年 8 月 9 日访问。

为研究方便，以下选取的 APEC 主要国家包括中国、日本、韩国、美国、加拿大、墨西哥、秘鲁、澳大利亚、新西兰、新加坡、泰国、马来西亚、菲律宾、越南、俄罗斯。各个国家 IIAs 数量主要包括两部分：各个国家签署的 BITs 数量和 FTAs 数量。需要注意的是，一部分 FTAs 不包括投资章节，在这里未加以具体区分和排除。

根据统计可以发现：第一，APEC 主要国家 BITs 数量分布不均衡，中国已经签署 128 个 BITs，是签署协定数量最多的国家；其次是韩国、马来西亚和越南，分别签署了 92、67 和 60 个；美国签署了 46 个协定，其签署数量虽然不算多，但其影响力大，美国投资协定范本不断升级，其中的规定对国际投资协定的影响最大，代表着国家投资协定发展的新趋势。除了新西兰只签署了 5 个协定外，其他主要国家大多签署了 20—35 个协定。第二，APEC 主要国家签署并实施的 FTAs 数量差别不大，新加坡名列第一，共计有 19 个协定；数量最少的国家菲律宾、澳大利亚有 7 个协定，其他国家中、日、韩、美、加、墨、秘、新西兰、泰国、马来西亚、越南、俄罗斯分别有 12、13、10、14、9、13、12、8、12、12、8、9 个协定。

表 2—10 　　　　　　　APEC 主要国家的双边投资协定和
　　　　　　　　　　　　自由贸易协定的数量

国家	中国	日本	韩国	美国	加拿大	墨西哥	秘鲁	澳大利亚	新西兰	新加坡	泰国	马来西亚	菲律宾	越南	俄罗斯
BIT	128	20	92	46	34	28	32	23	5	41	35	67	35	60	34
FTA	12	13	10	14	9	13	12	7	8	19	12	12	7	8	9

数据来源：BIT 数据来源于联合国贸发会网站，亚洲国家 FTA 数据来自亚洲发展银行网站，俄罗斯、墨西哥、秘鲁、加拿大 FTA 数据来自 WTO 网站。美国、澳大利亚、新西兰 FTA 数据来自各国政府 FTA 网站。(2014 – 2 – 15 访问)①

（二）碎片化国际投资体系的错综复杂

第一，WTO 投资协定的分散化和内容的局限性

WTO 中的投资相关规定中，只能调整有限的国际投资问题，且分散于 TRIMS、GATS、TRIPS 协定中，相对比较分散，缺乏体系性，难以满足发达国家对外投资保护的要求。

最具代表性的 TRIMS 涉及的投资自由化结构和内容比较单一，主要规定了禁止东道国对外资施加业绩要求，包括禁止使用当地成分要求、贸易平衡要求、进口用汇限制和当地销售要求四项投资措施②。

在美国投资协定范本和 FTA 的投资章节中，均包括更严格的禁止业绩要求。比如美国投资协定范本（2014 年 BIT 范本）的第 8 条专门做出了业绩要求方面的规定，除了包括上述四项义务，还包括禁止技术转让要求和禁止在东道国研发要求等。

GATS 中的服务市场准入规则，规定了服务业的投资准入问题，但相

---

① http：//unctad. org/en/Pages/DIAE/International% 20Investment% 20Agreements% 20 (IIA) /Country – specific – Lists – of – BITs. aspx；

http：//aric. adb. org/fta；

http：//rtais. wto. org/UI/PublicAllRTAList. aspx；

http：//www. ustr. gov/trade – agreements/free – trade – agreements/north – american – free – trade – agreement – nafta；

http：//www. mfat. govt. nz/Trade – and – Economic – Relations/2 – Trade – Relationships – and – Agreements/index. php；

http：//www. dfat. gov. au/fta/。

② 卢进勇：《从〈与贸易有关的投资措施协议（TRIMS）〉到〈多边投资协议（MAI）〉》，《国际贸易问题》1997 年第 2 期。

关规定与美国投资协定范本和 FTA 章节相比至少有三个方面的局限：第一，管辖的投资范围有限。GATS 的商业存在的定义只涵盖外国直接投资，而组合投资及其他资本形式均被排除在该定义之外；与此不同，美国的投资采取基于资产的投资定义，即任何事物——只要其合法且具有经济价值就包括在其定义之内。第二，投资自由化程度有限。由于 GATS 市场准入条款的最惠国待遇和国民待遇义务条款均受限于成员已经做出承诺的特定部门，而美国的投资条款将最惠国待遇、国民待遇、公平和公正待遇等设定为基本条款。在近来的 FTA 中，如美国—韩国 FTA 中，将国民待遇扩展到"准入前国民待遇"①。第三，投资保护方面设定的规则有限。GATS 对投资提供的保护力度和范围总体上比较有限，这点在"投资征收""投资资金转移"等条款上表现得尤其突出②。以"投资征收"为例，GATS 并没有直接对投资征收设定"补偿"原则和标准，而美国的投资范本设定了对非法征收（包括直接征收和间接征收）的保护条款。

TRIPS 对于投资规则的影响主要体现在作为 WTO 缔约方的东道国对外国投资者的商标、专利、专有技术等资产投资规定统一保护标准。但美国 FTA 中有关知识产权章节的规定均超越了 TRIPS 规定③。

第二，全球国际投资协定网络化发展导致的错综复杂

现代投资协定的结构和内容更具综合性，涉及议题多。各个国家基于本国利益，通常制定本国的 BIT 范本作为双边投资协定谈判依据，BIT 范本随着时代的发展、实践中带来的问题定期调整和升级。美国在这方面最具有代表性。比如美国在 1994 年成功地将高标准的投资规则纳入到北美自由贸易协定（NAFTA）中，创立了第一个包含完整的投资制定的自由贸易协定，同时也以此为蓝本确立了 1994 年美国 BIT 范本，其标准比 NAFTA 更高。1995 年又促使该范本成为 OECD 框架下草拟的 MIA 蓝本。2004 年，在十年经验和教训的基础上，美国发布了新的 BIT 范本以取代

---

① 准入前国民待遇适用于投资建立之前，它将平等待遇扩大到准入权，并在国家监管和税收待遇等方面给予法律上和实质上的同等待遇。准入前国民待遇是传统投资协定采取的控制模式，是与开放投资体制中的自由模式最重要的差别。

② 沈铭辉、周念利：《亚洲区域经济合作新领域：区域服务贸易自由化》，《太平洋学报》2010 年 2 月。

③ Henrik Horn , Petros C. Mavroidis and Andre Sapir ,"Beyond the WTO? An Anatomy of EU and US Preferential Trade Agreements", *The World Economy*, Vol. 33, Issue 11, November 2010, pp. 1565 – 1588.

1994 年范本，八年后又公布了 2012 年 BIT 范本，新范本的投资待遇和保护标准更高。2012 范本分为 ABC 三部分①，总计 37 条外加三个附录。其中 A 部分关于实体性规范包括定义，涉及投资保护与投资自由化等实体方面的问题，共 22 条；B 部分是关于投资者诉东道国争端解决机制（第 23—36 条，共 14 条）；C 部分是关于国际间争端解决机制（第 37 条，只有 1 条），后两者为程序性规定。

大多数国家都确定了本国的 BIT 范本，将其作为后续 BIT 和 FTA 谈判的基础，同一个国家的 BIT 范本需要与时俱进修订，同一时期不同国家发展水平和利益取向不同，各国的 BIT 范本不尽相同。每个国家依据不同的范本谈判多个 BITs，而每个协定内容又依据谈判双方的不同投资地位、不同谈判地位、不同利益取向而所不同。因此，形成了错综复杂的碎片化国际投资体系。

（三）主要国家之间投资规则的冲突

WTO 新一轮谈判中，由于发展中国家的反对，将 WTO 框架下建立投资规则的议题排除在新一轮谈判之中。因此，多边投资规则难以形成的根本矛盾集中体现在发展中国家和发达国家之间的矛盾。作为最大的发展中国家，中国在国际投资立法实践方面与发达国家之间的冲突具有一定代表性。此外，美国主导的 TPP 谈判在投资规则方面的争议也反映了目前美国与其他国家之间在投资规则方面的冲突。中国在投资规则方面与发达国家的主要冲突和 TPP 投资规则谈判的冲突具有代表性。

1. 中国在国际投资规则方面与发达国家的主要冲突

（1）中国在 BITs 方面与发达国家的主要冲突

自 1982 年中国和瑞典签署的第一个双边投资协定以来，中国已经签署并实施了 128 个双边投资协定，其双边协定总数名列全球第二位，仅次于德国（已经签署 137 个双边投资协定）。此外，中国还签署了中、日、韩三边投资协定。从协定的对象国来看，在中国签署的这些 BITs 中，大多数是中国与发展中国家签署的投资协定，少部分是中国与发达国家之间的投资协定。由于这些发展中国家多为中国对外投资的净输出国，因此，

---

① http：//www. ustr. gov/sites/default/files/BIT% 20text% 20for% 20ACIEP% 20Meeting. pdf，（2014 - 2 - 15 访问）。

这些协定为鼓励中国企业对外投资提供了良好的法律保护框架。而与中国签署双边投资协定的发达国家多为对外投资净输出国，这些发达国家主要是西欧的德国、法国、荷兰、比利时、卢森堡、瑞士、葡萄牙、芬兰等和日本与加拿大等。值得注意的是，在中国与发达国家签署的协定中，从区域角度来看，中国和西欧这些国家是在 20 世纪 80 年代签署的传统型协定，近年来又通过重新谈判的方式将原有协定升级为现代型协定①，以满足这些发达国家企业在中国投资所需要的高水平保护和自由化要求；迄今中国缔结的内容最为广泛的一个双边投资协定是中国和加拿大的双边协定②。该协定的谈判自 1994 年启动，历经 18 年磋商终于在 2012 年 9 月签署。尽管该《协定》涵盖了常规投资保护协定包括的主要内容和要素，但在投资自由化方面各方尚有保留。比如：关于国民待遇条款，《中加协定》未涉及准入前国民待遇要求，也没有以负面清单形式保留不符措施。关于投资者与东道国争端解决，对于中国而言，《协定》规定在投资者就争端提交国际仲裁前，应首先通过东道国的行政复议程序解决。

（2）中国在 FTA 投资章节中做出保留的情况

除 1975 年的亚太贸易协定外③，从 2003 年与香港和澳门分别签署大陆—香港和大陆—澳门经济关系安排（CEPA）以来，中国总计签署了 11 个自由贸易协定（FTAs）④。协定的对象国（地区）除港澳地区外，还包括东盟、新加坡、巴基斯坦、新西兰、智利、秘鲁、哥斯达黎加、冰岛。中国最初的自由贸易协定仅涉及货物贸易领域，不包括服务和投资领域。在这 11 个已经实施的协定中，仅有 5 个包括综合性的投资章节⑤，它们分别为：中国—巴基斯坦 FTA（2006）、中国—新西兰 FTA（2008）、中

---

① http：//tfs. mofcom. gov. cn/article/Nocategory/201111/20111107819474. shtml（2013 年 6 月 8 日）。

② 孙玉红：《中日韩三边投资协定的新变化及中日利益取向分析》，载《国际贸易》2013 年 11 月。

③ 现有成员国为中国、印度、韩国、孟加拉、斯里兰卡和老挝。

④ http：//fta. mofcom. gov. cn/index. shtml（2014 年 8 月 9 日访问）。

⑤ 亚太贸易协定完全不包括投资问题；港澳经济关系安排只包括投资促进和投资便利化条款；2008 年签署的中国—新加坡 FTA 虽然将投资单独列为一个章节（第十章），但其中未包括任何实质体性条款，这章强调"《中国—东盟投资协议》完成后，除非协议另有规定，其条款经必要修改后应纳入本协定，成为本协定的一部分。"中国和哥斯达黎加 FTA 及中国—冰岛 FTA 也与上述情况类似，只是强调将中哥和中冰 BIT 纳入本协定，成为本协定的一部分。

国—秘鲁 FTA（2009）、中国—东盟 FTA（2009）中国—智利 FTA（2012）①。通过比较这五个自由贸易协定的投资章节可以发现其中的共性是中国均没有给予伙伴国的投资和投资者以准入前的国民待遇。如中国—东盟 FTA 给予投资者的仅限于准入后的国民待遇，即给予另一方投资者及其投资，在管理、经营、运营、维护、使用、销售、清算或此类投资其他形式的处置方面给予不低于其在同等条件下给予其本国投资者及其投资的待遇。而在中国—智利自由贸易协定关于投资的补充协定中，关于国民待遇，则明确将国民待遇限定于准入后阶段，同时允许双方保留现有的与国民待遇不符的措施。因此，可以得出结论，中国现阶段 FTA 中的投资章节要么明确对准入前国民待遇提出保留，要么具体条款规定中不包括准入、设立、获得、扩大等字样。此外，对于影响服务业投资的服务贸易市场准入，中国在所有的自由贸易协定中均采用正面清单方式。

综合中国已经签署的 BITs 和 FTAs 中的主要保留可以发现，中国 IIAs 中与美国等发达国家主要冲突表现在三个比较关键的问题，即准入前国民待遇、负面清单的市场准入方式、投资者与东道国争端解决提交国际仲裁的条件。

2. TPP 投资规则谈判的冲突与趋势

目前来看，美国借助 TPP 引领或者重构国际投资规则的主要迹象通过 TPP 谈判初显端倪，并通过 TPP 各成员方在投资议题方面的争端体现出来。以下分析 TPP 负面清单发展趋势和最具争议的 ISD（Investor - State Dispute）条款和国有企业问题。

（1）TPP 成员现存 FTA 中采用负面清单已成为趋势

有服务市场准入模式方面，分为正面清单和负面清单两种承诺方式。美国与 TPP 成员的现有 FTA 中均采用"负面清单"模式；马来西亚和越南以往所有 FTA 均采用正面清单模式。新加坡和澳大利亚两种方式都采用，但主要是负面清单方式，只有在与东盟之间的协定中采取正面清单。TPP9 国之间的 FTA 选择的服务承诺方式具体情况如表 2—11 所示。

---

① 参见商务部条约法律司负责人解读中智（利）自贸协定关于投资的补充协定，http://fta. mofcom. gov. cn/article/chinachile/chilenews/201209/10859_ 1. html。

表 2—11　　　　　TPP9 国现存 FTA 中服务贸易自由化承诺模式①

采用负面清单模式的 FTAs	生效时间	采用正面清单模式的 FTAs	生效时间
ANZCERTA	1983 年 1 月	AFTA	1992 年 1 月
澳大利亚—智利	2009 年 3 月	ASEAN—澳大利亚—新西兰	2010 年 1 月
P4	2006 年 5 月	马来西亚—新西兰	2010 年 8 月
秘鲁—新加坡	2009 年 8 月		
秘鲁—智利	2009 年 3 月		
新加坡—澳大利亚	2003 年 7 月		
美国—澳大利亚	2005 年 1 月		
美国—智利	2004 年 1 月		
美国—秘鲁	2009 年 2 月		
美国—新加坡	2004 年 1 月		

上述情况表明，TPP9 国现存 FTAs 中，10 个协定采用负面清单方式，只有三个协定采用正面清单方式。因此，TPP 中采用负面清单的服务市场准入方式已经基本上成为大势所趋。

（2）ISD 条款问题的争议

TPP 谈判中，澳大利亚坚决反对美国将 ISD 条款纳入到 TPP 协定之中。澳大利亚的强硬立场体现在其 2011 年 4 月 12 日发布的指导澳大利亚贸易政策的原则声明中。该声明突出地表明澳大利亚未来的 FTA 反对 ISD 条款②。事实上，早在 2004 年，澳大利亚和美国进行 FTA 谈判时，澳大利亚政府就强烈关注 ISD 问题，并最终将 ISD 条款排除在美国—澳大利亚 FTA 之外，当然这种结果的取得也是以澳大利亚放弃了要求美国开放食糖市场为条件。澳大利亚在 TPP 谈判中对 ISD 条款所持的立场，使得投资条款谈判难以协调。所以 TPP 最后的 ISD 条款中有可能采取的方式是个别国家（如澳大利亚）采取保留的方式或者 ISD 条款进行比较大的改革。

除了澳大利亚反对 ISD 条款纳入到自由贸易协定中，在韩美 FTA 提

---

① Stuar Harbinson and Ail Hoe Lim, "Trade in services", The Trans – Pacific Partnership: A Quest for a Twenty – first – Century Trade Agreement, edited by C. L. Lim, Deborah K. Elms, Patrick Low, Cambrige University Press, p. 137.

② J Kurtz, "The Australian Trade Policy Statement on Investor – State Dispute Settlement", American Society of International Law (ASIL), Vol. 15, Issue 22, August 2, 2011.

交韩国国会批准时，为了阻止执政党向国会外通委提交韩美 FTA 批准案，在野党议员将会议室大门堵住与保安之间发生了肢体冲突。其主要目的是要求在韩美已经达成的 FTA 中，去除 ISD 条款，韩国国会最终还是通过了包括 ISD 条款的韩美 FTA。

从全球国际仲裁机构受理的案件中，可以发现近年来关于 ISD 的案件数目呈爆炸式增长。一些发展中国家，特别突出的是阿根廷，自 1990 年起，在签订的双边投资条约中多数包括全盘接受国际投资争端解决中心（ICSID）仲裁管辖权的规定，阿根廷双边投资条约过于自由化的规定，导致该国成为国际投资仲裁史上头号被诉国。① 并因此承受着巨大的经济、法律以及政治风险，遭受重创，被称为阿根廷国际投资仲裁危机。

目前对于 ISD 条款，各国政府处于两难困境。虽然许多政府认为 ISD 条款是国际投资保护的关键因素，但该条款所带来的风险也日益加大：第一，各国政府被外国投资者起诉的风险正在增大，发达国家在 ICSID 中已经成为被告。第二，当发生争端时，辩护需要大量资源，如果案件败诉，损失将会非常大。第三，各国政府处在不可预测的仲裁实践下，且没有像 WTO 的上诉机构予以进一步申诉；第四，由国际仲裁员来审查国际投资法范围之外的国内法律问题。在上述情况下，发达国家政府（如美国）开始重新审视这一条款，为避免外国投资者日益挑战东道国国家的监管活动，比如环境政策、能源政策、卫生政策以及与经济危机有关的政策，ISD 条款需要进行改革，但如何取得国内公共政策空间和国际投资保护之间的平衡同样是一个困扰的问题。

上述实践表明：在国际投资协定谈判和制定中，要注意防范国家赔偿风险问题。特别是中国与发达国家签订全面同意 ICSID 管辖权的国际投资条约时，如何利用重要例外规定和对外资并购的安全审查等安全阀，是需要认真研究的问题。需要注意的是，对方国家也可以利用这些规定限制中国的投资。

---

① 2001 年底至 2002 年初，阿根廷经历了历史上最为严重的经济危机。为了缓解危机的冲击，阿根廷政府宣布全国进入"紧急状态"，国会颁布《公共紧急状态法》。废除"私有化"改革过程中，阿根廷政府给予外国投资者的一系列优惠条件与保护措施。该法案的实施使参与阿根廷私有化进程的外国投资者蒙受了重大的经济损失。针对阿根廷政府为克服经济危机采取的管理措施，众多外国投资者向国际仲裁机构提出了大量的仲裁申请。截止到 2008 年 8 月，仅在 ICSID 体制中阿根廷便涉案 47 起，且这些案件多半与阿根廷经济危机有关。在已经做出终局裁决的案件中，阿根廷多以失败而告终。

（3）国有企业问题的争议

自从 2011 年 1 月以来，在美国企业团体和工会的推动下，美国在 TPP 谈判中提出针对国有企业实施更严格监管的提案。该提案要求 TPP 成员政府保证在私企和国有企业竞争中处于"竞争的中立"地位。国有企业议题对越南和马来西亚将带来重大影响，因为国有企业在其国内经济中占有重要地位。但美国学者克劳德·巴菲尔德①认为：国有企业监管规范一旦在 TPP 成员中实施，也将为中国国有企业树立典范，从这个角度来说，国有企业问题对发展中国家影响深远。

从提案对国有企业范围的界定来看，纳入提案管辖范围的国有企业仅限于中央政府所属企业而不包括地方政府或州政府所属企业。由于美国很多国企归地方政府或州政府所属，这意味着该提案实际上仅对较少的美国国企产生影响。与之相反，在 TPP 其他国家，虽然一些企业在地方层次经营，但却由中央政府控制，因此这些国家会有更多的国有企业受到美国提案的规范。例如，新加坡提出该提案将州属企业剥离出来的做法对其没有任何益处，因为新加坡仅有一个层次政府，因此所有的国有企业均包括在美国提案界定的范围之内。

澳大利亚将美国提出的国有企业规范提案与农业出口竞争问题捆绑在一起，从而触及了美国的致命之处。TPP 的一些国家对美国的国有企业提案尚持观望态度，政府代表表示还需要在国内分析这一提案，包括提案的实施将如何影响其经济、哪些具体的企业将受到影响等。美国贸易谈判办公室发言人承认国有企业问题的复杂性以及各国持有不同观点，但她确信在后续的讨论中，通过各方共同努力可以找到推进的方向。

TPP 中，美国强调国有企业议题，强调国家对国有企业和私有企业竞争保持中立。美国的主要意图包括两个，第一，管制各国（特别是非市场经济国家）政府给予其国有企业对外直接投资采取的政策支持（财政或金融方面的激励）措施②；第二，要求那些国有企业占主导地位的国家给予美国企业与当地国有企业同等待遇，包括准入前和准入后的国民待遇。在中美 BIT 谈判中，国有企业问题也是中国必须面对的问题。中国走

---

① Claude Barfield, "The Trans – Pacific Partnership: A Model for Twenty – First – Century Trade Agreements?" *American Enterprise Institute for Public Policy Research*, No. 2. June 2011.

② Karl P. Sauvant,《中国对外直接投资政策的三大挑战》，哥伦比亚国际直接投资展望，No. 106，2013 年 10 月 14 日。

出去战略中的政府支持和国有企业在国内市场方面的优先权等问题是否违背国家竞争中立原则，如何通过负面清单维护本国的利益？如何在走出去战略中采取符合国际惯例的政策支持？上述问题关系到中国的经济利益和体制改革，是需要进一步研究的重要课题。

（四）中国应对 FTA 中投资条款的对策

1. 中国政府正以积极姿态应对国际投资规则的制定

中国自 2001 年采取"走出去"政策以来，对外直接投资流量迅速增长，2012 年达到了 840 亿美元（尽管其存量依然较小）。2012 年，中国成为世界第三大对外投资国家（仅次于美国和日本）。随着中国作为投资者的地位上升，中国需要在东道国和投资母国的利益冲突之间进行权衡。以往的投资政策倾向于东道国的立场，在国际投资协定谈判中强调保护政策空间相关利益；而作为母国而言，则要对保护企业对外投资所得利益方面更为关注。针对上述现实，中国政府的 FDI 管理体制已经做出了重大调整。为确立更自由化的投资体制，已经迈出了重要的三步：第一，中国政府同意以准入前国民待遇和负面清单为基础，与美国进行 BIT 实质性谈判。这一做法在中国的 BIT 实践中开了先河，实为一项重大的政策突破；第二，为深化改革开放（包括投资自由化），国务院批准设立上海自由贸易实验区（FTZ），并发布了 FTZ 的总体规划。随后上海政府发布了外商投资的负面清单，具体说明了自由区内中外投资者在待遇上的不同。这些积极主动的措施旨在对国际高标准的投资自由化规则先行先试，促进国内法律机制的构建和协调，最终与国际投资规则接轨。第三，中共十八届三中全会确立的《中共中央关于全面深化改革若干重大问题的决定》肯定了中国在放宽市场准入方面的努力，提出加快自贸区建设，开放内地和边境地区，《决定》同时明确指出，中国将统一国内法律法规，保证投资政策稳定、透明、可预期。上述政策上的突破为中美 BIT 谈判成功奠定了基础，更为形成一个多边投资框架协定创造了条件。哥伦亚大学一项研究认为，中美 BIT 协定一旦达成，能为 BITs 甚至全面的多边投资协定提供新的全球范本①。

① Karl P. Sauvant and Huiping Chen, "A China – US bilateral investment treaty: A template for a multilateral framework for investment?", Columbia FDI Perspectives, No. 85, December 17, 2012. http: //www. vcc. columbia. edu/content/fdi – perspectives. (2014 – 2 – 15 访问)。

2. 中国在未来国际谈判中对投资问题的立场

（1）在 WTO 框架下推进多边投资协定的形成

在 WTO 框架下，中国可以重新考虑对待投资议题的立场，并以此作为起点，开始一个长期性的战略性转变。即不再反对发达国家将投资规则纳入到多边框架之中，争取在 WTO 多边框架下形成一个综合性的国际投资协定。这种战略性转变的可能性和必要性在于：①中国正处于从资本输入国到资本输出国转变过程中，建立一个全球性的国际投资协定有助于中国经济的发展和利益的维护。②中国的投资制度深化改革措施已经起步，中美 BIT 谈判中以准入前国民待遇和负面清单为基础的投资准入承诺和上海自由贸易试验区负面清单政府监管模式的先行先试，都标志着中国对投资制度的改革契合了国际投资制度发展的大趋势。③随着全球化浪潮的不断发展，跨国公司主导的全球价值链生产体系已成为当今世界经济的重要特征。这种全球价值链不断重构的新型国际分工体系也要求全球性的国际投资规则作为保障。

（2）在区域经济合作框架下推进多边投资协定的形成

目前在 APEC 框架下实现 FTAAP 存在几条并行发展的方案，可以归结为亚太方案和东亚方案。亚太方案为美国主导的 TPP；东亚方案包括东盟主导的 RECP、东盟 10 + 3，以及中日韩 FTA。这几个方案目前已经都在运作中，相互之间产生了竞争和外溢效应。由于 TPP 中不包括中国，而 RECP 中不包括美国，两个较大型的区域经济一体化在投资规则方面标准也不相同。由于未来的 FTAAP 中的投资规则是由 TPP 和 RECP 整合而成，中国作为 RECP、东盟 10 + 3，以及中日韩 FTA 的主要谈判方，在上述三个层次的区域贸易协定中的投资条款谈判中可以发挥推动性作用，为日后与 TPP 投资规则的整合创造条件。

（3）积极推进中美 BIT 谈判的进程

中美投资协定谈判于 2008 年正式启动，迄今双方共进行了十轮谈判，第十轮谈判于 2013 年 10 月 21—25 日在华盛顿举行，这是 2013 年 7 月双方商定进行实质性谈判后举行的首轮谈判。在此之前，双方就对方关注的投资市场准入问题达成共识：中方同意以准入前国民待遇和负面清单为基础与美方进行投资协定实质性谈判，而美方承诺公平对待中国企业赴美投资，对包括国有企业在内的中国投资者保持开放的投资环境。对于中国来说，准入前国民待遇和负面清单承诺是前所未有的，这一让步标志着中国将在投资政策方面做出重大改革和调整，表明了中国政府积极推进中美 BIT 谈判的积极姿态。一旦中美 BIT 达成，对全球国际投资规则的内容和走向将会产生影响。因为，美国代表了发达经济体的要求，中国则代表了发展中经济体的要求，两者妥协后达成的协定则兼容了发达经济体和发展中经济体的要求。一个多边投资条约的可接受性和有效性最终取决于其内容，经合组织的多边投资协定（MAI）计划之所以搁浅，一个很重要的原因在于其内容没有准确反映不同国家投资政策的需求，没有适当考虑权利义务的适当平衡问题。

目前，中美 BIT 已经进入实质性谈判，但其前景依然具有不确定性。主要面临三类问题的挑战：第一，投资条款文本中所涉及的各类实质性问题。其中包括投资准入、竞争中立、劳工标准、环境标准、金融市场开放、征收补偿税收、透明度、仲裁与争端解决等核心议题的讨价还价。第二，中美关系中具有敏感性的政治摩擦影响谈判进程。比如，网络间谍、领土争端等政治问题。第三，美国政府、国会、民间团体内部存在一些不信任中国的因素，比如：怀疑中国是否会信守 BIT 条款以及对来自中国的投资（尤其是国有企业投资）安全问题的担忧等等。

（4）在中国—东盟 FTA 框架下打造中国—东盟投资协定升级版

目前最现实的步骤是进一步升级中国—东盟 FTA 投资规则，包括在投资市场准入，征收补偿、ISD、国有企业等条款升级或者增加灵活性，并制定中国自己的对外投资协定范本与国际投资规则的新发展密切接轨。将修订的投资规则有计划有步骤融入和渗透到 RCEP、东盟 10＋3 的协定中，以期未来与 TPP 规则整合，形成亚太地区投资规则并最终制定全球投资规则。

（5）中国（上海）自由贸易试验区对国际投资规则的新探索

2013 年 7 月 3 日，国务院总理李克强主持召开国务院常务会议，通过了《中国（上海）自由贸易试验区总体方案》（简称《总体方案》）。《总体方案》指出，要探索建立投资准入前国民待遇和负面清单管理模式，深化行政审批制度改革，加快转变政府职能，全面提升事中、事后监管水平。要扩大服务业开放、推进金融领域开放创新，建设具有国际水准的投资贸易便利、监管高效便捷、法制环境规范的自由贸易试验区，使之成为推进改革和提高开放型经济水平的"试验田"，形成可复制、可推广的经验，发挥示范带动、服务全国的积极作用，促进各地区共同发展。2013 年 9 月 30

日，上海市人民政府公布了《中国上海自由贸易试验区外商投资准入特别管理措施（负面清单）》以下简称《外商投资准入特别管理措施》，标志着中国创新对外开放模式、探索负面清单管理的重要开始。《外商投资准入特别管理措施》首次在投资领域使用"负面清单"的承诺方式，是中国史上第一次使用负面清单管理外商对华投资。负面清单的制定实施动态化管理，按照国民经济行业分类列出不予开放的行业和受限的商业活动清单，推行"以准入后监督为主，准入前负面清单方式许可管理为辅"，变投资项目核准制为备案制（国务院规定对国内投资项目保留核准的除外），合同章程审批改为备案管理。① 这大大简化了审批手续，提高了企业投资的效率，是中国的国内投资管理体制与国际接轨的重要标志。

① 张相文、向鹏飞：《负面清单：中国对外开放的新挑战》，载《国际贸易》2013 年第 11 期，第 19—22 页。

参考文献

外文文献

1. Andriamananjara, S. M. Schiff, 1998, "Regional Groupings among Microstates", World Bank.

2. Ananth Krishnan, 2012, "With view to the future, India, China plot way forward for ties", *The Hindu*, June 7, http: //www. thehindu. com/news/ national/article3497987. ece? homepage = true.

3. "Asia Leaders Push Regional Trade Pact", *Wall Street Journal*, 21 November 2012.

4. "ASEAN Secretariat. Enhancing Trade, Services, and Investment Facilitation For a Better Integrated ASEAN Market", http: //www. asean. org/ news/item.

5. ASEAN Secretariat, 2013, "Chairman's Statement of The 22nd ASEAN Summit", http: //www. asean. org/news/asean – statement – communiques/item/chairmans – statement – of – the – 22nd – asean – summit – our – people – our – futrure – together.

6. Brock R. Williams, 2013, "Trans – Pacific Partnership (TPP) Countries: Comparative Trade and Economic Analysis", Congressional Research Service, Federal Publications, Cornell University ILR School.

7. BJP, 2012, "CPM criticize Barack Obama's remark on retail FDI", *The Economic Times*, July 17, http: //articles. economictimes. indiatimes. com/ 2012 – 07 – 17/news/32714184_ 1_ retail – sector – retail – trade – fdi.

8. Copeland, B. R. & Taylor, M. S., 2001, "International trade and the environment: a framework for analysis", No. w8540, National bureau of econom-

ic research.

9. Carlo Perroni, John Whalley, 1994, "The New Regionalism: Trade Liberalization or Insurance?" NBER Working Paper, No. 4626, NBER Program (s): ITI.

10. Charles Akande, 2012, "Round 14 of TPP Negotiations Kicks Off in Leesburg Amid Low Expectations", *Geneva Watch*, Vol. 12, Issue 28.

11. Claude Barfield, 2011, "The Trans – Pacific Partnership: A Model for Twenty – First – Century Trade Agreements?" American Enterprise Institute for Public Policy Research No. 2.

12. Dua, A. and Daniel C. Esty, 1997, Sustaining the Asia Pacific Miracle: Environmental Protection and Economic Integration, Institute for International Economics.

13. Deborah Elms, C. L. Lim, 2012, "The Trans – Pacific Partnership Agreement (TPP) Negotiations: Overview and Prospects", RSIS Working Paper, No. 232.

14. W. J. Ethier, 2001, "The New Regionalism in the Americas: A Theoretical Framework", *North American Journal of Economics and Finance*, DOI: 10. 1016/S1062 – 9408 (01) 00045 – 6.

15. Factual Presentation, 2008, "Trans – Pacific Strategic Economic Partnership Agreement Between Brunei Darussalam", Chile, New Zealand and Singapore (Goods and Services), WTO Secretariat, May 9.

16. Fernandez, R. J. Porters, 1998, "Returns to regionalism: An Analysis of Non – traditional Gains from Regional Trade Agreements", *The World Bank Economic Review*.

17. Feilipe F. Salvosa II (Associate Editor), 2010, "Trade deal plans need 'legal reforms'", Business World online, Sep. 29, http: //www. bworldonline. com/main/content. php? id = 18588.

18. GH. Hanson, 1998, "North American economic integration and industry location", Oxford Review of Economic Policy.

19. Harry Flam, 1995, "From EEA to EU: Economic consequences for the EFTA countries", *European Economic Review*.

20. Henrik Horn, Petros C. Mavroidis and Andre Sapir, 2010, "Beyond the

WTO? An anatomy of EU and US preferential trade agreements", *The World Economy*.

21. Ian Harry Flam, 1995, "From EEA to EU: Economic consequences for the EFTA countries", *European Economic Review*. F. Fergusson, William H. Cooper, Remy Jurenas, Brock R. Williams, "The Trans – Pacific Partnership Negotiations and Issues for Congress", Congressional Research Service, 7 – 5700, www. crs. gov, R42694. P28 – 41.

22. Jacob Viner, 1950, *The Customs Union Issue*, New York, Carnegie Endowment for International Peace.

23. Jagdish Bhagwati, Arvind Panagariya, 1996, "The Theory of Preferential Trade Agreements: Historical Evolution and Current Trends", *American Economic Review*, 86, May, 82.

24. Jürgen Kurt, 2011, "The Australian Trade Policy Statement on Investor – State Dispute", *American Society of International law*, Vol. 15, Issue 22.

25. James A. Baker III, 1991, "America in Asia: Emerging Architecture for a Pacific Community", *Foreign Affairs*.

26. John C. Harsanyi, 1956, "Approaches to the Bargaining Problem Before and After the Theory of Games: A Critical Discussion of Zeuthen's, Hicks', and Nash's Theories", *Econometrica*, Vol. 24, No. 2.

27. Grossman, G. M. & Krueger, A. B. , 1991, "Environmental impacts of a North American free trade agreement", No. w3914, National Bureau of Economic Research.

28. J. Kurtz, 2011, "The Australian Trade Policy Statement on Investor – State Dispute Settlement", *ASIL Insights*, Vol. 15, Issue 22, August 2.

29. J. Whalley, 1996, "Why Do Countries Seek Regional Trade Agreements?" NBER Working Paper No. 5552.

30. Kuniko Ashizawa, 2003, "Japan's approach toward Asian regional security: from 'hub – and – spoke' bilateralism to 'multi – tiered'", *The Pacific Review*, Vol. 16, Issue 3.

31. Karl P. Sauvant and Huiping Chen, 2012, "A China – US bilateral investment treaty: A template for a multilateral framework for investment?" Columbia FDI Perspectives, No. 85, December 17, http: //www. vcc. columbi-

a. edu/content/fdi – perspectives.

32. Laura Dawson, 2011, "Can Canada Join the Trans – Pacific Partnership? Why just wanting it is not enough", Institute C. D. HOWE INSTITUTE, COMMENTARY NO. 340.

33. Masahiro Kawai, Ganeshan Wignaraja, 2007, "ASEAN + 3 or ASEAN + 6: which Way for Forward?" Paper presented at Confernce on Multilateralising Regionalism, September 10 – 12, Geneva, Switzerland, http: //www. wto. org/english/tratop _ e/region _ e/con _ sep07 _ e/kawai _ wignaraja _ e. pdf.

34. Meade, J. E. , 1953, *Problems of Economic Union*, London, Allen & Unwin.

35. Meade, J. E. , 1955, *The theory of Customs Unions*, Amsterdam: North – Holland.

36. Mehmet Bac, 1996, "Horst Raff. Issue – by – Issue Negotiations: The Role of Information and Time Preference", *Games and Economic Behavior*, Vol. 13, Issue 1.

37. Meltzer, J. , 2014, "The Trans – Pacific Partnership Agreement, the Environment and Climate Change", *Trade Liberalisation and International Co – operation: A Legal Analysis of the Trans – Pacific Partnership Agreement*, Edward Elgar.

38. Peter A. Petri, Michael G. Plummer, Fan Zhai, 2011, "The Trans – Pacific Partnership and Asia – Pacific Integration: A Quantitative Assessment", East – West Center Working Papers, No. 119.

39. Richard E. Baldwin, 1993, "A Domino Theory of Regionalism", NBER Working Paper, No. 4465.

40. Ronald, J. Wonnacott, 1996, "Trade and Investment in a Hub – and – Spoke System Versus a Free Trade Area", *World Economy*, Vol. 19, Issue 3.

41. Sarah Parnass, 2011, "Hillary Clinton Urges India to Lead in China's Neighborhood", ABC News, July 20, http: //abcnews. go. com/blogs/ politics/2011/07/hillary – clinton – urges – india – to – lead – in – chinas – neighborhood/.

42. Special Report，2012，"The Leesburg Negotiations"，INSIDE U. S. TRADE，September 19，www. insidetrade. com.

43. Stuar Harbinson and Aik Hoe Lim，2012，"Trade in services"，*The Trans - Pacific Partnership：A Quest for a Twenty - first - Century Trade Agreement*，edited by C. L. Lim，Deborah K. Elms，Patrick Low，Cambrige University Press.

44. UNCTAD IIA ISSUES NOTE，No. 5 July 2013，"TOWARDS A NEW GENERATION OF INTERNATIONAL INVESTMENT POLICIES：UNCTAD'S FRESH APPROACH TO MULTILATERAL INVESTMENT POLICY - MAKING"，http：//unctad. org/en/pages/newsdetails. aspx? OriginalVersionID = 576&Sitemap_ x0020_ Taxonomy = Investment and Enterprise；#607；#International Investment Agreements（IIA）；#20；#UNCTAD Home.

45. C. L. Lim，Deborah K. Elms，Patrick Low，2012，*The Trans - Pacific Partnership：A Quest for a Twenty - first - Century Trade Agreement*，Cambridge University Press.

46. Evan S. Medeiros，ed. ，2008，*Pacific Currents：The Responses of U. S. Allies and Security Partners in East Asia to China's Rise*，Santa Monica：Rand Corporation.

47. Jacob Viner，1950，*The Customs Union Issue*，New York，Carnegie Endowment for International Peace.

48. Mark Bothwich，Tadashi Yamamoto，2011，*A Pacific Nation：Perspectives on the US Role in an East Asia Community*，Tokyo and New York：Japan Center for International Exchange.

49. J. E. Meade，1953，*Problems of Economic Union*，London，Allen & Unwin.

50. J. E. Meade，1955，*The theory of Customs Unions*，Amsterdam：North - Holland.

中文文献

51. 陈峰君：《冷战后亚太国际关系》，北京新华出版社 1999 年版。

52. Dominick Salvatore：《国际经济学》，朱宝宪、吴洪等译，清华大学出版社 1998 年版。

53. 唐世平等主编：《冷战后近邻国家对华政策研究》，世界知识出版社 2005 年版。

54. 唐国强主编：《跨太平洋伙伴关系协定与亚太区域经济一体化研究》，世界知识出版社 2013 年版。

55. 田青：《国际经济一体化理论与实证研究》，中国经济出版社 2005 年版。

56. 叶兴国、陈满生译：《北美自由贸易协定》，法律出版社 2011 年版。

57. 郑昭阳：《东亚区域贸易合作》，中国商务出版社 2004 年版。

58. 戴维·里维里恩、克里斯·米尔纳主编：《国际货币经济学前沿问题》，赵锡军，应惟伟译，中国税务出版社 2000 年版。

59. 王洛林、余永定：《2002—2003 年：世界经济形势分析与预测》，社会科学文献出版社 2003 年版。

60. 梅平、杨泽瑞主编：《中国与亚太经济合作——现状与前景》，世界知识出版社 2008 年版。

61. ［美］朱·弗登博格、［法］让·梯若尔：《博弈论》，中国人民大学出版社 2002 年版。

62. 毕世鸿：《RCEP：东盟主导东亚地区经济合作的战略选择》，《亚太经济》2013 年第 5 期。

63. 蔡春林：《中俄、中印、中巴经贸合作——基于竞争性与互补性分析》，《国际经济合作》2008 年第 3 期。

64. 蔡鹏鸿：《为构筑海上丝绸之路搭建平台：前景与挑战》，《当代世界》2014 年第 4 期。

65. 曹平、尹少成：《北美自由贸易区经贸争夺解决机制研究——兼论对中国—东盟自贸区经贸争端解决的启示》，《广西警官高等专科学校学报》2013 年第 6 期。

66. 常青青：《印度的区域经济一体化战略研究》，东北财经大学硕士学位论文，2012 年。

67. 陈华健、李杰豪：《日本加入 TPP 的动因与中国的对策分析》，《当代教育理论与实践》2013 年第 11 期。

68. 陈志恒、金京淑：《中日韩自由贸易区的构想与难题》，《现代日本经济》2004 年第 6 期。

69. 陈文、李小亭：《加快推进共同体进程，平衡扩大区域合作——东盟 2012 年内外合作分析》，《东南亚纵横》2013 年第 3 期。

70. 陈泓：《建立中日韩自由贸易区的制度框架分析与路径选择》，福州大学学位论文，2005 年。

71. 陈建荣：《泰国 2010 年政治、经济和外交形势》，《东南亚研究》2011 年第 2 期。

72. 陈淑梅、赵亮：《广域一体化新视角下东亚区域合作为何选择 RCEP 而非 TPP?》，《东北亚论坛》2014 年第 2 期。

73. 程春华：《俄罗斯对美"重返"亚太的应对》，《学习时报》2012 年 6 月 11 日，第 002 版。

74. 成新轩：《试析重叠性自由贸易协定现象及影响》，《现代国际关系》2004 年第 6 期。

75. 程亚丽：《韩国加入 TPP 难度加大?》，《国际商报》2014 年 1 月 21 日，第 A03 版。

76. 蔡鹏鸿：《东亚双边自由贸易区的国际政治经济学分析》，《当代亚太》2005 年第 3 期。

77. 褚浩：《菲律宾新总统阿基诺三世》，《国际资料信息》2010 年第 6 期。

78. 崔志鹰：《韩国首位女总统执政后的内外政策走向》，《东北亚学刊》2013 年第 4 期。

79. 崔日明、包艳：《建立中日韩自由贸易区的路径选择》，《亚非纵横》2007 年第 2 期。

80. 东尚：《韩国年内将完成 TPP 预备双边协议》，《中国纺织报》2013 年 12 月 11 日，第 002 版。

81. 《俄罗斯与亚洲共同进入太平洋，还是俄罗斯作为亚洲的一部分进入太平洋？——瓦尔代国际辩论俱乐部中俄分组俄方报告提纲》，《俄罗斯研究》2012 年第 1 期。

82. 菲利普·桑得斯：《东亚合作背景下的中美关系：协调利益分歧》，《外交学院学报》2005 年第 6 期。

83. 高文婷：《论印度在 WTO 中的地位和作用及其对我国的启示》，对外经贸大学硕士学位论文，2006 年。

84. 郭金峰：《俄罗斯亚太战略研究》，外交学院博士学位论文，2013 年。

85. 葛成：《印度区域合作重心东移的诉求与制约》，《南亚研究季刊》
2013 年第 2 期。

86. 黄黎洪：《后马哈蒂尔时代马来西亚对华规避战略》，《世界经济与政
治论坛》2012 年第 6 期。

87. 黄耀东：《菲律宾：2008—2009 年回顾与展望》，《东南亚纵横》2009
年第 3 期。

88. 范黎波、郑伟、郑学党：《美日 TPP 战略与中国的应对》，《现代国际
关系》2012 年第 12 期。

89. 高慧峰：《跨太平洋伙伴关系协议（TPP）视角下的大国博弈》，《国
际经济》2012 年第 3 期。

90. 高海红：《从清迈倡议到亚洲债券基金》，《国际经济评论》2004 年第
3 期。

91. 何德功：《日本加入 TPP 利弊几何》，《经济参考报》2013 年 03 月 01
日，第 004 版。

92. 胡俊芳：《中日韩自由贸易区贸易效果的实证分析》，复旦大学博士学
位论文，2005 年。

93. 胡维佳：《中国—东盟自贸区升级：服务业开放将成谈判难点》，《中
国经济周刊》2013 年第 40 期。

94. 姜文学：《TPP 在美国重塑国际贸易秩序中的双重功能》，《财经问题
研究》2012 年第 12 期。

95. 蒋玉山：《博弈与互动：后冷战时期中、美、越三边关系研究》，暨南
大学博士学位论文，2012 年。

96. 梁晓丹：《从地缘经济学看中国、印度在东盟自由贸易区的竞争》，
《北京教育学院学报》2013 年第 3 期。

97. 李光辉：《中国—东盟战略伙伴关系与经贸合作十年回顾与前景展
望》，《国际经济合作》2013 年第 9 期。

98. 林利民：《美国与东亚经济一体化的关系析论》，《现代国际关系》
2007 年第 11 期。

99. 梁承赫：《建立中日韩自由贸易区的可行性研究》，对外经济贸易大学
硕士学位论文，2005 年。

100. 廖冰清：《与日本完成首轮双边预备磋商——韩国有望搭乘 TPP 谈判
"末班车"》，《经济参考报》2014 年 3 月 10 日，第 006 版。

101. 刘昌黎：《小泉东盟五国之行与"小泉构想"》，《现代日本经济》2004 年第 4 期。

102. 刘玉飞：《韩国努力跳上"TPP 末班车"：分析称成员扩充不会阻碍谈判进程》，《北京商报》2014 年 1 月 15 日，第 008 版。

103. 李文韬：《东盟参与"TPP 轨道"合作面临的机遇、挑战及战略选择》，《亚太经济》2012 年第 4 期。

104. 陆建人：《美国加入 TPP 的动因分析》，《国际贸易问题》2011 年第 11 期。

105. 吕铀、崔岩：《日本推动 TPP 谈判的动因及制约因素》，《现代日本经济》2013 年第 3 期。

106. 陆善勇：《TPP 背景下的中国—东盟经贸合作战略选择》，《广西大学学报》2013 年第 6 期。

107. 骆永昆：《浅析中国—马来西亚全面战略伙伴关系——以马来西亚外交战略为研究视角》，《东南亚之窗》2013 年第 3 期。

108. 李向阳：《新区域主义和大国战略》，《国际经济评论》2003 年第 4 期。

109. 李向阳：《跨太平洋伙伴关系协定：中国崛起过程中的重大挑战》，《国际经济评论》2012 年第 2 期。

110. 刘晨阳、宫占奎：《APEC 拉美成员亚太区域经济一体化战略探析》，《拉丁美洲研究》2010 年第 3 期。

111. 吕鹏飞：《"东向政策"拓展印度外交空间》，《人民日报》2014 年 3 月 15 日，第 011 版。

112. 马玉蓉、王艺璇：《上海自贸区：来历和去向》，《中国经济报告》2013 年第 10 期。

113. 孟夏、宋丽丽：《美国 TPP 战略解析：经济视角的分析》，《亚太经济》2012 年第 6 期。

114. 《墨西哥加入 TPP 谈判步伐快于日本》，中国商务部，http://www.mofcom.gov.cn/aarticle/i/jyjl/j/201202/20120207984196.html。

115. 《墨西哥、加拿大获准加入 TPP 谈判——日本前景仍不明朗》，商务部网站，http://www.mofcom.gov.cn/aarticle/i/jyjl/j/201206/20120608190895.html。

116. 朴盛珉：《建立中日韩自由贸易区的贸易效应分析及经济效应预测》，

载。《中国矿业大学学报》（社会科学版）2004 年第 3 期。

117. 全毅：《TPP 对东亚区域经济合作的影响：中美对话语权的争夺》，
　　《亚太经济》2010 年第 5 期。

118. 盛斌：《美国视角下的亚太区域一体化新战略与中国的对策选择——
　　透视"泛太平洋战略经济伙伴关系协议"的发展》，《南开学报》（哲
　　学版）2010 年第 4 期。

119. 沈铭辉、周念利：《亚洲区域经济合作新领域：区域服务贸易自由
　　化》，《太平洋学报》2010 年第 2 期。

120. 沈铭辉：《跨太平洋伙伴关系协议（TPP）的成本收益分析：中国的
　　视角》，《当代亚太》2012 年第 1 期。

121. 孙娟娟：《经济一体化进程中的"轴心—辐条"结构研究》，《黑龙
　　江对外经贸》2006 年第 8 期。

122. 宋娇：《日本加入 TPP 的政治经济分析》，辽宁大学硕士学位论文，
　　2012 年。

123. 宋奕初：《南海争端中的美国对菲律宾政策探析》，外交学院硕士学
　　位论文，2013 年。

124. 孙学峰、徐勇：《泰国温和应对中国崛起的动因与启示（1997—
　　2012）》，《当代亚太》2012 年第 5 期。

125. 孙晓玲：《印度—东盟自由贸易区的缘起、现状及影响》，《东南亚研
　　究》2010 年第 3 期。

126. 《TPP 扩容的"越南筹码"》，《中国经营报》，http：//finance. jrj.
　　com. cn/2012/07/21112313874137. shtml。

127. 万璐：《美国 TPP 战略的经济效应研究——基于 GTAP 模拟的分析》，
　　《当代亚太》2011 年第 4 期。

128. 王鹏：《拉美目光投向亚太》，《人民日报》2008 年 11 月 21 日，第
　　014 版。

129. 王少普：《入 TPP？日本陷两难》，《解放日报》2010 年 11 月 9 日，
　　第 003 版。

130. 王少喆：《就是否加入谈判首次举行听证会——韩为何也对 TPP "动
　　心"》，《解放日报》2013 年 11 月 16 日，第 005 版。

131. 王玉主：《RCEP 倡议与东盟"中心地位"》，《国际问题研究》2013
　　年第 5 期。

132. 王勤：《东盟区域经济一体化新格局与中国》，《北京论坛（2013）文明的和谐与共同繁荣——回顾与展望："地区合作与冲突：多元文化的视角"分论坛三论文及摘要集》，2013 年 11 月。

133. 王金强，《TPP 对 RCEP：亚太地区合作背后的政治博弈》，《亚太经济》2013 年第 3 期。

134. 魏磊、张汉林：《美国主导跨太平洋伙伴关系协议谈判的意图及中国对策》，《国际贸易》2010 年第 9 期。

135. 吴洪英：《墨西哥为何积极加盟 TPP》，《经济日报》2012 年 10 月 19 日，第 005 版。

136. 吴正龙：《日本加入 TPP 谈判之路不平坦》，《中国经济时报》2012 年 5 月 10 日，第 004 版。

137. ［印度］辛仁杰、孙现朴：《金砖国家合作机制与中印关系》，《南亚研究》2011 年第 3 期。

138. 谢康：《中日韩自由贸易区建立条件和三国之间经济合作》，《世界经济研究》2005 年第 4 期。

139. 夏澂：《打造中国— 东盟自贸区升级版》， 《新经济导刊》2014（Z1）。

140. 徐海宁：《区域经济合作优于多边合作》， 《财贸经济》2004 年第 2 期。

141. 许宁宁：《RCEP：东盟主导的区域全面经济伙伴关系》，《东南亚纵横》2012 年第 10 期。

142. 徐忆斌：《中国—东盟自贸区的贸易规则升级版之探析》，《对外经贸实务》2014 年第 2 期。

143. 徐进亮、丁长影：《中国—东盟自贸区原产地规则的四大缺陷与对策建议》，《广西民族大学学报》2013 年第 4 期。

144. 杨权：《新地区主义范式及其对东亚经济一体化的解释》，《世界经济研究》2005 年第 4 期。

145. 杨泽瑞：《东盟与地区合作：回顾与展望》，

146. 杨立强、鲁淑：《TPP 与中日韩 FTA 经济影响的 GTAP 模拟分析》，《东北亚论坛》2013 年第 4 期。

147. 杨义瑞：《日本对中日韩自由贸易区的立场浅析》，《世界经济与政治》2004 年第 5 期。

148. 《印尼政府不排除加入 TPP 的可能性》，中华人民共和国驻印度尼西亚共和国大使馆经济商务参赞处，http：//id. mofcom. gov. cn/article/ziranziyuan/huiyuan/201304/20130400084946. shtml.

149. 张力：《美国"重返亚太"战略与印度的角色选择》，《南亚研究季刊》2012 年第 2 期。

150. 张梅：《"区域全面经济伙伴关系"主要看点及与"跨太平洋伙伴关系协定"的比较》，《国际论坛》2013 年第 6 期。

151. 张相文，向鹏飞：《负面清单：中国对外开放的新挑战》，《国际贸易》2013 年第 11 期。

152. 赵春明、张怿：《APEC 与东亚次区域经济合作前景与发展——东亚与美国的博弈分析》，《亚太经济》2005 年第 6 期。

153. 张蕴岭：《寻找推进东亚合作的路径》，《外交评论》2011 年第 6 期。

154. 张明扬、毛桢：《中日 FTA 难破题王毅吁日商界"添把力"》，《东方早报》2005 年 7 月 9 日，第 016 版。

155. 沈铭辉、周念利：《亚洲区域经济合作新领域：区域服务贸易自由化》，《太平洋学报》2010 年第 2 期。

156. 周方冶：《泰国对华友好合作政策的动力与前景》，《当代亚太》2004 年第 11 期。

157. 竺彩华：《东亚经济合作的新抉择——TPP 还是 RCEP》，《和平与发展》2013 年第 2 期。

158. 孙玉红：《中日韩三边投资协定的新变化及中日利益取向分析》，《国际贸易》2013 年第 11 期。

159. 周彧：《试析中国—东盟自由贸易区争端解决机制》，《云南大学学报》（法学版）2007 年第 4 期。

160. 卢进勇：《从〈与贸易有关的投资措施协议（TRIMs）〉到〈多边投资协议（MAI）〉——兼论中国利用外资政策法规的调整和完善》，《国际贸易问题》1997 年第 2 期。

161. 盛斌：《迎接国际贸易与投资新规则的机遇与挑战》，《国际贸易》2014 年第 2 期。

162. 樊勇明、沈陈：《TPP 与新一轮全球贸易规则制定》，《国际关系研究》2013 年第 5 期。

163. 张琳、东艳：《国际贸易投资规则的新变化：竞争中立原则的应用与实践》，《国际贸易》2014 年第 6 期。

164. 亢梅玲、陈安筠：《TPP 中知识产权强保护与中国的策应》，《亚太经济》2013 年第 6 期。

165. 贾引狮：《美国与东盟部分国家就 TPP 知识产权问题谈判的博弈研究——以 TPP 谈判进程中美国的知识产权草案为视角》，《法学杂志》2013 年第 3 期。

166. 顾敏康、孟琪：《TPP 国企条款对我国国企的影响及对策》，《中国政法大学学报》2014 年第 6 期。

167. 郑丽珍：《TPP 劳动标准议题的后续谈判与中国的选择》，《国际经贸探索》2014 年第 3 期。

168. 郑丽珍：《TPP 谈判中的劳动标准问题》，《国际经贸探索》2013 年第 9 期。

169. 陈淑梅、全毅：《TPP、RCEP 谈判与亚太经济一体化进程》，《亚太经济》2013 年第 2 期。

170. 蔡鹏鸿：《TPP 横向议题与下一代贸易规则及其对中国的影响》，《世界经济研究》2013 年第 7 期。

171. 李大伟：《跨太平洋战略伙伴关系协议（TPP）中非传统领域条款对我国经济的影响》，《中国经贸导刊》2014 年第 4 期。

172. 沈铭辉：《美国双边投资协定与 TPP 投资条款的比较分析——兼论对中美 BIT 谈判的借鉴》，《国际经济合作》2014 年第 3 期。

173. 陈志阳、安佰生：《多双边贸易谈判中的国内规制问题》，《国际贸易》2014 年第 10 期。

174. 金中夏、李良松：《TPP 原产地规则对中国的影响及对策——基于全球价值链角度》，《国际金融研究》2014 年第 12 期。

175. 刘中伟、沈家文：《跨太平洋伙伴关系协议（TPP）：研究前沿与架构》，《当代亚太》2012 年第 1 期。

176. 东艳：《全球贸易规则的发展趋势与中国的机遇》，《国际经济评论》2014 年第 1 期。

177. 赵龙跃：《中国参与国际规则制定的问题与对策》，《人民论坛·学术前沿》2012 年第 16 期。

178. 卢进勇、邹赫、杨杰：《新一代双边投资协定与中美和中欧 BIT 谈判》，《国际贸易》2014 年第 5 期。